RUDOLF STEINER GESAMTAUSGABE

VORTRÄGE

VORTRÄGE VOR MITGLIEDERN
DER ANTHROPOSOPHISCHEN GESELLSCHAFT

RUDOLF STEINER

DIE GEISTIGEN HINTERGRÜNDE DER SOZIALEN FRAGE

I

Die soziale Frage als Bewußtseinsfrage

Acht Vorträge, Dornach 15. Februar bis 16. März 1919
Gesamtausgabe Bibliographie-Nr. 189

II

Vergangenheits- und Zukunftsimpulse im sozialen Geschehen

Zwölf Vorträge, Dornach 21. März bis 14. April 1919,
darunter drei Vorträge über «Die soziale Frage als Seelenfrage»
Gesamtausgabe Bibliographie-Nr. 190

III

Soziales Verständnis aus geisteswissenschaftlicher Erkenntnis

Fünfzehn Vorträge, Dornach 3. Oktober bis
14. November 1919
Gesamtausgabe Bibliographie-Nr. 191

RUDOLF STEINER

Soziales Verständnis aus geisteswissenschaftlicher Erkenntnis

Fünfzehn Vorträge, gehalten in Dornach
zwischen dem 3. Oktober und 15. November 1919

1989

RUDOLF STEINER VERLAG
DORNACH/SCHWEIZ

Nach vom Vortragenden nicht durchgesehenen Nachschriften
herausgegeben von der Rudolf Steiner-Nachlaßverwaltung

Die Herausgabe besorgte Robert Friedenthal

1. Auflage in dieser Zusammenstellung
Gesamtausgabe Dornach 1972

2. Auflage, Gesamtausgabe Dornach 1983

3. Auflage, Gesamtausgabe Dornach 1989

Frühere Veröffentlichungen:

17. Oktober bis 2. November 1919: Geisteswissenschaftliche Erkenntnis und soziales Verständnis. Die geistigen Hintergründe der sozialen Frage III, Dornach 1950

9., 14. bis 15. November 1919: Menschliche Verantwortlichkeit – Weltverantwortlichkeit – Menschheitskultur. Die geistigen Hintergründe der sozialen Frage IV, Dornach 1951.

Veröffentlichungen in Zeitschriften siehe Seite 282

Bibliographie-Nr. 191

Zeichnungen im Text nach Tafelzeichnungen Rudolf Steiners,
ausgeführt von Hedwig Frey (siehe auch Seite 282)

Zeichen auf dem Umschlag nach einem Entwurf von Rudolf Steiner,
Schrift von Benedikt Marzahn

Printed in Germany by Greiserdruck, Rastatt

ISBN 3-7274-1910-5

Zu den Veröffentlichungen aus dem Vortragswerk von Rudolf Steiner

Die Grundlage der anthroposophisch orientierten Geisteswissenschaft bilden die von Rudolf Steiner (1861–1925) geschriebenen und veröffentlichten Werke. Daneben hielt er in den Jahren 1900 bis 1924 zahlreiche Vorträge und Kurse, sowohl öffentlich wie auch für die Mitglieder der Theosophischen, später Anthroposophischen Gesellschaft. Er selbst wollte ursprünglich, daß seine durchwegs frei gehaltenen Vorträge nicht schriftlich festgehalten würden, da sie als «mündliche, nicht zum Druck bestimmte Mitteilungen» gedacht waren. Nachdem aber zunehmend unvollständige und fehlerhafte Hörernachschriften angefertigt und verbreitet wurden, sah er sich veranlaßt, das Nachschreiben zu regeln. Mit dieser Aufgabe betraute er Marie Steiner-von Sivers. Ihr oblag die Bestimmung der Stenographierenden, die Verwaltung der Nachschriften und die für die Herausgabe notwendige Durchsicht der Texte. Da Rudolf Steiner aus Zeitmangel nur in ganz wenigen Fällen die Nachschriften selbst korrigieren konnte, muß gegenüber allen Vortragsveröffentlichungen sein Vorbehalt berücksichtigt werden: «Es wird eben nur hingenommen werden müssen, daß in den von mir nicht nachgesehenen Vorlagen sich Fehlerhaftes findet.»

Über das Verhältnis der Mitgliedervorträge, welche zunächst nur als interne Manuskriptdrucke zugänglich waren, zu seinen öffentlichen Schriften äußert sich Rudolf Steiner in seiner Selbstbiographie «Mein Lebensgang» (35. Kapitel). Der entsprechende Wortlaut ist am Schluß dieses Bandes wiedergegeben. Das dort Gesagte gilt gleichermaßen auch für die Kurse zu einzelnen Fachgebieten, welche sich an einen begrenzten, mit den Grundlagen der Geisteswissenschaft vertrauten Teilnehmerkreis richteten.

Nach dem Tode von Marie Steiner (1867–1948) wurde gemäß ihren Richtlinien mit der Herausgabe einer Rudolf Steiner Gesamtausgabe begonnen. Der vorliegende Band bildet einen Bestandteil dieser Gesamtausgabe. Soweit erforderlich, finden sich nähere Angaben zu den Textunterlagen am Beginn der Hinweise.

INHALT

ERSTER VORTRAG

Dornach, 3. Oktober 1919

Es ist von den verschiedensten Seiten, auch von verschiedenen Seiten hier in der Schweiz, in der letzten Zeit darauf gesehen worden, wie die Beziehungen sich stellen zu dem, was jahrelang in unseren Kreisen als anthroposophisch orientierte Geisteswissenschaft gepflegt worden ist, so gepflegt worden ist, daß es zu der Errichtung dieses Baues hier, des Goetheanum, geführt hat, und zuletzt zu dem, was nach anderer Seite hin von uns in die Welt gesetzt werden soll, anknüpfend an die sozialen Bewegungen und Bestrebungen der Gegenwart. Daß wir hinzuzufügen hatten zu unserem anthroposophischen Streben dieses soziale Streben, hat die verschiedenartigsten Beurteilungen erfahren, ablehnende und zustimmende. Für die Art, wie wir unseren Weg zu verfolgen haben, kann das ja selbstverständlich nicht maßgebend sein; aber not tut es doch, den Blick auf mancherlei Tatsachen zu lenken, die in dieser Beziehung zutage getreten sind.

Anthroposophen sagen oftmals, daß diese anthroposophische Bewegung nicht sich hätte belasten sollen mit demjenigen, was in der Bewegung der Dreigliederung des sozialen Organismus liegt. Und manche von denjenigen Menschen, die ein Interesse gefaßt haben für die soziale Bewegung, die zur Dreigliederung führen soll, empfinden es wiederum als störend, daß die Idee der Dreigliederung gerade von dem vielfach als mystisch, dunkel, unklar empfundenen anthroposophischen Erkennen den Ausgangspunkt genommen hat. So werden die Dreigliederer oftmals getadelt von den Anthroposophen, die Anthroposophen von den Dreigliederern. Und auf beiden Seiten wird die Gemeinschaft manchmal nicht gern gesehen.

Wie gesagt, beirren kann uns das nicht; aber wichtig ist es doch, sich eine solche Tatsache voll zum Bewußtsein zu bringen und sich dabei zu erinnern an den inneren Zusammenhang, den wir ja zwischen beiden in den Betrachtungen, die hier gepflogen worden sind, öfter vor unsere Seele hinstellen mußten.

Aber auch ein anderes ist immer mehr und mehr zutage getreten, und dieses andere ist, ich möchte sagen, etwas, das für unsere Aufgabe vielleicht intensiver zu bedenken ist; denn schließlich, wenn man von sozial denkender Seite her die Gemeinschaft mit der Anthroposophie bemängelt, so können wir dagegen nichts machen, ebensowenig wenn Anthroposophen betonen, es wäre besser, wenn wir uns nicht mit sozialem Denken belastet hätten. Wir können auch dagegen nichts Besonderes machen, sondern müssen unseren Weg unbeirrt weitergehen, wie wir ihn als richtig erkannt haben. Aber was vielleicht dringlicher ist zu berücksichtigen, das ist, daß auch diejenigen Personen doch immer mehr und mehr ihre Stimme geltend machen, die da sagen: Es sei notwendig, für das persönliche Verständnis des Dreigliederungsgedankens gerade eine anthroposophische Grundlage zu schaffen. Der Dreigliederungsgedanke würde viel besser verstanden werden, wenn eine anthroposophische Grundlage geschaffen würde. Und zum Beispiel gerade in proletarischen Kreisen wird immer mehr und mehr verlangt eine solche anthroposophische Grundlage. Das ist etwas, was vielleicht manchem gerade überraschend kommt, obwohl es im Grunde nicht allzu überraschend ist.

So wie früher vielfach das anthroposophische Streben gehalten worden ist, war es von unseren Freunden schon so gehalten – das war ja auch durch die Klassenunterschiede bedingt –, daß in proletarische Kreise wenig Anthroposophie hat hineingetragen werden können. Und nun ist es ja unvermeidlich, daß jeder Mensch, an den die Dreigliederung herantritt, irgendwie auch von der Anthroposophie etwas hört, mit Anthroposophie zunächst äußerlich bekannt wird. Und sehr merkwürdig ist es, daß gerade ein lebhaftes Bedürfnis nach Anthroposophie auftritt.

Wir haben zum Beispiel in Stuttgart nötig gehabt, nachdem eine Zeitlang der Dreigliederungsgedanke gepflegt worden ist, ohne daß irgendwie Anthroposophisches dabei besprochen wurde, Vortragszyklen über rein anthroposophische Gegenstände zu halten. Aus guten Gründen heraus war es nötig geworden, und sie werden weiter gehalten werden.

Das ist eine Sache, die nun eigentlich ganz besonders hier berücksichtigt werden sollte, und eigentlich nur diesen Gedanken möchte ich heute einleitend vor Ihre Seele hinstellen. Hier in der Schweiz sind wir ja in bezug auf diese beiden Richtungen, die soziale Strömung und die mit ihr doch – für uns wenigstens – zusammenhängende anthroposophische Strömung, in einer ganz besonderen Lage. Die Frage des aus anthroposophischem Denken heraus geborenen sozialen Strebens liegt ja tatsächlich für Mitteleuropa ganz anders als hier für die Schweiz. Für Mitteleuropa stehen die Dinge so, daß es sich handelt um Leben und Tod, um Leben und Tod des Volkstums. Es mag heute viele Leute geben, die sich den Ernst der Situation nicht klarmachen; aber es handelt sich um Leben und Tod des Volkstums. Die Menschen denken bei so etwas viel zu oberflächlich. Wenn man sagt «Tod des Volkstums», so denken Sie: Achtzig Millionen Menschen kann man doch nicht in einer kurzen Zeit töten, also kann es sich nicht um einen Tod des Volkstums handeln.

Wer so denkt, versteht eben ganz und gar nicht, um was es sich eigentlich handelt. Das ist ja schon ganz natürlich, daß man achtzig oder neunzig Millionen Menschen nicht in einer kurzen Zeit physisch töten kann. Aber der Tod des Volkstums bedeutet doch noch etwas ganz anderes. Man braucht sich nur daran zu erinnern, daß, als Jerusalem zerstört worden ist, es sich auch nicht um den Tod der einzelnen in Jerusalem dazumal lebenden Juden gehandelt hat. Dennoch handelte es sich damals in einer gewissen Weise um den Tod des Volkstums, und dieser Tod des Volkstums kann noch in einer ganz anderen Weise auftreten, als er dazumal aufgetreten ist. Es handelt sich da schon um Leben oder Tod! Und das Leben kann wahrhaftig – man könnte sonst noch manches andere über die Dreigliederung denken – auf keine andere Weise gerettet werden als durch die Inaugurierung der Dreigliederung des sozialen Organismus. Da handelt es sich zunächst – und wirklich zunächst für die allernächste Zeit – um ein Entweder-Oder: um ein Verständnis der Dreigliederung oder um den Tod des Volkstums. Das mag heute den Leuten unbescheiden und vielleicht sogar albern erscheinen. Aber es ist so. So daß man sagen kann: Da ist viel Grund vorhanden, aus einem gewissen Zwang heraus zur Dreigliederung nach und nach zu greifen.

Mag es länger oder kürzer dauern, aber es ist Grund zu einem Zwang vorhanden. Dieser Zwang besteht auch noch nach dem Osten von Europa hin, nach diesem unbeschreiblich von seinem Karma niedergetretenen Osten.

Anders liegen die Dinge hier. Hier besteht – bestünde noch – die Möglichkeit, aus freiem Willen heraus zu so etwas wie der Dreigliederung zu greifen; denn hier handelt es sich ebensowenig wie im Westen um Leben und Tod, sondern um den Fortgang der Ereignisse in einem mehr oder weniger geistigen oder ungeistigen Sinne. Man kann selbstverständlich für lange Zeiten in der Schweiz und im Westen das Leben im materialistischen Sinne – ohne einen geistigen Impuls zu haben – fortsetzen; oder aber man kann aus freiem Willen heraus dazu kommen, in einer eminent spirituellen Bewegung, wie es die Bewegung der Dreigliederung ist, dasjenige zu sehen, was einen neuen Impuls geben muß. Man hat nicht nötig zu denken, daß es sich da um Leben oder Tod handelt.

Nun ist es aber etwas ganz anderes, eine Sache aus freiem Willen heraus durchzuführen oder aus dem Zwang, aus der Unfreiheit heraus. Und man kann auch sagen: Für die Gesamtentwickelung der Welt würde es etwas ganz anderes bedeuten, aus freier Erkenntnis heraus gerade an einer solchen Stätte, wie die Schweiz es ist, doch zu der Strömung der Dreigliederung zu kommen. Es ist heute außerordentlich schwierig, selbst für mich, diese Dinge in objektiver Weise zu formulieren und auszusprechen. Es würde, wie ich glaube, ein großer Segen sein, wenn von irgend jemandem, der dem Westen oder insbesondere einem neutralen Land angehört, der Mut aufgebracht würde, dies ohne weiteres auszusprechen; denn es würde äußerlich etwas ganz anderes bedeuten. Insbesondere müßte dabei das Folgende berücksichtigt werden: Was aus den wenigen neutral gebliebenen Ländern kommen würde, wäre auch innerlich angesehen das Allerbedeutsamste. Würde daher aus einem in bezug auf die früheren kriegerischen Verhältnisse neutralen Lande, neutralen Gebiete so etwas ausgehen können wie der Impuls der Dreigliederung des sozialen Organismus, dann würde eigentlich für die weltgeschichtliche Bewegung etwas ganz Bedeutsames damit getan sein.

Dieses einzusehen, das ist auch schon eine anthroposophische Frage. Denn nur anthroposophisch kann die Frage beantwortet werden: Was bedeutet in der Gesamtentwickelung der Menschen das Einfügen eines solchen Impulses? – Und da ist es nicht gleichgültig, daß dieser Impuls einfach in der abstrakten Form formuliert wird, sondern da ist es bedeutsam, aus welchen Tatsachen er hervorgeht: ob er aus der Tatsache der freien Erkenntnis hervorgeht oder ob er hervorgeht aus der Tatsache der Notwendigkeit, wie er ja in Mitteleuropa nur hervorgehen kann, weil da jetzt nichts anderes entstehen kann als dasjenige, was aus der bittersten Not hervorgeht.

So meine ich, müßte gerade hier in der Schweiz das angesehen werden, was Begeisterung geben könnte für die Idee von der Dreigliederung des sozialen Organismus. Und die Frage drängt sich eben dann auf die Seele: Wie kommt man über ein gewisses Dilemma hinweg? – Unter Ihnen sitzen ja so manche, die jetzt doch wirklich schon ziemlich lange teilnehmen an unserer anthroposophischen Bewegung, die auch haben bemerken können, wie langsam oder wie schnell – zumeist wie langsam – dasjenige, was in dieser anthroposophischen Bewegung gemeint ist, die Seelen der Menschen durchdringt. Es geht langsam. Und wenn es darauf ankommen würde, daß erst die Menschen Anthroposophen würden, um dann in der richtigen Weise sozial denken zu können, dann könnte es eben unter Umständen doch viel, viel zu spät sein. Daher mußte daran gedacht werden, die Idee von der Dreigliederung, wenn sie dabei auch weniger stark fundiert erscheint, für sich in die Welt hinzustellen, weil eben nicht gewartet werden kann, bis sie sich aus anthroposophisch orientiertem Denken als eine Selbstverständlichkeit ergibt. Es wird aber wohl notwendig sein, daß dann diese Idee der Dreigliederung eine gewisse Unterstützung erfährt. Da sie diese Unterstützung nicht schnell genug wird erfahren können von wirklicher Ausbreitung der Anthroposophie, die ja langsam geht, so sollte sie diese Unterstützung erfahren können doch eigentlich von dem Dasein der Mitglieder der anthroposophischen Bewegung, das heißt: die Mitglieder der anthroposophischen Bewegung sollten, indem sie auch sozial auftreten, versuchen, durch ihr Auftreten Vertrauen zu erwirken.

Jedenfalls ist dies eine Frage, die sich nicht theoretisch beantworten läßt, sondern die sich nur praktisch, lebensgemäß beantworten läßt, weil sie eine Frage des Auftretens ist. Wir müssen versuchen, das Soziale so zu vertreten, daß die Menschen in der Art, wie sie es vertreten, etwas Vertrauenerweckendes sehen können, auch wenn die Fundierung von anthroposophischer Seite eben nicht schnell genug erfolgen kann.

Nun werden Sie mich fragen: Ja, wie ist das möglich, gewissermaßen den richtigen Takt im Auftreten für die soziale Bewegung zu finden? – Auch darüber läßt sich selbstverständlich keine katechismusartige Anweisung geben. Aber etwas läßt sich doch sagen, das, wenn es genügend berücksichtigt wird, stark hilft: Es müßte jeder einzelne unter uns sich immer mehr und mehr bemühen, das, was man soziale Bewegung nennt, lebensgemäß wirklich kennenzulernen. Daß dies nicht der Fall war, das konnte man ja wirklich sehen, als in unseren Kreisen mit einer sozial gefärbten Bewegung begonnen wurde. Unter den gutmeinendsten und wohlwollendsten Mitarbeitern unserer anthroposophisch orientierten geisteswissenschaftlichen Bewegung befanden sich wirklich nicht eben wenige, die eigentlich völlig verschlafen haben die Tatsache, daß es in der zweiten Hälfte des 19. Jahrhunderts und bis in unsere Tage herein das gegeben hat und gibt, was man die moderne soziale Bewegung nennt. Das heißt, ich meine damit nicht, daß nicht alle Mitglieder gewußt hätten: es gibt eine soziale Bewegung. Damit ist aber gar nichts getan, daß man weiß, es gibt eine soziale Bewegung; es ist auch gar nichts damit getan, daß man verfolgt dasjenige, was Zeitungen berichten von sozialer Bewegung. Sondern es handelt sich darum, daß man die konkreten Äußerungen und Aspirationen dieser Bewegung wirklich kennt. Ich habe Leute kennengelernt aus unserer Mitte heraus – es ist noch nicht lange her –, die wußten nicht, als die Dreigliederung begann, daß es Gewerkschaften gibt und was Gewerkschaften sind. Wir sind zu sehr gewohnt geworden, im Leben an den Menschen vorbeizugehen und uns nicht zu kümmern um dasjenige, was die Menschen eigentlich treiben und tun. Wir müssen lernen, uns um die Seelen der Menschen wirklich zu bekümmern, für die Seelen der Menschen wirklich Interesse zu fassen. Dafür gibt es ein großes Hindernis, das ich, ohne jemand verletzen zu wollen, nennen möchte das «bürgerliche Wohlwollen» für die werktätige arbeitende Bevölkerung. Dieses bürgerliche Wohlwollen für die werktätige arbeitende Bevölkerung, das oftmals nur so trieft von sozialem Impetus, das ist im Grunde genommen ein schlimmes Hindernis für die soziale Wirksamkeit in der Gegenwart. Auf den verschiedensten Gebieten haben wir erlebt, was ich eigentlich damit meine. Denken Sie nur einmal, wie wir erlebt haben ein gewisses Kennenlernen des sogenannten «Volkes». Wir haben geschichtliche Romane, Volksromane, Volksnovellen erlebt, in denen geschildert worden ist von Leuten, die nichts vom Volk verstanden – zum Beispiel von *Berthold Auerbach* oder ähnlichen –, die Art, wie das Volk war oder ist, und was von dieser Seite gekommen ist, wurde dann hingenommen als eine Beschäftigung, eine Erkenntnis-Beschäftigung mit dem Volke. Man hat es sogar als etwas zur sozialen Frage Gehöriges empfunden, wenn man sich *Gerhart Hauptmanns* «Weber» angesehen hat. Gewiß, in Gerhart Hauptmanns «Weber» sieht man das Elend proletarischer Massen so, daß einem auf der Bühne vorgeführt wird, wie eine arme Familie von einem krepierten Hunde sich ernähren muß. Aber es ist doch eine sonderbare Auffassung der Erkenntnis des sozialen Lebens, wenn in irgendeiner großen Stadt im Parkett oder auf der Galerie die Menschen sitzen, die sich da anschauen, wie die arme Familie sich nähren muß von einem krepierten Hunde, und die dann nach Hause gehen, um, sagen wir, eines der üblichen Soupés zu begehen. Damit will ich nicht sagen, daß es in unserer heutigen Zeit vielleicht möglich sei, von heute auf morgen die Klassengegensätze zu überbrücken. Aber dasjenige, um was es sich handelt, ist, daß wir wirklich Sinn bekommen müßten für das, was geschieht; daß wir uns abgewöhnen müßten, an den Menschen vorbeizugehen und nicht zu wissen, in welchen Lebenszusammenhängen die Menschen drinnenstehen. Es handelt sich heute wirklich darum, daß jeder einzelne sich einen großen weltgeschichtlichen Zusammenhang vor das geistige Auge führen kann, einen Zusammenhang, der sich nur eröffnet, wenn wir zurückblicken auf frühere Zeiten, welche noch zurückgelassen haben manches, was in unserer Gegenwart lebt, und wenn wir hinblicken auf Neues, das in dieser Gegenwart wie aus Urtiefen heraus an die Oberfläche des Lebens durchstößt.

Eine Frage, die immer wieder auftritt, wenn vom modernen öffentlichen Leben die Rede ist, das ist die Frage der Organisation. Unsere Lebensverhältnisse sind kompliziert geworden. Die Arbeit hat immer mehr und mehr Teilung erfahren. Der einzelne steht in einem engbegrenzten Gebiet des Wirkens und Arbeitens drinnen. Wir können nur arbeiten, wir können nur wirken als moderne Menschen durch Organisationen. Organisationen hat es immer gegeben. Aber das berücksichtigt man nicht, daß Organisationen älterer Natur etwas ganz anderes waren als die Organisationen, die entstehen müssen. Heute leben wir fast nur in solchen Organisationen, die zum Teil Altes fortsetzen, zum Teil aber schon das Neue in sich haben, fortwährend innere Erschütterungen erleben. Jedoch das Bewußtsein ist nicht durchgedrungen, daß wirklich etwas durchgreifend Neues sich aus Urtiefen der Menschheitsentwickelung an die Oberfläche tragen muß.

Wenn wir nach älteren Organisationen fragen, so können wir eigentlich eines als den Impuls solcher Organisationen hinstellen: das menschliche Blut, die Blutzusammengehörigkeit. Wenn wir in ältere Zeiten sehen, sehen wir zusammengehörige Stämme, zusammengehörige Großfamilien. Das, was zusammengehört, ist eigentlich organisiert aus menschlichen Tiefen heraus durch das Blut. Das bedingt, daß das Organisationsprinzip vielfach ein Unterbewußtes ist, daß es nicht vollständig ins Bewußtsein heraufkommt. Die Menschen sind *dabei* beim Organisieren, aber es dringt nicht ins Bewußtsein herauf. Es wirken höhere Geister als der Mensch bei diesem Organisieren mit.

Heute sind wir eben vor diese Notwendigkeit gestellt, das, was früher unbewußt geschehen ist, das heißt, vielfach von höheren Geistern, als der Mensch ist, aus dem menschlichen Bewußtsein heraus selber zu vollziehen. Wir wollen uns bewußt zusammenschließen in Assoziationen, in Organisationen zur Förderung der sozialen Arbeit. Dasjenige, was die Menschen zusammengeschlossen hat aus dem Blute heraus, verliert allmählich seine Bedeutung.

Die beobachtete, die erkannte Sache, das Objektive muß die Gründe abgeben für das Zusammenschließen. Unterbewußtes oder unbewußtes Zusammenschließen muß bewußtem Zusammenschließen weichen. In diesem Ineinander von diesen zwei Strömungen: bewußtem Organisieren und unbewußtem Organisieren, leben wir mitten drinnen, und die Erschütterungen der Gegenwart hängen vielfach mit dem Zusammenfließen dieser zwei Strömungen zusammen. Nehmen Sie nur einmal dasjenige, was einem heute in der Öffentlichkeit entgegentritt als das Bestreben der sozialistischen Parteien der verschiedensten Nuancen. In diesen sozialistischen Parteien lebt ja ganz, wenn auch heute noch instinktiv, ein gewisses Hindrängen zum bewußten Organisieren. Man will organisieren. Aber auf der anderen Seite ist man noch nicht dazu vorgedrungen, das Objekt zu finden für das bewußte Organisieren.

Sie können, indem Sie sich das klarmachen wollen, einfach, ich möchte sagen, auf das Urphänomen des heutigen sozialen Strebens hinschauen. Nehmen Sie einmal an, hier träte jemand auf – wir wollen ganz unbefangen sprechen – und würde sagen: Es soll sozial gestrebt werden! – Was würde er damit meinen? Er würde damit meinen: In der Schweiz soll sozial gestrebt werden. Wenn man ihm nun zumuten würde, er solle anders denken, so würde er das selbstverständlich als eine Zumutung empfinden. Oder denken Sie gar, in Frankreich würde jemand so auftreten: er würde selbstverständlich denken, daß innerhalb der französischen Grenzen sozial gestrebt werden soll. Es ist ja auch theoretisch ausgesprochen worden, daß sozialistische Programme die alten Staatsgrenzen als einen Rahmen für große sozialistische Genossenschaften benützen sollen. Der Staat soll sich verwandeln in eine große sozialistische Genossenschaft. Aber der Staat ist ja das Übriggebliebene der alten, aus der Blutsverwandtschaft hervorgegangenen Verbände, der alten Blutsverbände. Es soll also einfach etwas über dasjenige, was aus den alten Blutsverwandtschaften herauskommt, darübergestülpt werden.

Man mutet heute dem Menschen viel zu, wenn man ihm zumutet, er solle klar über diese Sache denken. Und die Menschen werden gar nicht klar über diese Dinge denken können, wenn sie nicht

Anthroposophen werden. So sonderbar das ist, was ich jetzt ausspreche, es ist so: Die Menschen werden gar nicht klar darüber denken können. Denn, was geht für ein Ruf durch diese Welt? Durch unsere Welt geht der Ruf: Befreiung der Völker, das heißt, die alten Blutsverbände, die aus den alten Zeiten stammen, sollen in irgendeiner Weise neu organisiert werden. Befreiung der Völker! – Indem dieser Ruf durch die Welt geht, ignoriert er vollständig dasjenige, was Organisation aus dem Bewußtsein heraus sein soll. So hart stoßen zusammen in unserer Gegenwart die Dinge. Daher wird nur ein wirkliches anthroposophisches, ein allgemeines Menschenverständnis führen können zu dem, wohin geführt werden soll.

Damit aber hat es seine guten Wege. Denn das anthroposophische Verständnis, namentlich das frühere sogenannte theosophische Verständnis hat ja gerade bei dieser Frage immer haltgemacht. Wohl hat man gesagt: Brüderliches Verständnis der Menschen ohne Unterschied von Rasse, Farbe und so weiter. – Aber ist das irgendwo real geworden in unserer neueren Zeit? Theorie ist es geworden, abstrakte Theorie; real geworden ist es nicht in unserer Zeit. Und real ist es jetzt am allerwenigsten.

Dadurch hat gerade dieses anthroposophisch-theosophische Streben teilgenommen an der allgemeinen Liebe für das Abstrakte, von dem hier so oftmals gesprochen worden ist, jener allgemeinen Liebe für das Abstrakte, die da lebt in den gedanklichen, gefühlsmäßigen Daseinen, die sich absondern vom Leben. Wir leben als moderne Menschen, als Menschen der Gegenwart, das Leben, das wir nicht leben dürfen, das Doppelleben: auf der einen Seite das Leben in der äußeren Arbeit, wo wir unseren Beruf haben, wo wir manches andere noch haben wie den Beruf, und das Leben, wo wir bedenken, wo wir empfinden. Ein Leben des Alltags, ein Leben des Sonntags. Wir wollen nicht hören, wenn vom Geiste gesprochen wird, etwas, was eingreift in das Leben vom Montag und Dienstag und Mittwoch und Donnerstag und Freitag und Sonnabend; wir wollen, wenn vom Geiste gesprochen wird, ein Leben haben, bei dem es sich uns wohl anfühlt, wenn es am Sonntag, Vor- oder Nachmittag, von der Kanzel vermeldet wird, wobei wir nicht zu denken brauchen an das, was am

Montag, Dienstag, Mittwoch, Donnerstag vorgeht, sondern wobei wir nur eine gewisse Wollust empfinden bei den Worten: Brüderlichkeit, Nächstenliebe und so weiter. Das erstreckt sich bis in das Leben der Wissenschaft. Und da zeigt es sich insbesondere, wie es bewirkt worden ist; dieses geschichtliche Bewirken, das muß ins Auge gefaßt werden.

Sehen Sie, unsere profanen Wissenschaften erlauben sich eigentlich gar nicht mehr, vom Geiste, und nicht einmal mehr von der Seele irgend etwas zu wissen. Man findet es ganz selbstverständlich, daß die profanen Wissenschaften sich nicht erlauben, vom Geiste und von der Seele etwas zu wissen. Gelehrte verkündigen heute, daß die Wissenschaft frei sein müsse von dem, was Glaube ist, und sie denken damit der vorurteilslosen Wissenschaft zu dienen. Sie denken, man sei befangen, wenn man auf dem Gebiete der Wissenschaft noch etwas von der Seele und von dem Geiste zu sagen hat, denn darüber entscheide doch nur der subjektive Glaube – so meinen die Leute. Woher rührt das aber in Wirklichkeit? In Wirklichkeit rührt es davon her, daß sich das Zeitalter so gestaltet hat, daß die religiösen Bekenntnisse für sich monopolisiert haben die Hinneigung zum Seelenhaften und zum Geistigen. Die religiösen Bekenntnisse haben sich ein Monopol gebildet für das Seelische und für das Geistige. Und man empfindet es heute ganz selbstverständlich, wenn von dieser Seite so etwas beurteilt wird, wie Anthroposophie es ist, daß die Leute einfach sagen: Das darf nicht gepflegt werden; Wissenschaft muß frei bleiben von diesen Dingen, Wissenschaft hat nicht hineinzureden in das Seelische und Geistige, weil die Beziehung zum Seelischen und Geistigen ein Monopol sein soll für die Konfessionen, für die Bekenntnisse. – Deshalb ist es so humoristisch – verzeihen Sie, daß ich den Ausdruck gebrauche gegenüber einer sehr ernsten Tatsache, aber da es Tragikomisches gibt, so kann es auch ein Ernsthumoristisches geben, und das Tragikomische ist manchmal für die Entwickelung der Welt bedeutsamer als das bloße Tragische oder Komische –, es ist humoristisch, wenn man heute von den Lehrkanzeln deklamieren hört, die Wissenschaft müsse so und so objektiv sein, ohne sich auf die Dinge der Seele oder des Geistes einzulassen, denn dadurch würde die Exaktheit der Wissenschaft durchbrochen. Es ist deshalb humoristisch, dergleichen zu hören, weil es davon kommt, daß den Leuten, die nicht zu vertreten haben den Glauben, verboten war durch so und so lange Zeit, über Geist und Seele zu sprechen. Und diejenigen, die heute glauben, als wissenschaftliche Gelehrte die Wissenschaft rein erhalten zu müssen um ihrer Exaktheit willen, die wollen sie in Wahrheit rein erhalten, weil ihnen verboten worden ist durch die Dogmatik, über Seele und Geist zu denken. Es ist der Bodensatz, der Rückstand, das Residuum der alten kirchlichen Verbote, die uns heute als exakte wissenschaftliche Forderungen von den Lehrkanzeln verkündet werden. Die Menschen wissen eben gar nicht, wie sich historisch dasjenige herausgebildet hat, was sie heute als eine selbstverständliche und manchmal nach ihrer Ansicht hohe Wahrheit verkündigen. Und diesen Dingen gegenüber sollte eben nicht der Seelenschlaf geschlafen werden, sondern diesen Dingen gegenüber sollten die Menschen aufwachen. Aber ohne daß wir diesen Dingen gegenüber aufwachen, kommen wir keinen Schritt weiter. Wir können noch so sehr schöne Sachen tradieren über die soziale Frage, wir kommen nicht weiter, wenn wir uns irgendwelcher Illusion über die größte Lüge hingeben, die es eigentlich gibt, über die Wissenschaftslüge der Gegenwart. Wir empfinden sie noch gar nicht, diese Wissenschaftslüge, aber wir müssen lernen, sie zu empfinden.

Das ist nicht emotionell gemeint, das ist ganz theoretisch gemeint, was ich eben gesagt habe, und kann auch nur richtig verstanden werden, wenn es in diesem Theoretisch-Gemeintsein aufgenommen wird. Sehen Sie, ich fühle mich nur berufen, das Wort Wissenschaftslüge auszusprechen, weil ich ebenso, wie ich dieses Wort ausspreche und rückhaltlos von diesem Gesichtspunkte aus die gegenwärtige Wissenschaft kritisiere, sie ebensosehr wieder verteidige; denn sie ist groß geworden durch alles dasjenige, was sie erreichen konnte dadurch, daß eine Zeitlang die Menschen bloß das Physisch-Leibliche durch die Wissenschaft untersucht haben, sich nicht besonders hingewandt haben zum Seelisch-Geistigen. Aber das darf nur als ein Utilitätsprinzip angesehen werden und als ein pädagogisches Prinzip der Menschheitsentwickelung, nicht als irgend etwas Erkenntnistheoretisches.

So müßte auch heute die Notwendigkeit eingesehen werden, gerade die profane Wissenschaft wiederum zu durchdringen mit wirklichen Erkenntnissen des Seelischen und des Geistigen. Denn nur daraus wird die Kraft entspringen, die sozialen Probleme tief genug anzufassen. In unserer Zeit ist der Mensch nun schon einmal vor die Notwendigkeit gestellt, anders zu erkennen, als heute in unseren Schulen erkannt wird. Dinge werden heute, ich möchte sagen, fällig in der Erkenntnis, die längere Zeit nicht fällig zu sein brauchten. Man hat lange ganz ausgereicht mit der kopernikanischen Weltanschauung. Es war nützlich für die Menschen, sich so hübsch vorzustellen: Hier die Sonne – die Erde bewegt sich in einer Ellipse

Tafel 1*

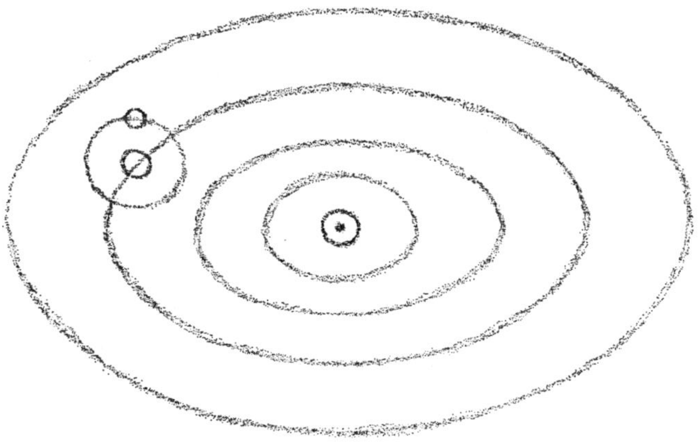

herum, um die Erde bewegt sich wiederum der Mond, zwischen Sonne und Erde Merkur und Venus, weiter weg Mars und so weiter. – Es war hübsch, dieses ganze Bild der Bewegung der Planeten um die Sonne in Ellipsen so hinzustellen für die Menschheit. Man reichte aus bis zur Gegenwart mit diesem Bild.

Aber wie ist historisch dieses Bild entstanden? Das habe ich öfter schon erwähnt. Historisch ist dieses Bild dadurch entstanden, daß

* Zu den Tafelzeichnungen siehe Seite 282.

einstmals der große *Kopernikus* sein Buch über die Umwälzung der Weltenkörper geschrieben hat. In dem stehen gleich anfangs drei Sätze. Beachtet man sie alle drei, dann ist es gut. Aber sie wurden nicht alle drei beachtet, sondern nur die zwei ersten. Der dritte wurde unberücksichtigt gelassen. Beachtet man nur die zwei ersten kopernikanischen Sätze, dann kommt das kopernikanische System, im Keplerschen, im Newtonschen Sinne weitergeführt, heraus. Nur stimmt dieses System nicht. Wenn irgendein Planet nach der Rechnung dieses Systems an einer bestimmten Stelle sein sollte und man richtet das Fernrohr hin – er ist nicht da! Aber er müßte da sein nach diesem System. Daher setzt man schon seit längerer Zeit die sogenannten «Besselschen Reduktionen» ein; man korrigiert immer die Stelle. Bevor man das Fernrohr einrichtet, richtet man es nicht nach dem Punkt hin, für welchen man es nach diesem System richten müßte, sondern nach dem Punkt hin, für welchen man zuerst die Besselschen Korrekturen eingesetzt hat. Diese Besselschen Korrekturen, was bedeuten sie eigentlich? Sie bedeuten, daß man immer von neuem anwenden muß das, was man auf einmal anwenden würde, wenn man alle drei kopernikanischen Gesetze beachten würde, das heißt, wenn man das dritte nicht unberücksichtigt gelassen hätte. Aber wenn man dieses dritte kopernikanische Gesetz berücksichtigt, dann stimmt die Geschichte wieder nicht mit den schönen Umdrehungen der Planeten um die Sonne. Dann muß man an ein anderes Weltensystem denken. Aber die Menschen werden auch an dieses andere Weltensystem nicht denken, bevor sie gehörig vorbereitet sind zu solchem Umdenken durch anthroposophisch orientierte Geisteswissenschaft. Denn wie schauen heute die Menschen die Welt an? – Die Menschen schauen sie heute so an, wie wenn sie in einem Eisenbahnzug drinnensäßen, niemals zum Fenster hinausschauten und auch niemals ausstiegen, sondern immer drinnensitzen und nur leben würden mit den Insassen des Eisenbahnzuges. Aber ein Mensch könnte auch so mit einem Eisenbahnzug durch die Welt fahren, daß er eine Strecke fährt, dann läßt er den Zug stehen, steigt aus, erlebt das, was in einer Stadt ist; es kann ja dann ein anderer Zug sein, darauf kommt es nicht an, in den er wieder einsteigt. Er reist wiederum weiter, erlebt etwas in einer anderen Stadt. Das sind Etappen, die man da erlebt. Das trägt man dann mit sich.

Die heutige astronomische Wissenschaft erlebt den Gang mit der Erde durch den Weltenraum so, wie wenn man in einem Eisenbahnzug sitzt und nichts anderes als die Erlebnisse mit den Mitinsassen erlebt, niemals aussteigt. Nun werden Sie sagen: Wie kann man denn von der Erde aussteigen? Kann man denn das, von der Erde aussteigen? – Man kann das, nur ist es etwas anderes, von der Erde aussteigen als aus einem Eisenbahnzug auszusteigen. Aus einem Eisenbahnzug aussteigen, heißt: zur Waggontüre hinausgehen und dann irgendwo hingehen. Von der Erde aussteigen heißt: in das menschliche Innere, in die Seele eindringen. Dringen Sie wirklich in die Seele ein, erreichen Sie das, was im Inneren der Seele ist, dann sind Sie aus der Erde ausgestiegen; dann haben Sie in bezug auf die Erde dieselbe Prozedur durchgemacht, die Sie durchmachen, wenn Sie aus einem Zug aussteigen und wiederum einsteigen. Aber nun ist das Eigentümliche, daß man, wenn man aussteigt, das heißt, wenn man wirklich innerlich sich vertieft, konkret vertieft, nicht durch Illusionen, sondern konkret vertieft, daß man dann bei jedem Aussteigen etwas anderes erlebt, wirklich bei jedem Aussteigen etwas anderes erlebt. Deklamieren von Mystik, die sich in das menschliche Innere vertieft, die Gott in der Seele erlebt, das ist eben ein bloßes Deklamieren. Wirklich im Inneren etwas erleben, das stellt sich so heraus, daß es in den verschiedenen Zeitaltern verschieden ist, daß es immer erneuertes Erleben ist. Wenn jemand wirklich innerlich erlebt hat 1870, und wiederum innerlich erlebt 1919, so sind die beiden Dinge verschieden innerlich erlebt. Warum sind sie verschieden? Weil der Mensch den Weltenraum erlebt, immer an einem anderen Orte erlebt.

Durch solches innerliches Erleben haben die Alten ihr Himmelssystem gefunden, nicht durch rein äußerliches Erleben. Durch ein Erleben wie das im Eisenbahnzug ist das kopernikanische System entstanden. Das System der Zukunft wird wiederum innerlich erlebt sein müssen, indem der Mensch die Reise durch die Welt an innerlichen Erlebnissen durchmißt. Dann wird etwas anderes herauskommen. Vor allen Dingen wird das herauskommen, daß wir lernen werden, konkret die Welt zu erleben, nicht, wie man es heute liebt, abstrakt diese Welt zu erleben.

Mir ist neulich in Berlin etwas Sonderbares passiert, das mich im Grunde genommen recht befriedigt hat. Da ist vor einiger Zeit ein schmachvoller Artikel in der deutschen Zeitschrift «Die Hilfe» erschienen, «Falscher Prophet», heißt der Artikel. Nun, solche Artikel werden gelesen, werden verschlafen. Aber wie ich jetzt vor einigen Wochen in Berlin war, besuchte mich ein Amerikaner und sagte, er besuche mich eigentlich aus dem Grunde, weil er den Artikel in der «Hilfe» gelesen habe, in dem so schrecklich geschimpft werde und in einer solchen Weise, daß man Interesse fassen müsse. Das will ich nur zur Einleitung sagen. Was mich eigentlich befriedigt hat, war eine Frage, die dieser Mann gestellt hat, die in höchstem Maße sachlich war. Er sagte, er habe sehr schnell begriffen, um was es sich bei der Dreigliederung des sozialen Organismus handle, aber er möchte nun fragen: Halten Sie dafür, daß diese Dreigliederung des sozialen Organismus eine ewige Wahrheit ist, die, einmal gefunden, soziale Zustände schafft, die nun immer bleiben müssen, oder ist es eine Wahrheit für einige Zeit, die nur ablöst alte Dinge; ist es eine Wahrheit, die wiederum von etwas anderem abgelöst wird? – Ich war förmlich frappiert, daß sich in der Gegenwart noch solche verständige Menschen finden, die nicht glauben an den Chiliasmus, an das Tausendjährige Reich, wo *einmal* ein Absolutes gefunden wird und bleibt, bloß *ein* Wahres über die ganze Erde hin und in die ganzen Ewigkeiten. Denkt heute einer sozialistisch, so denkt er: Morgen muß der soziale Staat verwirklicht werden; wenn er da ist, dann braucht er nimmer anders zu werden.

Ich habe meine Antwort dann so formuliert, daß ich sagte: Selbstverständlich haben die letzten Jahrhunderte nach dem Einheitsstaate gestrebt; jetzt sind wir im konkreten Dasein so weit, daß wir ihn dreigliedern müssen. Nach einiger Zeit wird wiederum das andere, die Synthesis kommen; da wird wiederum das Entgegengesetzte auftreten müssen. – Sehen Sie, das ist nicht so bequem, immer die konkreten Verhältnisse verfolgen zu müssen, das ist nicht so bequem, wie ein absolutes System auszudenken. Aber heute ist es notwendig, daß die konkreten Verhältnisse befolgt werden, daß man sich bewußt ist: Was wir zu schaffen haben, haben wir für die gegenwärtige Weltenlage zu schaffen. Das kann aber heute schon «astronomisch» begriffen werden, indem wir erstens sehen, daß die mystischen Erlebnisse verschieden sind, je nachdem sie in diesem Jahrzehnt oder jenem Jahrzehnt, in diesem Jahrhundert oder in jenem Jahrhundert gewonnen werden, und daß man die Bewegungen der Erde selbst verfolgen, innerlich mystisch erleben kann. Aber es muß das «große Astronomische» heute zusammen geschaut und zusammen empfunden werden mit dem Sozialen. Wir müssen die Möglichkeit gewinnen, so vorzuschreiten, daß wir heute eine Stufe überschreiten, die sich nur parallelisieren läßt mit Stufen der früheren Zeit, die ebenso nicht nur Übergänge, sondern Stöße waren der Entwickelung.

Nehmen Sie den alten Griechen. Er hatte sein Landgebiet. Bis zu den Säulen des Herkules war für ihn die Erde noch etwas, was konkret war. Dann kam das Unbestimmte, das ganz Unbestimmte. Er hatte ein Landbewußtsein. Es kam die neuere Zeit herauf, die Entdeckung Amerikas, das Segeln nach Ostindien, ähnliche Dinge. Erdenbewußtsein trat auf. Aus dem Landbewußtsein der Griechen wurde das Erdenbewußtsein der neueren Zeit. Geradeso wie für den Griechen dasjenige, was außerhalb der Säulen des Herkules lag, unbestimmt war, so ist heute dasjenige, was außerhalb des Erdenbewußtseins ist, für den Menschen unbestimmt, bloß mathematische Phantasie, Galileische, Newtonsche Phantasie und so weiter. Diese Phantasie muß durch die realen Tatsachen ersetzt werden. Wir müssen umwandeln das Erdenbewußtsein in das Weltenbewußtsein, wie man umwandelte das Landbewußtsein der Griechen in das Erdenbewußtsein. Wir stehen heute an diesem Punkte, und wir kommen auch sozial nicht vorwärts, wenn wir nicht den Weg finden, ebenso wie das Landbewußtsein der Griechen in das Erdenbewußtsein der modernen Zeit umgewandelt wurde, das Weltenbewußtsein der Zukunft herauszuentwickeln aus dem Erdenbewußtsein der neueren Zeit.

Wenn wir nicht ausbilden durch die Lehren anthroposophisch orientierter Geisteswissenschaft das große astronomische Weltbild desjenigen, was draußen als Weltenraum ist, dann ergreifen wir nicht die Wahrheit des Weltenraumes. Aber ergreifen wir nicht die Wahrheit des Weltenraumes, so können wir nicht Weltenbürger werden. Aber wir werden nicht früher soziale Bürger, als bis wir in unserem Bewußtsein Weltenbürger geworden sind.

ZWEITER VORTRAG

Dornach, 4. Oktober 1919

In diesem mittleren der drei Vorträge möchte ich Ihnen einige anthroposophische Wahrheiten im besonderen entwickeln. Wir werden dann sehen, wie gerade diese anthroposophischen Wahrheiten in das alltägliche Leben des Menschen stark eingreifen; davon wollen wir dann morgen sprechen. Heute möchte ich Sie eben auf einiges Tiefere im Menschenwesen aufmerksam machen.

Es wird sehr häufig nicht gefragt, durch welche Kräfte der Menschennatur die Erkenntnis der übersinnlichen Welten erlangt wird. Man versucht sich die Frage bloß so zu beantworten, daß man eben davon spricht: Es gibt die Möglichkeit, Übersinnliches durch gewisse Kräfte der Menschennatur zu erkennen. Aber in welchen Beziehungen, in welchen besonderen Beziehungen diese Kräfte zur Menschennatur stehen, danach wird nicht immer gefragt. Daher wird auch so wenig Rücksicht darauf genommen, die Erkenntnisse der übersinnlichen Welten für das gewöhnliche Leben richtig fruchtbar zu machen. Man kann sagen: Gerade für unser Zeitalter werden die übersinnlichen Erkenntnisse den Menschen immer notwendiger und notwendiger werden. Dann aber müssen sie auch in ihrer Beziehung zum gewöhnlichen alltäglichen Leben erfaßt werden.

Sie wissen, die erste Fähigkeit, die den Menschen hinaufführt ins übersinnliche Wesen, ist die Kraft der Imagination, die zweite Fähigkeit ist die Kraft der Inspiration, die dritte Fähigkeit ist die Kraft der Intuition. Nun frägt es sich: Sind das Fähigkeiten, die man einfach nur ins Auge fassen muß, wenn von Erkenntnis übersinnlicher Welten die Rede ist, oder sind das Fähigkeiten, die auch irgendeine Rolle spielen im sonstigen Leben des Menschen? – Das letztere, sehen Sie, ist der Fall. Wir verfolgen ja das menschliche Leben, wie Sie das ersehen können aus der kleinen Schrift «Die Erziehung des Kindes vom Gesichtspunkte der Geisteswissenschaft», nach drei Epochen: nach der Epoche von der Geburt bis zum Zahnwechsel, vom Zahnwechsel bis zur Geschlechtsreife, von der Geschlechtsreife bis etwa zum einundzwanzigsten Jahre. Wer nicht oberflächlich die menschliche Natur betrachtet, der wird darauf kommen, daß die ganze Art der Entwickelung des Menschen eine andere ist in den ersten sieben Jahren, eine andere in den zweiten sieben Jahren, eine andere in den dritten sieben Jahren des kindlich-jugendlichen Lebens. Damit, daß die dann bleibenden Zähne hervorgetrieben werden – ich habe auch darüber schon öfter gesprochen –, hängt zusammen die Entfaltung nicht bloß von Kräften, die etwa, sagen wir, in den Kiefern oder in ihren Nachbarorganen sitzen, sondern die Kräfte, welche die Zähne heraustreiben, sitzen im ganzen physischen Menschen. Da geht etwas vor in diesem physischen Menschen zwischen der Geburt und dem siebenten Jahre, was seinen Abschluß findet, gewissermaßen seinen Schlußpunkt findet, indem die bleibenden Zähne hervorgetrieben werden aus der Menschennatur.

Diese Kräfte, die da arbeiten an der menschlichen physischen Wesenheit, die sind – man möchte sagen: selbstverständlich – übersinnlicher Natur. Das Sinnliche ist bloß das Material, in dem sie arbeiten. Diese übersinnlichen Kräfte, die in den ersten sieben Lebensjahren des Menschen in seiner ganzen Organisation tätig sind, werden gewissermaßen stillgelegt, wenn ihr Ziel erreicht ist, wenn die bleibenden Zähne erschienen sind. Diese Kräfte gehen nach dem siebenten Jahre, ich möchte sagen, schlafen. Sie sind verborgen in der Menschennatur; sie schlafen in der Menschennatur. Und sie können hervorgeholt werden aus dieser Menschennatur, wenn man solche Übungen macht, wie ich sie in «Wie erlangt man Erkenntnisse der höheren Welten?» beschrieben habe, die da führen bis zur Intuition. Denn die Kräfte, die in der Intuition, in der intuitiven Erkenntnis angewendet werden, sind dieselben Kräfte, mit denen man bis zum siebenten Jahre so wächst, daß dieses Wachsen seinen Ausdruck findet im Zahnwechsel. Diese schlafenden Kräfte, die bis zum siebenten Jahr tätig sind in der Menschennatur, die benützt man in der übersinnlichen Erkenntnis, um zur Intuition zu kommen.

Die Kräfte wiederum, die vom siebenten bis zum vierzehnten Jahre, bis zur Geschlechtsreife tätig sind und dann schlafen gehen, drunten in der Menschennatur ruhen, die werden heraufgeholt und bilden die

Kraft der Inspiration. Und diejenigen Kräfte, welche in früheren Zeiten den Menschen vom vierzehnten bis zum einundzwanzigsten Jahre die jugendlichen Ideale eingegeben haben – es wäre zuviel behauptet, daß sie das jetzt noch tun – und Organe geschaffen haben im physischen Leib für diese jugendlichen Ideale, das sind dieselben Kräfte, die dann aus ihrem schlafenden Zustand hervorgeholt werden und die Imagination bewirken können.

Sie sehen daraus, daß die Kräfte der Imagination, die Kräfte der Inspiration und die Kräfte der Intuition nicht beliebige, von unbekannt woher geholte Kräfte sind, sondern daß es dieselben Kräfte sind, mit denen wir von unserer Geburt bis zum einundzwanzigsten Jahre wachsen. Es sind daher diejenigen Kräfte, die in Imagination, Inspiration und Intuition leben, sehr gesunde Kräfte. Es sind diejenigen Kräfte, die der Mensch braucht zu seinem gesunden Wachstum, und die dann, wenn die entsprechenden Phasen des Wachstums abgeschlossen sind, schlafen gehen in der Menschennatur.

Damit habe ich Sie hingewiesen auf dasjenige, was von übersinnlichen Erkenntniskräften Beziehungen hat zu der gewöhnlichen Menschennatur. Aber man kann auch ein gleiches sagen von den Kräften der normalen Menschennatur, derjenigen Menschennatur, die im gewöhnlichen Leben steht. Nur ist es da nicht so ausgesprochen. Eine sehr wichtige Kraft für das gewöhnliche Leben – wir haben es öfters besprochen – ist die Gedächtniskraft, die Erinnerungsfähigkeit. Diese Erinnerungsfähigkeit, wir beherrschen sie seelisch dann, wenn wir uns an irgend etwas, das wir erlebt haben, eben, wie wir sagen, erinnern. Aber Sie wissen alle: Mit dieser Erinnerungskraft ist es etwas Eigenartiges. Wir beherrschen sie und beherrschen sie doch nicht ganz. Gar mancher Mensch kämpft diesen oder jenen Augenblick seines Lebens damit, daß er sich an etwas erinnern möchte, aber er kann sich nicht erinnern. Dieses Sich-erinnern-Mögen und Sich-nicht-vollständig-erinnern-Können, das rührt davon her, daß dieselbe Kraft, die wir seelisch als Erinnerungskraft benützen, dazu dient, unsere aufgenommenen Nahrungsstoffe umzuwandeln in solche Substanzen, die von unserem Leib gebraucht werden können. Wenn Sie also ein Stück Brot essen und dieses Brot umgewandelt wird in Ihrem Leib in eine solche Substanz, daß diese Substanz Ihrem Leben dient, so ist das scheinbar ein physischer Vorgang. Aber dieser physische Vorgang wird beherrscht von übersinnlichen Kräften. Diese übersinnlichen Kräfte sind dieselben, die Sie anwenden, wenn Sie sich erinnern. So daß dieselbe Kräfteart verwendet wird auf der einen Seite zur Erinnerung, auf der anderen Seite zur Verarbeitung der Nahrungsstoffe im menschlichen Leben. Und Sie müssen eigentlich immer ein wenig hin und her pendeln zwischen Ihrer Seele und zwischen Ihrem Leibe, wenn Sie sich der Erinnerungskraft hingeben wollen. Verdaut Ihr Leib allzugut, dann, sehen Sie, können Sie vielleicht nicht so viel Kräfte abgewinnen diesem Leib, daß Sie sich gut erinnern können an gewisse Dinge. Sie müssen immer einen inneren Kampf, der im Unbewußten sich abspielt zwischen einem Seelischen und einem Leiblichen, ausführen, wenn Sie sich erinnern wollen an irgend etwas. Sie haben, wenn Sie so die Gedächtniskraft anschauen, die beste Art zu begreifen, wie unsinnig es im Grunde von einem höheren Gesichtspunkte aus ist, wenn die einen Menschen Idealisten sind und die anderen Menschen Materialisten. Das Verarbeiten der Nahrungsstoffe im menschlichen Leibe ist zweifellos ein materieller Vorgang. Die Kräfte, die ihn beherrschen, sind dieselben, die bei einem ideellen Vorgang wirksam sind: die Kräfte des Erinnerungsvermögens, die Gedächtniskräfte. Nur dann sieht man die Welt richtig, wenn man sie weder materialistisch noch idealistisch sieht, sondern wenn man imstande ist, dasjenige, was sich als materialistisch offenbart, ideell zu sehen, und dasjenige, was sich als Ideelles offenbart, ganz materiell verfolgen zu können. Nicht darauf beruht das Geistige einer Weltauffassung, daß man sagt: Da ist niederer Materialismus, der ist für den «Aussatz» der Menschheit; da ist der Idealismus, der ist für die Auserlesenen – zu denen sich der Betreffende, der das ausspricht, gewöhnlich dann selber rechnet –, sondern darin besteht das Wesentliche einer wirklich spirituellen Weltauffassung, daß diese spirituelle Weltauffassung imstande ist, mit dem, was sie erfaßt im Geistigen, unterzutauchen in das materielle Dasein, um gerade das materielle Dasein dann zu begreifen, daß es begriffen werde, nicht verachtet werde. Das ist der große Irrtum vieler Religionsbekenntnisse, daß sie das materielle Dasein verachten, statt es zu begreifen, statt den Geist in ihm zu suchen.

So handelt es sich darum, auf die Dinge einzugehen, nicht, wie es heute noch so vielfach üblich ist, auf mystischen Gebieten in Phrasen zu leben; auf die Dinge wirklich einzugehen, darum handelt es sich. Nachdem ich Ihnen nun gewissermaßen gezeigt habe, wie man auf diese Dinge eingehen könne, möchte ich etwas ganz besonders Wichtiges jetzt anführen. Man spricht gewöhnlich so, wenn man von dem materiellen Dasein und von dem übersinnlichen Dasein spricht, als ob sich ausbreitete in der Welt das materielle Dasein, und dann sei irgendwo dahinter oder darüber das übersinnliche Dasein, das man durch die Sinne nicht wahrnimmt. Wenn man so die Sache vorstellt, daß man einfach einerseits das sinnlich-physische Dasein hat, andrerseits das übersinnliche Dasein, wird man niemals den Menschen begreifen. Es gibt keine Möglichkeit, den Menschen wirklich zu erfassen, wenn man nur von dem Gegensatze ausgeht: Sinnliches und Übersinnliches. Es handelt sich vielmehr um das Folgende. Um uns herum breitet sich die Sinneswelt aus und die Welt, in der wir arbeiten, die Welt, in der auch unser soziales Leben liegt; die breiten sich um uns herum aus. Wollen wir einmal schematisch diese ausgebreitete Welt durch diese Linie darstellen (siehe Zeichnung waagrechte Linie). Ein vollständiges Bild von dem, was eigentlich in der Welt vorliegt, bekommen Sie nur, wenn Sie sich vorstellen: über

Tafel 2

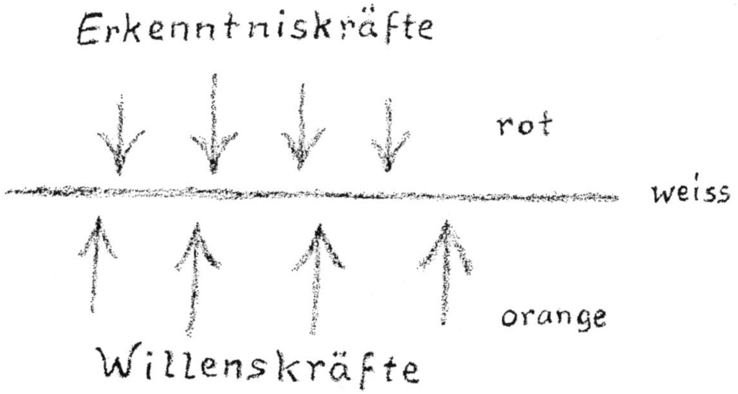

dieser Linie liegen Kräfte, übersinnliche Kräfte (rote Pfeile). Diese übersinnlichen Kräfte nimmt man nicht mit den gewöhnlichen Sinnen und auch nicht mit dem Verstande, der an die gewöhnlichen Sinne gebunden ist, wahr. Man nimmt nur dasjenige wahr, was im Bereiche dieser Linie liegt.

Aber es gibt auch *unter* dieser Linie Kräfte. Wir sprechen eigentlich nur dann vollständig von dem Nichtsinnlichen, von dem Geistigen, wenn wir von übersinnlichen und von untersinnlichen Kräften sprechen. Also wir müssen uns vorstellen, daß außerdem hier (orange Pfeile) die untersinnlichen Kräfte liegen.

Also, wir haben die Sinneswelt, die übersinnlichen Kräfte und die untersinnlichen Kräfte. Der Mensch selbst, wenn er leiblich vor Ihnen steht, wohin gehört er? Dasjenige, was leiblich vor Ihnen steht, das gehört ganz in diese Linie herein. Aber in das, was in die Linie hereingeht beim Menschen, wirken auf der einen Seite übersinnliche, auf der anderen Seite untersinnliche Kräfte. Der Mensch ist die Resultante zwischen übersinnlichen und untersinnlichen Kräften. Welche Kräfte der Menschennatur sind nun übersinnliche, welche Kräfte der Menschennatur sind untersinnliche? Übersinnlich sind alle mit dem Erkennen zusammenhängenden Kräfte; alles das, was wir aufbringen für das Erkennen, ist übersinnlich. Und es sind das dieselben Kräfte, die auch unseren Kopf formen, unser Haupt formen. So daß wir sagen können: Die übersinnlichen Kräfte sind die Erkenntniskräfte.

Nun wirken in den Menschen hinein auch die untersinnlichen Kräfte. Was sind denn das für Kräfte? Das sind die Willenskräfte. Alle Willenskräfte, alles Willensartige in der Menschennatur ist untersinnlich.

Nun werden Sie ja naheliegend haben die Frage: Ja, woher kommen denn diese untersinnlichen Kräfte, diese Willenskräfte? – Das sind dieselben Kräfte wie die Kräfte des Planeten, also hier für uns die Kräfte der Erde. In der Tat, in unseren Menschen wirken fortwährend herein die Kräfte der Erde. Und das, was zusammenhängt mit diesen Kräften des Planeten, mit diesen Kräften der Erde, das sind die Kräfte, die willensartiger Natur sind. Die Kräfte, die erkenntnisartiger Natur sind, die kommen uns aus der Peripherie der Welt, die ergießen sich gleichsam von außen, von außerhalb des Planeten auf uns herab. Die Kräfte, die willensartiger Natur sind, dringen in uns ein von dem Planeten aus. So leben in uns die Kräfte unseres eigenen Erdenplaneten. In dem Augenblick, wo wir mit der Geburt ins Dasein treten, sind in uns wirksam die Kräfte des Erdenplaneten.

Die Frage entsteht: In welcher Verteilung sind sie in uns wirksam? Da ist wiederum ein beträchtlicher Unterschied zwischen dem ersten Lebensabschnitt, der ersten Lebensepoche, der zweiten und der dritten, bis zum siebenten Jahre, bis zum vierzehnten Jahre, bis zum einundzwanzigsten Jahre. Dasjenige, was in uns willensartig wirkt bis zum siebenten Lebensjahre, das wirkt ganz aus dem Inneren des Planeten heraus. Es ist sehr interessant, geisteswissenschaftlich zu verfolgen, wie in alledem, was in dem Kinde bis zum siebenten Jahre wirksam ist, kraften die Kräfte des Innersten der Erde. Wollen Sie die Kräfte des Erdeninneren in ihrer Offenbarung kennenlernen, dann studieren Sie alles dasjenige, was im Kinde vorgeht bis zum siebenten Jahre, denn das sind diese Kräfte des Erdeninneren. Es ist ganz und gar eine falsche Methode, hineinzugraben in die Erde, um die Kräfte des Erdeninneren zu finden. Da finden Sie nur die Erdensubstanzen. Die Kräfte, welche in der Erde wirksam sind, die offenbaren sich in dem, was sie vollbringen an dem Menschen bis zu seinem siebenten Lebensjahre hin. Und wiederum vom siebenten bis zum vierzehnten Lebensjahre wirken im Menschen die Kräfte des Luftkreises, also auch noch dasjenige, was zur Erde gehört, die Kräfte der Atmosphäre. Aber die sind vorzugsweise wirksam in alldem, was sich im Menschen ausbildet zwischen dem siebenten und dem vierzehnten Lebensjahr. Dann ist der wichtigste Abschnitt vom vierzehnten bis zum einundzwanzigsten Jahr. Da geht, ich möchte sagen, das Untersinnliche in das Übersinnliche über. Da bildet sich eine Art Ausgleich zwischen dem Unter- und dem Übersinnlichen. Da wirken die Kräfte des ganzen Sonnensystems, des zur Erde gehörigen Sonnensystems organisierend auf den Menschen.

Also Erdeninneres in der ersten Lebensepoche; Luftkreis in der zweiten Lebensepoche, dasjenige, worinnen die Erde selber eingehüllt ist. Was an Kräften herunterströmt aus dem Weltenraume, insoweit dieser Weltenraum erfüllt ist von unserem eigentlichen eigenen Planetensystem: bis zum einundzwanzigsten Jahre. Erst mit dem einundzwanzigsten Jahre reißt sich gewissermaßen der Mensch los von den Einflüssen desjenigen, was von außen durch den Planeten und durch das dazugehörige Planetensystem in ihm bewirkt wird.

Sehen Sie, in alldem, was ich Ihnen jetzt gesagt habe, daß es auf den Menschen wirkt, in alldem ist durchaus auch körperliche Wirksamkeit. Es sind körperliche Vorgänge, die durch Kräfte vom Inneren des Planeten bis zum siebenten Jahre bewirkt werden. Es sind körperliche Vorgänge, die von dem Luftkreislaufe im Zusammenhange mit der Atmung zwischen dem siebenten und vierzehnten Jahre gebildet werden und so weiter. Es sind durchaus körperliche Vorgänge, es sind Umgestaltungen der leiblichen Organe, die da bewirkt werden; mit dem Größerwerden, mit dem Wachstum des Menschen hängt alles zusammen. Der Mensch wächst also heraus aus dem, was die Erde an ihm gestaltet; das hört mit dem einundzwanzigsten Jahre auf.

Was ist aber dann? Was ist nach dem einundzwanzigsten Lebensjahre? Bis zum einundzwanzigsten Jahre haben wir in der geschilderten Weise gezehrt von der Erde und ihrem Planetensystem. Was da die Erde in uns hineinorganisiert hat, von dem haben wir gezehrt. Nunmehr, wenn wir einundzwanzig Jahre alt geworden sind, müssen wir von uns selber zehren. Da müssen wir nach und nach das wiederum heraufholen, was wir aus den Kräften des Planeten und des Planetensystems in unseren Organismus hinuntergeführt haben.

Daß dies früher immer so geschehen ist, dazu waren die Kräfte des menschlichen Blutes tätig. Der Mensch hat es, wie Sie ja wohl wissen, nicht gelernt, nach seinem einundzwanzigsten Jahre die Kräfte des Planeten aus sich herauszuholen. Aber er hat es doch getan. Er hat es als unbewußten Vorgang getrieben. Das lag in seinem Blute. Es wurde ihm einorganisiert, daß er das so gemacht hat. Unser bedeutsamer Umschwung in der Gegenwart, wobei die Gegenwart natürlich ein langer Zeitraum von Jahrhunderten ist, liegt darin, daß das Blut der Menschen die Kraft verliert, das herauszuholen, was man bis zum einundzwanzigsten Jahre in den Organismus auf diese Weise hineingefügt hat.

Darauf beruht das Wichtige, was vorgeht in der gegenwärtigen Zeit der Menschheit, daß das Blut in seinen Kräften nachläßt. Diese Dinge können nicht konstatiert werden von der äußeren Anatomie, von der äußeren Physiologie; die müßten ja Körper untersuchen aus dem 10., 9. Jahrhundert, dann würden sie darauf kommen, daß da das Blut anders war. Man würde noch nicht einmal die chemischen Reagenzien haben, um darauf zu kommen. Aber geisteswissenschaftlich kann man mit Sicherheit wissen: Das Blut der Menschen ist schwächer geworden. Und der große Umschwung zu dem Schwächerwerden des Blutes des Menschen lag in der Mitte des 15. Jahrhunderts.

Was ist die Folge? Die Folge ist, daß wir das, was wir nicht mehr imstande sind, unbewußt durch unser Blut zu bewirken, nunmehr durch unser Bewußtsein bewirken müssen. Wir müssen uns zu etwas erziehen, so daß wir es bewußt vollbringen können, was früher unbewußt einfach durch das Blut der Menschen bewirkt worden ist. Denn die Kraft des Blutes ist verlorengegangen und geht immer mehr verloren. Und was würde endlich, wenn wir kein Auskunftsmittel fänden, in einem Zeitalter eintreten, in welchem die Menschen völlig verlieren würden ihre Jugend, in welcher sie nicht fruchtbar machen könnten für sich die Kräfte ihrer Jugend, wenn nicht dasjenige, was früher das Blut getan hat unbewußt, vollbracht werden könnte bewußt?

Diese Dinge darf man natürlich nicht bloß theoretisch nehmen. Nimmt man sie theoretisch, so mögen sie interessante Wahrheiten sein. Aber sie bloß theoretisch zu nehmen, genügt nicht. Diese Dinge müssen heute praktisch genommen werden, denn sie hängen mit der Praxis der Entwickelung der Menschheit zusammen. Praktisch müssen sie so genommen werden, daß wir uns bewußt werden: Das ganze Erziehungssystem des Menschen muß ein anderes werden. Wir müssen den Menschen dahin bringen, daß er eine starke, bewußte Kraft entwickelt, dasjenige, was er in der Jugend in sich aufnimmt, im späteren Alter wie durch eine elementare Erinnerung wiederzuerleben.

Vorläufig handeln die Menschen noch überall gegen diese Anforderung. Die Menschen sind zum Beispiel stolz darauf, in den Volksschulen «Anschauungsunterricht», wie sie sagen, zu treiben, recht anschaulich alles den Kindern beizubringen, und sie legen einen großen Wert darauf, nur ja nicht dem Kinde solche Dinge im Unterrichte zu offenbaren, die, wie man sagt, über das Fassungsvermögen des Kindes hinausgehen, sondern es soll der Lehrer, der Erzieher möglichst weit heruntersteigen zu dem Fassungsvermögen des Kindes. Ja, man stellt Rechenmaschinen auf, an denen man durch gezählte Kugeln alle möglichen Rechnungsarten anschaulich lehrt. Nichts soll über das Fassungsvermögen des Kindes hinausgehen. Dieser Anschauungsunterricht wird zu einer schauderhaften Trivialität und Banalität. Er muß ja schließlich dahin führen, daß man dem Kinde nur banale Begriffe beibringt, wenn man durchaus heruntersteigen soll zu der Auffassungsgabe des Kindes selber. Derjenige, der das anstrebt, der beachtet ganz und gar nicht eine wichtige, obwohl, ich möchte sagen, intime Erfahrung des menschlichen Lebens.

Denken wir uns einmal, ein Kind wird so unterrichtet, daß es etwas aufnimmt, nicht weil das schon vollständig seinem Fassungsvermögen entspricht, sondern weil die begeisternde Wärme des Lehrers auf das Kind übergeht und das Kind das aufnimmt, weil der Lehrer durch seine Begeisterungsfähigkeit im Unterrichten dem Kind das übermittelt. Das Kind nimmt das auf, eben deshalb, weil es lebt in der Wärme, die vom Lehrer ausgeht. Es nimmt etwas auf, was über sein Verständnis hinausgeht, bloß aus der sich übertragenden Begeisterungsfähigkeit des Lehrers; dann versteht das Kind, was es aufgenommen hat, noch nicht, wie man im trivialen Leben sagt. Aber was es aufgenommen hat, sitzt im Gemüte des Kindes. An das, was das Kind vielleicht aufgenommen hat in seinem zehnten Jahre, erinnert sich der Erwachsene im dreißigsten Lebensjahre. Er erlebt das wieder. Jetzt ist er reif geworden, versteht das, was er herausholen kann aus den Tiefen seines Gemütes, was er dazumal nur aus der Begeisterung aufgenommen hat, was er aber jetzt aus dem reifen Geiste herausholen kann. Sehen Sie, das sind die fruchtbarsten Momente des Lebens, in denen man nicht bloß das auffaßt, was von außen an einen herandringt, sondern das, was man früher mit nicht hinreichendem, mit geringem Verständnis aufgenommen hat, was man wieder erlebt, indem man es heraufholt und mit vertieftem Verständnisse dann erst aufnehmen kann. Je mehr man sorgen kann im Unterrichte dafür, daß das Kind nicht bloß banal aufnimmt dasjenige, was es versteht – denn das verschwindet mit dem kindlichen Alter, daran kann ein späteres Lebensalter weder Freude noch Begeisterung entwickeln –, desto mehr tut man für die spätere Entwickelung des Menschen; denn dasjenige, was aufgenommen wird bloß aus der Wärme des Unterrichtenden heraus, das ist dasjenige, was, wiedererlebt, Lebenskräfte gibt.

Auf das sollte beim heutigen Unterrichten besonders gesehen werden. Früher brauchte man nicht besonders darauf sehen, denn früher lag das Heraufwirken im Blut; jetzt muß es zum Bewußtsein gebracht werden. Es ist nicht einerlei, ob man solche Dinge einsieht wie diejenigen, die heute durch Geisteswissenschaft eben fruchtbar werden. Wenn man sie in der richtigen Weise einsieht, so findet man an irgendeiner Stelle des praktischen Lebens die Möglichkeit, diese Dinge zum Heile der Menschheit zu verwerten. Man findet also die Möglichkeit, die Tatsache, daß unser Blut schwach geworden ist, wenn man sie richtig durchschaut, so zu verwerten, daß man um so mehr Wert legt auf die Begeisterungsfähigkeit des Lehrers.

Aber man hat wenig Bewußtsein in unserer Zeit, daß es sich um so etwas handelt. Denn in unserer Zeit spielt noch immer eine große Rolle die Norm-Pädagogik, die Pädagogik, die in zahlreichen Normen arbeitet. Man lernt Pädagogik, man lernt, wie man ein Kind unterrichtet, wie man verfährt beim Unterrichten. Gegenüber unserem heutigen Menschheitsbewußtsein sollte uns das eigentlich so vorkommen, wie wenn wir lernen würden: Der Mensch besteht aus Kohlehydraten, Eiweißstoffen und so weiter – aus dem bestehen wir, und so und so verwandeln sie sich im Leibe, und bevor wir das nicht durchschaut haben, können wir nicht essen; denn erst wenn wir das verstehen, essen wir im Sinne der Physiologie. – Ich habe Ihnen einmal erzählt – und Sie wissen es ja vielleicht aus Ihrer eigenen Erfahrung -, daß man jetzt schon das Erlebnis haben kann: Man besucht den oder jenen, und siehe da, er hat eine Waage stehen neben seinem Teller und legt auf die Waage sorgfältig ein Stück Fleisch und wiegt ab, wie schwer das Stück Fleisch ist, denn nur ein Stück Fleisch von einem ganz bestimmten Gewichte darf er sich zuführen. Da bestimmt schon die Physiologie den Appetit. Aber das pflegen Gott sei Dank noch nicht alle Menschen. Es ist wichtig, daß man einsehe, daß die Physiologie nicht zum Essen gehört, sondern daß sie etwas ist, was ein Ziel neben dem Essen hat, daß man auch essen kann, ohne Physiologie studiert zu haben, ohne die Physiologie des Ernährungsvorganges zu kennen. Aber man setzt nicht voraus, daß man auch unterrichten sollte, lebendig unterrichten sollte, ohne die Norm-Pädagogik in sich aufgenommen zu haben. Für den heute im günstigsten Sinne Unterrichtenden ist diese Norm-Pädagogik genau so, wie für den Maler die Ästhetik der Farben ist. Er kann gut Ästhetik der Farben studiert haben, malen kann er deshalb nicht. Malen kann man durch ganz andere Dinge als dadurch, daß man die Ästhetik der Farben studiert. Unterrichten kann man durch ganz andere Dinge, als dadurch, daß man Pädagogik studiert. Nicht darum handelt es sich heute, daß man irgendeine Norm-Pädagogik, welche dogmatisch feststellt diese oder jene Dinge, wie man unterrichtet, seminaristisch an diejenigen heranbringt, die unterrichten sollen, sondern daß man dasjenige heranbringt an diejenigen, die unterrichten, was ähnlich zum Erzieher und Unterrichter macht, wie man Maler oder Botaniker wird. Das heißt: Es muß der Pädagoge aus dem Menschen geboren werden, nicht, es muß die Pädagogik erlernt werden.

Daß die Pädagogik eine wirkliche Kunst sein müsse, das ist etwas, was eingesehen werden muß gerade aus dieser Umwandlung der Menschennatur heraus. Im Übergangszeitalter, da wußte man nicht recht, was man eigentlich tun soll mit dem Erziehen. Daher erfand man alle möglichen abstrakten Pädagogiken. Jetzt aber handelt es sich darum, daß man vorzugsweise demjenigen, der da lehrt, übermittle eine wirkliche Menschenerkenntnis. Denn sehen Sie, wenn man eine wirkliche Menschenerkenntnis hat und wendet sie beim Kinde an, dann besteht folgendes Eigentümliche: Nehmen Sie an, man ist ein Unterrichtender; man hat seine Kinder in der Schule. Wenn man ein Anhänger der Norm-Pädagogik ist, der Pädagogik, die nach Gesetzen arbeitet, dann weiß man, wie man unterrichten soll, denn man hat ja diese Norm gelernt. Man unterrichtet heute nach diesen Normen, hat gestern nach diesen Normen unterrichtet, und man wird morgen und übermorgen nach diesen Normen unterrichten. Wenn man als Pädagoge Künstler ist, dann hat man es gar nicht so gut; dann kann man nicht gestern und heute und morgen und übermorgen nach den gleichen Normen unterrichten, sondern dann muß man jedesmal neu lernen von dem Kinde selbst, wie man es zu unterrichten hat; dann muß jedesmal aus der Natur des Menschen heraus folgen, was man zu tun hat, und es ist am allerbesten für den Pädagogen, wenn er so unterrichten kann, weil das Kind ihm gebietet, so und so zu unterrichten, und wenn er dann immer wieder vergißt, was eigentlich Pädagogik ist, wenn er keine Ahnung hat von pädagogischen Regeln. Denn in dem Augenblick, wo das Kind wiederum vor ihm steht, ist er wiederum ganz elektrisiert von dem werdenden Menschen und weiß, was er mit ihm zu tun hat.

Sie müssen achten auf diese Art und Weise, wie so etwas heute gesagt werden muß, wie über diese Dinge heute gesprochen werden muß. Man kann heute über diese Dinge nicht so sprechen, daß die Menschen sich beruhigen können in allerlei Prinzipien, sondern man kann nur so sprechen, daß man auf etwas hinweist, das lebt, das sich nicht in abstrakte Prinzipien bringen läßt, sondern das lebt, das durch Leben Leben erregt. Das ist es, worauf es ankommt. Daher ist heute für das unmittelbare Leben Geisteswissenschaft vonnöten, weil Geisteswissenschaft etwas ist, was nicht bloß für den Kopf ist, sondern was da ist für den ganzen Menschen und Willensimpulse aus dem Menschen loslöst. Das muß aber in viele Lebensgebiete hinein, auf daß zuletzt alle menschliche Betätigung so werde, daß Willensimpulse in das Leben des Menschen hineinversetzt werden.

Ich habe Ihnen dies ausgeführt für ein gewisses Gebiet des Lebens, für das Erziehen, wie wir das Erziehen, das wir üben bei dem Menschen bis zum einundzwanzigsten Jahre, auch für das spätere Leben fruchtbar machen können. Nun erzieht man aber die Menschen nicht bloß bis zum einundzwanzigsten Jahr; das Erziehen geht durch das ganze Leben weiter. Aber es ist nur gesund, wenn die Menschen sich aneinander erziehen.

Auch das hat in früheren Zeiten, in früheren geschichtlichen Epochen das Blut gegeben. Die Menschen taten das unbewußt, daß sie, wenn sie im sozialen Leben miteinander in Beziehung traten, sich gegenseitig aneinander erzogen, der eine mehr durch den andern, der andere weniger durch den anderen; das vermittelte alles das Blut. Aber das Blut ist schwach geworden, das Blut hat seine Kräfte verloren. Auch das muß durch mehr Bewußtsein ersetzt werden. Die Menschen müssen dahin kommen, von den anderen für sich selbst noch verhältnismäßig mehr zu haben, als sie durch sich selbst haben. In früheren Zeiten hat es genügt, sich, ich möchte sagen, dem Leben zu überlassen. Das Blut hat alles gemacht. Nunmehr handelt es sich darum, daß die Menschen wirklich dazu übergehen, Sinn für das Wesen des anderen Menschen zu entwickeln. Das wird von selbst angeregt dadurch, daß man seine Gedanken in die Richtung bringt, die durch die Geisteswissenschaft angeregt wird. Durch die Geisteswissenschaft werden Gedanken angeregt, die anders sind als die Gedanken, die ohne die Geisteswissenschaft angeregt werden.

Sie werden das nicht bezweifeln, denn es zeigt ja schon die Art und Weise, wie Geisteswissenschaft aufgenommen wird von denjenigen, die von ihren Gedanken nichts wissen wollen, daß die Gedanken der Geisteswissenschaft andere sind als diejenigen, die ohne Geisteswissenschaft an einen herankommen. Man muß eine ganz andere Art des Denkens entwickeln. Diese Denkungsart, die man da entwickelt, indem man sich gewöhnt, auch mit Übersinnlichem sich zu beschäftigen, diese Denkungsart, die ist zugleich diejenige, welche zurückwirkt auf unseren Organismus. Und wenn ich Ihnen heute gesagt habe: das Gedächtnis, die Erinnerungskraft ist dasselbe wie die Umwandlungskraft der Nahrungsmittel zu Stoffen, die der Mensch in seinem Organismus braucht, so werden Sie es auch nicht mehr als etwas Frappierendes empfinden, wenn auch andere Kräfte umgewandelt werden können im Menschen, wenn also die Kraft, durch die wir das

Übersinnliche einsehen, uns dazu führt, den Menschen genauer zu erkennen, als wir ihn erkennen ohne gesunde Hinneigung zu einer übersinnlichen Erkenntnis.

Sie studieren dasjenige, was in meiner «Geheimwissenschaft im Umriß» steht. Da müssen Sie gewisse Begriffe entwickeln, von denen die meisten Menschen heute noch sagen: Das ist die reine Narrheit. – Ich habe erst vor ein paar Tagen wiederum einen Brief übermittelt bekommen, worin jemand gerade die «Geheimwissenschaft» durchnimmt und fast von jedem Kapitel sagt, es sei der reine Wahnsinn. Man kann es verstehen, daß die Leute sagen, es sei der reine Wahnsinn. Warum? Das ist ganz natürlich, daß die Leute vielfach das heute sagen. Aber diejenigen Menschen, die sich nicht dazu bequemen, solche Begriffe aufzunehmen, die uns auf diese Weise zu Saturn, Sonne, Mond, Jupiter, Venus, Vulkan führen, die sich also nicht damit befassen, Ideen zu entwickeln in einer Welt, die nicht mit den Sinnen umfaßt werden kann, diese Menschen erwerben sich auch keine Menschenkenntnis; diese Menschen gehen an den anderen Menschen vorbei, merken höchstens, daß der eine eine ein wenig spitzere Nase, der andere eine ein wenig stumpfere Nase hat, daß der eine blaue Augen, der andere braune Augen hat; aber sie merken nichts von dem, was im Innern des Menschen, sich offenbarend als Seele, den Leib durchorganisiert. Dieselbe Kraft, die uns fähig macht, Interesse zu haben, ich sage nicht jetzt, übersinnliche okkulte Kräfte zu haben, sondern die uns fähig macht, Interesse zu haben für übersinnliche Erkenntnisse, die ist es, die uns Menschenerkenntnis, so wie wir sie heute brauchen, überliefert.

Sie können die grandiosesten sozialen Programme aufstellen, Sie können die schönsten sozialen Ideen entwickeln: Wenn die Menschen dabei stehenbleiben, keine Menschenerkenntnis zu entwickeln, so daß sie einander gegenüberstehen, ohne sich innerlich zu erkennen, können sie keine sozialen Zustände herbeirufen. Sie können nicht soziale Zustände herbeirufen, ohne zu begründen die Möglichkeit, daß es soziale Menschen gibt. Aber soziale Menschen gibt es nicht, wenn die Menschen aneinander vorbeigehen und ein jeder nur in sich lebt. Soziale Menschen gibt es nur dadurch, daß die Menschen sich im

Leben begegnen, und daß etwas übergeht von dem einen Menschen zum anderen. Hier formuliert sich ja erst die Frage, die man heute die soziale nennt. Die meisten Menschen denken heute von der sozialen Frage so, daß sie sagen: Man muß gewisse Dinge so und so einrichten, dann werden die Menschen drinnen sozial leben können. – So ist es nicht. Sie können diese Einrichtungen machen, soziale Menschen werden mit diesen Einrichtungen gute Menschen im sozialen Sinne sein, und antisoziale Menschen werden mit jeder Art von Einrichtung antisozial sein.

Dasjenige, worum es sich handelt, ist, daß wir dahin gelangen, solche Einrichtungen zu treffen, innerhalb welcher die Menschen wirklich soziale Triebe entwickeln. Und einer dieser sozialen Triebe ist das Erkennen. Aber solange Sie zum Beispiel den Menschen so erziehen, daß Sie immer nur darauf sehen: Er soll ein Postbeamter oder ein Leutnant werden, oder irgend etwas anderes für den Staat werden, so lange werden Sie den Menschen nicht so erziehen, daß er den anderen Menschen erkennt. Denn diese Erziehung, die zum Postbeamten oder zum Leutnant gut ist, die läßt in dem anderen Menschen auch nur einen Postbeamten oder Leutnant erkennen. Diejenige Erziehung, die den Menschen zum Menschen macht, die läßt auch in dem anderen Menschen den Menschen erkennen. Aber es gibt keine Möglichkeit, in dem anderen Menschen den Menschen zu erkennen, wenn man nicht Sinn für übersinnliche Erkenntnis entwickelt. Und das Wichtigste, worin übersinnliche Erkenntnis wirken muß, das ist gerade die Erziehungskunst. Daher ist der größte Schaden, der angerichtet worden ist im Laufe der neuzeitlichen Entwickelung, der, daß die naturwissenschaftlich-materialistische Denkungsweise auch die Erziehungswissenschaft ergriffen hat. In dieser Beziehung erlebt man ja höchst, höchst merkwürdige Dinge.

Es gibt heute ja auf allen Gebieten, man möchte sagen, höchst gutmeinende Menschen, gutwillige Menschen auch, die möchten alles reformieren, sogar revolutionieren; aber wenn man mit den Menschen heute redet über diese Dinge, kommt ganz Sonderbares heraus. Die Leute bekennen sich ganz ehrlich zu einer gewissen Gesinnung, die die Dinge neu gestalten will. Allein, der eine fragt einen: Ja, sehen

Sie, ich bin nun Schneider, wie wird, wenn die Verhältnisse umgestaltet werden, mein Dasein als Schneider sich gestalten? – Ein anderer, sagen wir er ist Eisenbahnbeamter, der sagt: Wie wird sich mein Dasein als Eisenbahnbeamter gestalten, wenn die Verhältnisse umgestaltet werden? – Das ist nur als Beispiel hingestellt, und alles das kommt zuletzt darauf hinaus, daß die Leute ganz einverstanden sind, daß alles anders werde, nur soll durch dieses Anderswerden sich nichts ändern, sondern es soll alles beim alten bleiben. Das ist nämlich die Gesinnung, die heute außerordentlich viele Menschen beseelt: Es soll alles beim alten bleiben, wenn es anders wird. Das sollte man durchaus nicht verkennen, daß die Sehnsucht der Menschen heute eine außerordentlich abstrakte Größe im gesellschaftlichen Leben ist: Sie möchten viel, die Menschen, aber es darf *ja* nichts für ihre Bequemlichkeit sich ändern.

Und so ist es namentlich da, wo es sich darum handelt, daß die Menschen sich auch innerlich in wirklich neue Verhältnisse hineinfinden sollen. Und dennoch, gerade dies ist es, worauf es ankommt: daß die Menschen die Möglichkeit finden, den Übergang zu bewirken zu dem, worüber ganz neu gedacht werden muß, in bezug auf das man sich innerlichst zu ändern hat.

Nun entstehen ja aus alledem, was wir betrachtet haben, die allerverschiedensten Fragen, Fragen aber, die durchaus auf die Unmittelbarkeit des Lebens hingehen. Diese Fragen, die mußten wir so betrachten, daß wir für sie eine gewisse tiefere Grundlage dadurch geschaffen haben, daß wir davon gesprochen haben, wie gewisse Kräfte, die zunächst geistig-seelisch ausschauen, sich auch im Leiblichen ausdrücken. Denn es fehlt uns heute gar zu sehr die Fähigkeit, dasjenige, was wir uns geistig vorstellen, in das materielle Leben einzuführen. Ehe wir aber nicht wiederum dazu kommen, die Dinge, die wir uns geistig vorstellen, in das materielle Leben einzuführen, können wir nicht daran denken, den eigentlichen Nerv der sozialen Frage ins Auge zu fassen.

Und so handelt es sich denn darum, ein Geistesleben anzustreben, welches wirklich eine Menschenerkenntnis, damit aber soziale Triebe entwickelt. Ja, ein Geistesleben, das herausgeformt wird aus ganz anderen Lebensverhältnissen, das genügt dazu nicht. Eben das Geistesleben, das vom Staat oder Wirtschaftsleben her geformt wird, das formt sich Postbeamte oder Leutnants. Das Geistesleben aber, das wir brauchen, ist dasjenige, welches Menschen formt. Das kann aber kein anderes sein als ein solches, das sich loslöst vom Wirtschaftsleben und loslöst vom staatlichen Leben. Daher mußte einmal das geschehen, was durch unsere «Dreigliederung des sozialen Organismus» geschehen ist. Es mußte radikal darauf hingewiesen werden: Alle Art der Abhängigkeit des geistigen Lebens vom Wirtschaftsleben, vom staatlichen Leben müsse aufhören und das Geistesleben auf seine eigenen Grundlagen gestellt werden. Dann wird das geistige Leben dem Wirtschafts- und dem Staatsleben dasjenige geben können, was das Staatsleben und das Wirtschaftsleben dem geistigen Leben nicht geben können.

Das ist das Wesentliche, das ist das Wichtige! Ein Vollmensch wird entstehen erst wieder dadurch, daß wir aus einem selbständigen Geistesleben heraus arbeiten.

DRITTER VORTRAG

Dornach, 5. Oktober 1919

Ich habe in diesen Tagen davon gesprochen, wie der Mensch vorrücken kann von dem jetzigen Erdenbewußtsein zu einem Weltenbewußtsein, so wie er vorgerückt ist vom alten Griechen- und Römertum zu dem Mittelalter und dem Ende des Mittelalters, indem sich verwandelt hat sein Landbewußtsein in ein Erdenbewußtsein. Diese Dinge nehmen wir nicht abstrakt, sondern wir versuchen in diese Dinge wirklich so einzudringen, daß sie uns konkrete Glieder unseres Bewußtseins werden.

Im Zusammenhang mit dieser Idee von der Erweiterung des Bewußtseins habe ich zu Ihnen gesagt, daß der Mensch in den drei ersten Epochen seines Lebens unter dem Einfluß von Kräften steht, die wir eigentlich als untersinnliche Kräfte bezeichnen können. Der Mensch steht von seiner Geburt bis zum siebenten Jahr im Zusammenhang mit Kräften des Erdenplaneten selbst. Die Gestaltungskräfte, die da im menschlichen Organismus wirken, sind im wesentlichen diejenigen, die verankert sind im Erdenplaneten selbst, im Inneren dieses Erdenplaneten. Und was dann wirkt, organisierend den Menschen, durchlebend den Menschen vom siebenten bis vierzehnten Lebensjahr, das sind die Kräfte des Luftkreises, die dann namentlich auf dem Umwege der Atmung den Menschen durchwellen, durchdringen, und durch die er die in den ersten sieben Lebensjahren veranlagten Gestaltungen und Formen eben durchlebt. Dann beginnt für den Menschen die Zeit, in der er, aber ohne daß das in sein Bewußtsein heraufdringt, ausgesetzt ist den Kräften, die von dem Planetensystem auf den Menschen mittelbar durch die Erde wirken.

Der Mensch ist also tatsächlich so organisiert, daß die in ihm organisierenden Kräfte nicht bloß solche sind, die er in seinem Leibe oder innerhalb der Grenzen seines Leibes trägt, sondern es sind Kräfte, die ihre Ausstrahlungen nehmen von dem Erdenplaneten und später von dem ganzen Planetensystem. Und zu einem Bewußtsein davon, daß der Mensch eine Einheit bildet mit der ganzen Erde, müssen wir allmählich durch solche Erwägungen durchdringen.

Ich habe in früheren Zeiten öfter einen Vergleich gebraucht, um von einem anderen Gesichtspunkte aus dieses Bewußtsein zu charakterisieren. Ich habe gesagt: Ein menschlicher Finger ist ein menschlicher Finger aber nur, solange er in Verknüpfung ist mit dem menschlichen Leibe. In dem Augenblick, wo wir ihn abschneiden, verdorrt er. – Geradeso wie der Finger, so sagte ich öfter, zu unserem Leibe steht, so steht der Mensch zu der ganzen Erde, ja zu unserem ganzen Planetensystem. Wenn Sie den Menschen wegheben würden von der Erde und von dem ganzen Planetensystem, er würde verdorren, er würde absterben wie der Finger, wenn man ihn weghebt von dem menschlichen Leib. Es handelt sich darum, daß man allmählich im menschlichen Leben dazu aufrückt, von der Wahrnehmung des Teiles zu der Wahrnehmung eines größeren Ganzen zu kommen. Der Mensch, so wie er sich selbst betrachten kann, ist wirklich eine Teilwesenheit, insofern er ein physischer Organismus ist und auch insofern er ein Ätherleib ist. Er wird nur als *ein* Organismus betrachtet, wenn er im Zusammenhang mit der Erde und sogar mit dem ganzen Planetensystem ist. Wenn man aber das ganz lebendig in sein Bewußtsein aufnimmt, so weiß man sich als zugehörig mehr zu der Welt als zu der bloßen Erde, denn die Erde hat ihre Kräfte vom Weltenall, und indem wir zuerst nur abhängig sind von der Erde, gehen wir allmählich über zu der Abhängigkeit von dem Weltenall.

Aber man kann diese Dinge noch vertiefen. Unter denjenigen Sternen, die als Planetensystem die Erde umgeben, sind die vornehmlichsten, wie Sie ja wissen, die Sonne und der Mond. Und indem wir nach und nach vom vierzehnten Lebensjahre an, also in der dritten Lebensepoche des Menschen hineinwachsen in einen Zustand, durch den wir abhängig werden vom Planetensystem, werden wir zwar auch abhängig von den anderen Gliedern des Planetensystems, von Merkur, Mars und so weiter, aber wir werden vorzugsweise abhängig von Sonne und Mond. Die Abhängigkeit des Menschen von Sonne und Mond kann man aber nur richtig beurteilen, wenn man nicht nur von der äußeren Beobachtung her weiß, was Sonne und Mond vorstellen. Die äußere Beobachtung zeigt dem Menschen den Mond, Voll- und Neumond, erstes, letztes Viertel als eine Scheibe, von der er annimmt, sie sei an sich dunkel, werde von der Sonne bestrahlt und wende ihm daher einen Teil ihres Wesens in Beleuchtung zu. Aber das erschöpft nicht das Wesen des Mondes. Dasjenige, was im Weltenall ist, lernt man eigentlich nur erkennen, wenn man es immer als eine Summe von Kräften, einen Zusammenhang von Kräften sieht. Und man muß sich fragen: Welche Art von Kräften ist denn eigentlich im Monde konzentriert? – Im Monde sind vorzugsweise konzentriert menschliche Willenskräfte, besser gesagt Kräfte, welche verwandt sind den menschlichen Willenskräften, Kräfte, welche verwandt sind alledem, was aus dem Untersinnlichen auf den Menschen wirkt. Also vom Monde strahlen aus diejenigen Kräfte, die mit dem Untersinnlichen des Menschenwesens verwandt sind. Der Physiker erzählt einem sehr schön, daß der Mond eine Art Schlacke sei, daß die Sonne irgend etwas wie ein glühender, brennender Weltenkörper sei, der eine Korona hat, der Strahlungen seines Feuers hinaussendet in die Welt; so daß ungefähr der Mensch die Vorstellung hat, wenn er da so wandern könnte langsam oder schnell und an die Sonne herankäme, so würde er in einen Glutkörper hineinkommen. Ich habe Ihnen schon öfter gesagt, das ist nicht der Fall; sondern die Wahrheit ist, daß dort, wo die Sonne ist, ein Hohlraum ist, ein Nichts ist, und daß nur von der Oberfläche der Sonne aus das Licht strahlt. In Wahrheit ist dort nichts, wo man vermutet, daß etwas Physisches ist; denn das Sonnenwesen ist durchaus übersinnlich, wie das Mondenwesen untersinnlich ist. Dieses Übersinnliche und Untersinnliche des Planetensystems, wie sie konzentriert sind in Sonne und Mond, die beginnen also zu wirken auf die menschliche Organisation von dem vierzehnten Lebensjahr an ungefähr. Sie wirken erstens auf die Organisation des Menschen insofern, als das Mondenhafte mehr verwandt ist dem weiblichen Elemente, allem Weiblichen in der Welt, das Sonnenhafte mehr verwandt ist dem Männlichen in der Welt. Aber sie wirken auch so, daß der Mensch in alledem, was er erkenntnismäßig entwickelt, in alledem, was er so entwickelt, daß er *denkt,* ein Sonnenhaftes hat, in alledem, was er *will,* in allen Impulsen des Wollens, ein Mondenhaftes hat. Sonne und Mond sind nicht nur da draußen im kosmischen Raume, Sonne und Mond sind in uns. Und insofern wir denken, sind wir Sonnenwesen, insofern wir wollen, sind wir Mondenwesen. Besser gesagt: Insofern wir in uns Organe ausbilden, die die Vermittler des Denkens sind, wirken zur Ausbildung dieser Organe von unserem vierzehnten Jahre an die Sonnenkräfte, das Übersinnliche; insofern wir Organe ausbilden, die das Wollen vermitteln, wirken in uns vom vierzehnten Jahre an die Mondenkräfte, das Untersinnliche.

So können wir, wenn wir eine solche Erkenntnis in lebendiges Wesen verwandeln, in uns fühlen: Du Mensch, du bist so, daß in dir lebt nicht nur, was hier auf der Erde ist, daß in dir lebt, was Sonne und Mond konstituiert. Sonne und Mond sind in dir. Du bist ein Weltenbürger. Du wärest nicht, was du bist als Mensch, wenn nicht das Weltenall in dir wirkte.

Abstrakt solche Dinge zu wissen, hat keinen großen Wert; aber in sich fühlen, man sei ein solches Wesen, in dem Sonne und Mond wirken, das gibt innerliches Leben. Zu fühlen alles, was man übersinnlich erdenken kann und untersinnlich wollen kann, das kommt von Sonne und Mond, das läßt den Menschen zu sich sagen: Ich wandle zwar auf der Erde herum, aber bei jedem Schritt, den ich auf der Erde mache, lebt in mir nicht nur das, was auf der Erde sprießt und sproßt, und was auf der Erde sich freut und auf der Erde leidet, sondern bei jedem Schritt, den ich auf der Erde mache, leben in mir Sonne und Mond. Ich bin nicht bloß Erdenbürger, ich bin Weltenbürger. – Wenn das als lebendiges Leben im Menschen wellt und kraftet, dann kommt über sein Denken eine gewisse Kraft, die er ohne dieses Bewußtsein nicht hat. Die Menschen sollten besonders in der Gegenwart fühlen lernen, wenn sie eben auf der Erde wandeln, daß in ihnen das Weltenall lebt. Das sollte Gefühl, das sollte Empfindung werden. Gleichsam sollte der Mensch, indem er zur Sonne hinaufblickt, sich sagen: Ich bin auch von deinem Wesen, o Sonne! – Indem er zum Monde hinaufblickt, sollte er sagen: Ich bin auch von deinem Wesen, o Mond!

Wenn dies der Mensch als Empfindung, als Gefühl in sich trägt, dann wird er erst reif, soziale Ideen zu fassen. Sonst trägt sein Denken eine gewisse Erdenschwere. Gewiß, man kann in abstracto gewisse Ideen fassen, aber man kann sie nicht im Konkreten innerlich in sich beleben. Das Soziale ist etwas, worin der Mensch als Mensch tätig ist. Naturwissenschaft begreift nur dasjenige, bei dem der Mensch nicht dabei ist. Nach dem Muster naturwissenschaftlicher Vorstellungen kann man niemals soziale Kräfte, soziale Betätigungen verstehen. Soziale Betätigung kann man nur mit jenem leichten Denken verstehen, welches man erhält aus einem solchen Gefühle heraus, das uns als Weltbürger uns erfühlen läßt. Es ist einfach so, daß ein solches weltbürgerliches Bewußtsein aus der Verwandtschaft mit Sonne und Mond entspringen muß. Erst wenn der Mensch nicht mehr sich so fühlt, daß er gewissermaßen auf die Erde angewiesen ist, wenn er sich so fühlt, als ob er ein vorübergehender Bewohner der Erde sei, der hereinträgt in dieses Erdendasein Sonnen- und Mondenkräfte, erst dann wird sein Denken so kraftvoll und zu gleicher Zeit so leicht, daß er die sozialen Begriffe wirklich so auffassen kann, wie sie im sozialen Dasein leben. Denn sehen Sie, gar mancher nationalökonomische Denker denkt, er könne mit der gewöhnlichen, der Naturwissenschaft nachgebildeten Vorstellungsart auch soziale Begriffe fassen. Sie können heute in nationalökonomischen Werken viele Begriffe lesen, viele Interpretationen lesen über den Begriff der Ware, über den Begriff der Arbeit – ich habe darüber auch schon einige Andeutungen gemacht – und über den Begriff des Kapitals. Aber alle diese Begriffe sind eigentlich gewöhnlich nicht zu gebrauchen. Sie treffen nicht das, was wirklich lebt im sozialen Leben. Wenn Sie versuchen wollen, einen Begriff zu schaffen von dem, was in dem Wirtschaftsleben als Ware zirkuliert, und Sie schaffen diesen Begriff so, wie Sie den Begriff eines Kristalles oder einer Pflanze oder eines Tieres oder selbst des physischen Menschen erzeugen, so wird nichts daraus. Sie können nicht nach dem Muster naturwissenschaftlicher Vorstellung den Begriff der Ware fassen. Wollen Sie ihn im lebendigen Leben erhaschen, wie er im sozialen Leben drinnensteht, dann brauchen Sie im Grunde doch eine Imagination; denn der Ware haftet etwas an, das untrennbar ist vom Menschen. Es ist jeder Ware etwas vom Menschen mitgegeben, ob die Ware nun besteht in einem genähten Rock oder in einem Gemälde – denn nationalökonomisch ist ein Gemälde auch nur eine Ware –, oder ob sie besteht in einer Unterrichtsstunde. Auch eine Unterrichtsstunde ist ja nationalökonomisch genommen nur Ware. Aber dasjenige, was den Waren-Begriff ausmacht, das hängt zusammen mit der Leistung des Menschen. Und nicht das gewöhnliche, voll bewußte Leben geht in die Ware hinein, sondern in die Ware geht hinein vielfach etwas von dem unterbewußten Leben. Daher brauchen Sie eine Imagination, um den Waren-Begriff richtig zu fassen. Und Sie brauchen eine Inspiration, um den Arbeits-Begriff zu fassen, und Sie brauchen eine Intuition, um den Begriff des Kapitals zu fassen. Denn der Begriff des Kapitals ist ein sehr geistiger Begriff, nur ein umgekehrt geistiger Begriff. Daher bezeichnet die Bibel dasjenige, was mit dem Kapitalismus zusammenhängt, ganz richtig als Mammon, als etwas, was mit dem Geistigen zu tun hat; nur ist es nicht gerade der allerbeste Geist, der damit zu tun hat. Aber man dringt in die höchsten Regionen des geistigen Erkennens hinauf, wenn man das, was eigentlich Kapital im wirtschaftlichen Leben tut, erfassen will.

Da tritt uns das ganz Kuriose entgegen, die Notwendigkeit tritt uns entgegen: Um richtige nationalökonomische Begriffe zu bekommen, muß man eine Idee haben von übersinnlichen Erkenntnissen. Daher sind alle nationalökonomischen Begriffe, die heute zutage gefördert werden, so dilettantisch, weil die Leute keine übersinnlichen Erkenntnisse haben und daher diese Begriffe falsch fassen.

Nun, mißverstehen Sie mich aber nicht. Wenn Sie in meinen «Kernpunkten der sozialen Frage» nachlesen, so werden Sie sagen: Das ist aber keine Imagination, die du da gibst, wenn du von Ware redest; es ist keine Inspiration, die du da gibst, wenn du von Arbeit redest, und keine Intuition, die du da gibst, wenn du vom Kapital redest. – Ganz gewiß nicht. Man braucht nicht in die höheren Welten hinaufzusteigen, um Ware, Arbeit und Kapital zu sehen, obwohl das auch sehr interessant ist, die Spiegelbilder der Ware, der Arbeit und des Kapitals in den höheren Welten zu sehen. Aber man braucht nicht hinaufzusteigen. Man muß aber nur bekannt sein mit dem, was

Imagination, Inspiration und Intuition sind, damit man das Richtige sagt über das Kapital. Das ist es, um was es sich handelt. Derjenige, der nicht bekannt ist mit Imagination, Inspiration und Intuition, der sagt eben nicht das Richtige über Ware, Arbeit und Kapital. So hängen innerlich zusammen Geisteswissenschaft und die heutige soziale Wissenschaft, und es gibt für den heutigen Menschen keinen anderen Weg als den, aufzusteigen aus dem Erdenbewußtsein zum Weltenbewußtsein so, damit er die Leichtigkeit und auch das Kraftvolle des Denkens bekommt, das ihn befähigt, das soziale Leben zu erfassen. Solange der Mensch nur so hinkriecht auf der Erde und im Grunde genommen glaubt, er sei nichts anderes als dasjenige, was er aus Pflanze, Tier und Mineralien aufnimmt, das sich nur ein bißchen anders zusammensetzt in ihm, so lange weiß sich der Mensch nicht als das richtige Wesen, das er ist. Erst dann, wenn er sich sagt: Sonne und Mond wirken in mir – dann weiß sich der Mensch als das richtige Wesen, das er ist. Das Weltenbewußtsein muß eben auf geistige Art errungen werden; auf geistige Art muß der Mensch erkennen, wie er einem größeren Weltenteil angehört, als die Erde ist.

Nun handelt es sich darum, daß man wirklich erfasse, wie man über die gewöhnlichen Alltagsbegriffe hinauskommen muß, um zu solchem Denken zu kommen, das hier gemeint ist. Sie wissen, es gibt in der Welt materialistische Denker. Heute ist die Zahl der materialistischen Denker sehr groß, und Sie alle sind ja wahrscheinlich in Ihrem innersten Wesen überzeugt, daß man kein materialistischer Denker sein dürfe. Wenigstens waren Sie bis zu einem gewissen Grade überzeugt und sind deshalb zu einem mehr spirituellen Denken gekommen, haben sich hingezogen gefühlt zu dem spirituellen Denken, das gepflegt wird in dieser anthroposophischen Bewegung. Wir wollen also von uns selbst hier absehen. Aber es gibt ja auch andere Leute, die den Geist vertreten, und zahlreiche solche Menschen in der Welt, die sagen: Nun, da läuft all das Menschenzeug herum, welches nur alles für materielle Vorgänge und materielle Wesenheiten hält. Diesen materialistisch Denkenden, materialistisch Fühlenden, stehen die spirituell Denkenden und spirituell Fühlenden gegenüber. – Die letzteren glauben an den Geist und werden dafür von den materialistisch

Denkenden oftmals als Phantasten verachtet. Sie nehmen diese Verachtung aber hin, weil sie glauben, daß die Materialisten nicht einsehen, wie recht sie, die Phantasten, haben, wenn sie an dem Spirituellen festhalten. Man macht diesen Unterschied und bemerkt diesen Unterschied in der Welt zwischen materialistischem Denken und spirituellem Denken, und man streitet viel untereinander, wer Recht hat, der materialistische Denker oder der spirituelle Denker. Aus manchem, das hier besprochen worden ist, sollten Sie erkennen, daß im Grunde genommen der noch nicht in den Sinn der Geisteswissenschaft eingedrungen ist, der über solche Dinge streitet, sondern erst der ist richtig in den Sinn der Geisteswissenschaft eingedrungen, der sagt: Du bist Materialist; das kann man sein, das geht ganz gut. Du bist Spiritualist, das kann man auch sein, das geht auch sehr gut. – Gerade so, wie man einen Baum photographieren kann von der einen Seite und photographieren kann von der anderen Seite: er schaut von den verschiedenen Seiten verschieden aus, aber es ist immer derselbe Baum. Wenn man materiell die Welt erfaßt, so ist das nur die Photographie von der einen Seite. Wenn man spirituell die Welt erfaßt, so ist das die Photographie von einer anderen Seite. Der Materialismus sieht ganz anders aus als der Spiritualismus. Aber das Geheimnis besteht darin, daß man weder in dem Materialismus noch in dem Spiritualismus die Welt hat, sondern daß das eigentlich nur zwei Photographien von verschiedenen Standpunkten aus sind. Im Grunde genommen hat der Materialist ebenso Recht wie der Spiritualist und der Spiritualist ebenso wie der Materialist. Denn diese Begriffe, Spiritualität und Materialität, haben nur auf dem physischen Plane ihre Gültigkeit. Sobald man über den physischen Plan hinauskommt, sind diese Begriffe überwunden. Da streitet man nicht mehr, ob die Welt materiell oder spirituell ist, weil man weiß, daß das zwei verschiedene Aspekte sind. Aber, warum streitet denn eigentlich der Mensch darüber, ob der Mensch materiell oder spirituell ist? Warum streitet denn der Mensch darüber, ob einer ein bloß leibliches Wesen oder ein bloß seelisches Wesen hat? Warum sehen die einen in dem Menschen bloß, ich möchte sagen, physische Körperlichkeit, die anderen neben der physischen Körperlichkeit auch Seelisch-

Geistiges? Weil der Mensch beides ist! Und das Geheimnis des Lebens besteht eigentlich darin, daß der Mensch beides ist. Wenn Sie sagen: Ein Gedanke, der ist bloß eine geistige Entität, der ist bloß etwas Geistiges –, so haben Sie recht, denn der Gedanke *ist* bloß etwas Geistiges. Aber niemals ist der Gedanke als Geistig-Seelisches in Ihnen, ohne daß er einen physischen Abdruck hat, so daß Sie eigentlich immer auch den physischen Abdruck nachweisen können; der ist da. So daß jeder Gedanke auch etwas Materielles ist. Man möchte sagen: Das Weltenall, das hat unparteiisch dafür gesorgt, daß man sowohl Spiritualist wie Materialist sein kann. Denn man ist in der Tat seelisch-geistig; faßt man das auf, so kann man Spiritualist sein. Man ist aber durchaus auch ein materieller Abdruck des Seelisch-Geistigen, faßt man das auf und läßt das andere aus dem Auge, so kann man Materialist sein, weil der Mensch beides ist, und weil das eine nur ein Abdruck des anderen ist, weil das eine dem anderen gleich ist. Deshalb handelt es sich wirklich nur darum, ob der Mensch mehr sich setzt in sein physisches Wesen, dann wird er Materialist; oder ob er sich mehr setzt in sein seelisch-geistiges Wesen, dann wird er Spiritualist.

Dem, was damit vorliegt, entkommt man eigentlich nicht, solange man in den Vorstellungen des gewöhnlichen alltäglichen Lebens oder auch in den Vorstellungen der gewöhnlichen Wissenschaft bleibt. Man kann allerlei Theorien erfinden. Was gibt es nicht alles für Theorien über das Seelisch-Leibliche und über die Wechselbeziehung oder den Parallelismus und was noch alles! Aber das sind alles ausgedachte Dinge, das ist nicht irgend etwas, was im Realen wurzelt. Denn die Menschen haben verlernt – ich habe auch das schon öfter hervorgehoben –, über diese Dinge richtig vorzustellen, weil es ihnen im Laufe der geschichtlichen Entwickelung ja verboten worden ist, wie ich gesagt habe. Im Jahre 869 war in Konstantinopel das achte allgemeine Konzil, und das hat ja den Geist abgeschafft, das hat das Dogma aufgestellt, daß der Mensch nicht besteht, wie bis anhin eine gnostische Wissenschaft gewußt hat, aus Leib, Seele und Geist, sondern das achte ökumenische Konzil hat bestimmt, daß der Mensch nur besteht aus Leib und Seele, und daß die Seele einige geistige

Eigenschaften hat, daher die mittelalterlichen Scholastiker eine furchtbare Scheu hatten, von der sogenannten Trichotomie zu sprechen, von Leib, Seele und Geist; denn, das war verboten. Die heutigen Philosophieprofessoren haben zwar keine Scheu, denn sie haben sich die Scheu abgewöhnt; aber sie haben das römische Gebot noch nicht überwunden. Sie reden auch nur von Leib und Seele, von einer Zweiheit, und glauben, unbefangene vorurteilslose Wissenschaft zu tradieren, während sie nur römisch-katholische Dogmatik des achten allgemeinen Konzils von Konstantinopel eigentlich lehren. Sie glauben, es folgt aus ihrem unbefangenen Forschen, was sie aber nur sagen, weil sie in der Historie drinnenstecken.

Tafel 3

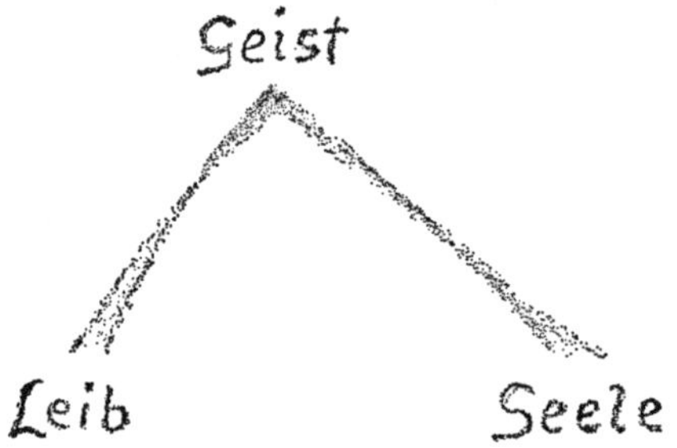

Heute haben wir die Aufgabe, wiederum zurückzukehren zu der Anerkenntnis von Leib, Seele und Geist. Denn betrachten wir die äußere Welt und unsere menschliche Organisation, insofern sie so wahrgenommen wird wie die äußere Welt, so nehmen wir ein Leibliches wahr. Schauen wir dann in unser Inneres hinein, mögen wir unser Denken, Wollen, unser Fühlen in einer äußeren, oberflächlichen Selbsterkenntnis betrachten, oder mögen wir mystisch tief hinuntersteigen: Wir erleben ein Seelisches – außen Leibliches, innen Seelisches. Aber die Verbindung, das Ineinanderschauen der beiden, das fortwährende Ineinanderschauen von Geistig-Seelischem und Leiblich-Physischem, das bewirkt das Dritte – wir haben nicht einmal ein ordentliches Wort, wir müssen das Wort von der *einen* Seite her nehmen –, das bewirkt der Geist. So daß wir sagen können: Zwei verschiedene Aspekte sind Leib, Seele, aber die Verbindung bildet der Geist.

Wir müssen wiederum zu der gesunden Vorstellung von Leib, Seele und Geist zurückkehren, sonst werden uns immer Leib und Seele auseinanderfallen. Man kann in dem Seelischen nichts Leibliches, in dem Leiblichen nichts Seelisches finden, solange man nicht den Geist in ihnen, in ihrer Mitte hat.

Ich habe vor vielen Jahren, um Ihnen dieses klarzumachen, einen Vergleich gebraucht. Nehmen Sie an, hier sei ein Petschaft, und da sei eingraviert in das Petschaft, sagen wir, damit es ein recht «seltener» ist, der Name Müller. Und jetzt nehme ich hier Siegellack, etwa auf einen Brief, da kann ich den Namen Müller in den Siegellack hineindrücken.

Tafel 3

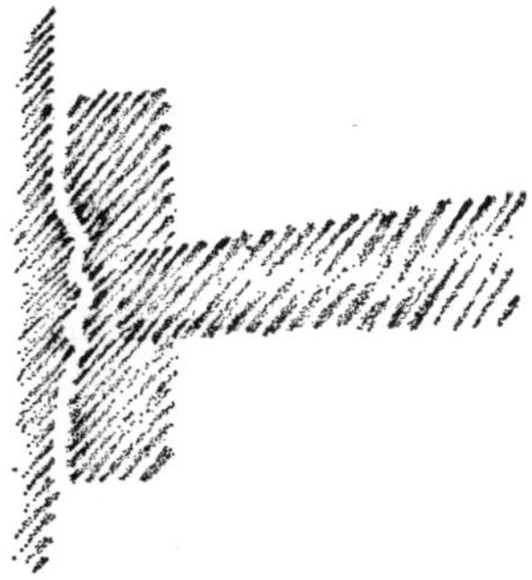

Nun könnten die Kantianer und die Physiologen kommen und sagen: Es gibt keine Beziehung zwischen dem Petschaft, das vielleicht aus Bronze ist, und dem, was aus Siegellack ist. – Gewiß, das ist ganz Bronze, das andere ist ganz Siegellack. Niemals geht aus der Bronze etwas über in den Siegellack und niemals aus dem Siegellack etwas in die Bronze. Die beiden sind durchaus zweierlei. So ist es mit Leib und Seele. Das eine drückt sich im anderen ab, aber es geht nichts von dem einen in das andere über, jedes hat seine eigene Substantialität, und nichts, gar nichts, geht von dem einen in das andere über. Und dennoch, wenn Sie abgedruckt haben, dann haben Sie da im Siegellack «Müller» stehen und auf dem Petschaft auch «Müller» stehen, ein und dasselbe. Aber die Vermittlung ist nicht dadurch geschehen, daß irgend etwas sehr Feines herübergeronnen oder herübergeträufelt wäre vom Petschaft in den Siegellack; das ist nicht geschehen, sondern es ist etwas geschehen, was weder Siegellack noch Bronze ist, was aber in beiden das gleiche ist. Und daß das gerade «Müller» ist, das hängt wahrlich weder zusammen mit der Bronze noch mit all dem, was da in der Bronze ist, sondern das ist im Lebendigen. Daß irgendeiner den Namen Müller erhalten hat, das hängt mit dem Leben zusammen, das weist hin auf die ganze Breite des Lebens. So haben wir das Geistig-Seelische, so haben wir das Leibliche. Das Geistig-Seelische drückt sich im Leiblichen ab. Aber dasjenige, was da in beiden dasselbe ist, der Geist, das ist eine ganze weite Welt. Aber wir erfassen den Geist nicht, wenn wir bloß immer das Seelische ansehen, geradesowenig wie wir den Müller erkennen lernen, wenn wir nur das Petschaft anschauen. Wir erfassen den Geist auch nicht, wenn wir bloß hineinschauen in die materielle Welt, geradesowenig wie wir den Müller erkennen können, wenn wir auf den Siegellack schauen.

Also es handelt sich darum, daß uns der Geist vermittelt dasjenige, was als Beziehung ist zwischen dem Seelischen und dem Leiblichen. Und wir leben in unserem Zeitalter in einer Entwikkelungsphase der Menschheit, in der wir gerade diesen Tatbestand ordentlich durchschauen müssen.

Wenn Sie die neuere naturwissenschaftliche Wissenschaft ansehen, dann werden Sie finden, daß sie Ihnen allerlei Leibliches, eigentlich nur Leibliches vermittelt. Wenn Sie manche aus den älteren Zeiten stammende psychologische Begriffe nehmen, sie vermitteln Ihnen Seelisches. Mit beiden kommen wir nur zurecht, wenn wir uns zum Geiste aufschwingen, denn nur durch die geistige Erfassung unseres Wesens werden wir Weltenbürger, im Gegensatze zu den Erdenbürgern, die wir waren bis in die heutige Zeit. Wir müssen, wie Sie daraus erkennen können, nicht bloß dasjenige, was Leib ist an dem Menschen, so erfassen, wie wir die äußere Leiblichkeit erfassen können, sondern wir müssen den Menschen in weiteren Beziehungen überschauen. Ich will Ihnen einen solchen Fall sagen, damit uns dieser Fall als Beispiel dienen kann.

Die gewöhnliche Naturwissenschaft, die sieht den Menschen allein bis zu seinem Tode. Dann verfolgt sie das Übriggebliebene, das hier auf der Erde Übriggebliebene, den Leib, verfolgt ihn, wie er verbrannt wird oder wie er der Erde mitgeteilt wird, zu Staub wird. Nun könnten Sie untersuchen, welche Bestandteile in diesem Menschenstaube sind, der zurückgeblieben ist von einem menschlichen Organismus. Dann wird die Naturwissenschaft sagen: Da zerfällt die menschliche Substanz, teilt sich der Erde mit. – Ja, das ist nicht einmal eine Viertels-, nicht einmal eine Achtelswahrheit, das ist gar keine Wahrheit, wenn man das ausspricht. Denn das, was da der Erde mitgeteilt ist, gleichgültig ob durch das Verbrennen oder durch das Beerdigen, das hat menschliche Form gehabt, menschliche Form auch dadurch gehabt, daß vor der Geburt beziehungsweise vor der Konzeption ein geistig-seelisches Wesen heruntergestiegen ist aus den geistigen Welten, gearbeitet hat bis zum Tode hin in diesem physischen Leibe. Dann teilen Sie diesen physischen Leib der Erde mit. Da arbeitet das, was Menschenform ist, in der Erde weiter, ganz gleichgültig, ob es verbrannt oder beerdigt worden ist, es arbeitet an der Erde mit. Die Erde bekommt fortwährend dasjenige mitgeteilt, was sie nicht haben würde, wenn ihr nicht Menschenleiber nach dem Tode der Menschen mitgeteilt würden. Das ist etwas für die Erde, daß ihr Menschenleiber nach dem Tode mitgeteilt werden. Die Erde hätte sonst nur Substanzen, die irdisch sind, wenn ihr nicht Menschenleiber mitgeteilt würden.

Aber diesen Menschenleib hat bewohnt ein seelisch-geistiges Wesen, das vor der Geburt beziehungsweise vor der Konzeption herabgestiegen ist aus seelisch-geistigen Welten und die Struktur verliehen hat diesem Menschenleibe. Diese Struktur bleibt als ein Wesentliches in jedem Stäubchen, geht in die Erde oder in die Atmosphäre beim Verbrennen, gleichgültig wie, eben über, und die Erde empfängt mit diesem Menschenleib dasjenige, was heruntergestiegen ist aus den geistigen Welten. Das ist nicht ohne Bedeutung. Das ist nicht etwa bloß eine gewöhnliche Wahrheit, sondern das hat sogar eine sehr, sehr große Bedeutung. Denn unsere Erde ist nicht mehr in Entwickelung, und es wäre längst so, daß kein Mensch sie heute mehr, vielleicht auch keine Tiere – die Tiere vielleicht – bewohnen könnten, wenn ihr nicht fortwährend Auffrischungskräfte geistig-seelischer Art durch die Menschenleiber zukämen. Daß die Erde heute noch ein für Menschen bewohnbarer Weltenort ist, das ist dem Umstande verdankt, daß ihr fortwährend Menschenleiber mitgeteilt werden. Diese frischen die Erdenkräfte immer wiederum auf. Seit der Mitte der atlantischen Zeit ist die Erde bereits im Verdorren. Sie hat keine Aufgangskräfte mehr; die hatte sie in der alten polarischen, lemurischen und so weiter Zeit. Aber seit der Mitte der atlantischen Zeit hat die Erde aus sich selbst nur verdorrende Kräfte und wird nur aufgefrischt für weiteres Bestehen dadurch, daß ihr die Formkräfte der Menschenleiber mitgeteilt werden. Die wirken in der Erde weiter. Die nur machen die Erde noch für die Menschen bewohnbar.

Daraus können Sie erkennen, daß der Mensch auf der einen Seite, wie ich Ihnen erzählt habe, die inneren Kräfte des Planeten in sich wirksam hat, die Kräfte der Atmosphäre. Aber er gibt wiederum geistig-seelische Kräfte an die Erde zurück, er versorgt auch die Erde mit geistig-seelischen Kräften. Er trägt, indem er geboren wird, die geistig-seelischen Kräfte aus dem geistigen Weltenall in die Erde herein, braucht sie so lange, als er sie nötig hat, bis zu seinem Tode, übergibt sie dann in Formkräften der Erde und ist so der Mitbauer der zukünftigen Erde. Die äußere naturwissenschaftliche Weltanschauung würde, wenn sie gefragt würde, was der Mensch für die Erde bedeutet, etwa sagen: Nun, wenn der Mensch niemals auf der Erde entstanden wäre, so wäre alles auch so gekommen, wie es ist; der Mensch wäre nur nicht da. Die Häuser wären natürlich auch nicht da. Städte wären nicht da und so weiter, also dasjenige, was der Mensch durch seine Kultur hervorbringt, das wäre nicht da; aber sonst wäre alles da, nur der Mensch wäre nicht da. – Geistige Wissenschaft lehrt uns, daß der Mensch nicht bloß ein Zuschauer hier auf der Erde ist, sondern daß er durch sein Dasein ein Mitbauer, ein Mitgestalter der Erde ist, und daß noch durch den Leib, den er der Erde übergibt, er der Erde ein Vermittler wird zwischen der geistigen Welt und dieser physischen Erdenwelt.

Auch das gehört dazu, wenn man allmählich das Bewußtsein bekommen soll, man sei nicht bloß Erdenbürger, sondern Weltenbürger. Der Erdenbürger, der ist von Mutter und Vater geboren, trägt in sich die Vererbungsmerkmale, erwirbt einiges, das er als Erbschaft hinterläßt seinen physischen Erben, hat Kinder und so weiter. Derjenige Mensch, der sich als Weltenbürger weiß, der sagt sich: Indem ich durch die Geburt ins Dasein trete, trage ich herein in diese Welt ein Seelisch-Geistiges. Damit baue ich an dem künftigen Erdendasein mit, auch noch, nachdem ich mich entfernt habe durch den Tod von dieser Erde. – Der Mensch wird dadurch, daß er Weltenbürger ist, sich erst recht bewußt, wie sein Dasein mit dem irdischen Dasein zusammenhängt, wie er mit der Erde *ein* Wesen ist, aber ein Wesen, das der Erde im Grunde genommen erst ihre Geistigkeit gibt.

Alle diese Begriffe, die man sich so aneignet aus der Geisteswissenschaft, sollte man sich nicht aneignen wie ein gewöhnliches Wissen. Ich möchte sagen, obwohl das vielleicht ein wenig paradox gesprochen ist: Wissen ist überhaupt nichts besonders Wertvolles. Erst das ist wertvoll, was wir durch das Wissen werden. Das gilt auch für die Erziehung. Daß wir dem Kinde Geographie beibringen, hat ja äußerlich eine gewisse Bedeutung, aber nicht eigentlich eine seelische Bedeutung. Äußerlich hat es die Bedeutung, daß es später, wenn es von Dornach, sagen wir, nach Zürich reisen will, nicht verwechselt Zürich mit Bern und dergleichen. Äußerlich hat das also eine gewisse Bedeutung, daß man Geographie lernt. Aber eine innerliche Bedeutung hat das, was aus der Seele wird, indem die Seele Geographie lernt. Man wird in der Seele so, daß man sich orientieren kann in der Welt. Man löst los aus den Tiefen, aus den Wurzeln der Seele gewisse geistige Kräfte, und auf die Loslösung dieser geistigen Kräfte kommt es an.

Wenn wir die Zeit nehmen seit der Mitte des 15. Jahrhunderts, so ist das die Zeit, in der die Menschen am wenigsten geneigt waren, geistig-seelische Kräfte loszulösen in sich. Sie haben sich mehr an den Abdruck gehalten, an den Siegellack. Die Menschen sind tatsächlich in das materielle Zeitalter übergegangen seit der Mitte des 15. Jahrhunderts. Aber jetzt sind wir in dem Zeitpunkt, in welchem wir uns dessen bewußt werden müssen und in welchem wir wiederum zum Spirituellen zurückkehren und das Spirituelle verbinden mit dem Materiellen.

Warum ist denn das eigentlich alles geschehen? Oberflächliche Denker könnten sagen: Ja, der Herrgott hätte es sich bequemer machen können. Er hätte einfach den Menschen das spirituelle Leben gleich im 15. Jahrhundert geben können, dann hätten sie nicht den ganzen Umweg durchzumachen brauchen durch das materialistische Ringen. – Vielleicht hätte er es gekonnt. Man beleidigt das evangelische Bewußtsein, wenn man sagt, er habe es nicht gekonnt. Aber das ist ja etwas, das uns hier weniger interessiert. Aber er hat es eben nicht getan, sondern er hat die Menschen sich durchringen lassen durch den Materialismus. Und so waren sie im 19. Jahrhundert im Tiefpunkt des Materialismus angekommen. Sollten sie sich jetzt zur Spiritualität durchwinden, so brauchten sie einen starken inneren Ruck; dieser starke innere Ruck, der ist der Erlöser der Freiheit, der ist der Erlöser dazu, daß der Mensch aus sich selbst, nicht durch göttliche Einimpfung, zur Spiritualität sich hinwendet. Wäre der Mensch nicht vertieft worden in das Materielle, dann könnte er nicht aus seiner eigenen Freiheit sich durchringen zum Spirituellen. Um den Menschen auf der Erde zur Selbständigkeit aufzurufen, war dieses Durchringen, dieses Durchringen durch das Materielle so stark, daß selbst noch die Religionen und die Theologie materiell geworden sind. Sehen Sie, irgend etwas Geistiges begreift selbst der heutige Theologe schwer, manchmal am schwersten, wirklich am schwersten. Ich habe neulich einmal eine Probe machen können, indem ich mit einem katholischen Theologen etwas besprach, und es schickte sich gerade so, daß ich mit diesem katholischen Theologen diese Besprechung hatte unter dem bekannten Raffaelischen Bilde, der sogenannten «Disputa». Das Gespräch brachte es mit sich, daß ich versuchte, etwas zu exemplifizieren von der «Disputa» aus. Ich sagte: Wir müssen wiederum dazu kommen – alle diejenigen, die sich um das spirituelle Leben bemühen wollen –, daß verstanden werden kann, warum eigentlich Raffael diese «Disputa» aus seinem Zeitbewußtsein heraus gemalt hat. Da oben sind die himmlischen Welten mit der Dreifaltigkeit, unten das Sanctissimum auf dem Altar und die Kirchenväter und Theologen. Das alles ist aber nicht das Wesentliche in dem Bilde, sondern das Wesentliche ist, daß ein Theologe, der nicht ein Frivolling war – das waren ja allerdings dazumal schon viele –, der es noch ernst meinte mit seiner Theologie und aus dessen Seele heraus Raffael malte, das Bewußtsein hatte: Wenn die Hostie, das Sanctissimum, konsekriert ist und man durch sie hindurchschaut, dann schaut man auf die Welt, die Raffael im oberen Teil der «Disputa» gemalt hat. – Es ist wirklich die konsekrierte Hostie das Mittel, um durchzuschauen und in die geistige Welt hineinzuschauen. Deshalb hat Raffael die Sache gemalt. Das wollte ich exemplifizieren. Ich wollte sagen: Wir müssen wiederum den Weg zurückfinden, um ein solches Bild, das noch aus einem anderen Bewußtsein heraus gemalt ist, wiederum mit seinem richtigen Inhalt zu verstehen. – Ich kann Ihnen nicht jetzt im Augenblick das Bild vormalen von dem Gesicht, das dieser Theologe gemacht hat, indem ihm zugemutet worden ist, sein Allerheiligstes in solchem spirituellem Sinne zu sehen. Die Theologie ist eben auch durchaus vermaterialisiert, die Theologie vielleicht am meisten. Sie knüpft nicht mehr an an wirklich Spirituelles, daher die Christologie selbst materialistisch geworden ist. Denn das Hauptaugenmerk hinzuwenden auf den «schlichten Mann aus Nazareth», das wäre für den Theologen des 15. Jahrhunderts noch eine Unmöglichkeit gewesen. In dem war noch lebendig das Innewohnen des Christus in dem Jesus von Nazareth. Es ist aus dem Bewußtsein verschwunden. Nur ein etwas höherer Mensch als Sokrates und Plato oder Aristoteles ist der schlichte Mann aus Nazareth. Aber er wird selbst von Theologen als der schlichte Mann aus Nazareth definiert und angesehen. Die Theologie selbst ist vermaterialisiert.

Wir haben nötig, den Ruck zu vollziehen, aus der innersten Erfassung unseres Menschentums selbst in Freiheit zum Spirituellen zu kommen. Das können wir nicht dadurch, daß wir spirituelle Phrasen drechseln, daß wir vom Geiste reden, wir können es nur dadurch, daß wir geistig denken. Und geistig gedacht ist es, wenn wir sagen: Erkenntnis hängt zusammen mit den Sonnenkräften, Wille mit den Mondenkräften. Indem hier auf der Erde sich durch die Vererbungsströmung Menschenleiber bilden, wirkt nicht ein Irdisches, es wirkt ein Sonnenhaftes in der männlichen Kraft, es wirkt ein Mondenhaftes in der weiblichen Kraft. Die Erde übersät und bedeckt sich mit Sonnen-Mondenkraft auch in der Menschheits-Fortpflanzung, und diese Menschheits-Fortpflanzung ist wiederum verwandt mit Erkenntnis- und Willenskräften. Das Geistige durchdringt das Physische, das Physische drückt sich geistig ab. Die Synthesis, die Zusammenfassung des Seelischen und des Leiblichen, das ist erst dasjenige, was heute gesucht werden muß, unbedingt gesucht werden muß. Dazu gehören nicht jene Schattenbegriffe, die die neuere Zeit seit der Mitte des 15. Jahrhunderts ausgebildet hat – es sind ja nur Gedanken, die die neuere Zeit seit dem 15. Jahrhundert ausgebildet hat –, dazu gehören nicht innerlich erdachte Begriffe, dazu gehört innerlich erlebtes Geistesleben. Aber erlebtes Geistesleben ist nur dasjenige, das auch zugleich praktisch wirken kann. Wir haben lange genug ein im Grunde unpraktisches Geistesleben gehabt. Die Menschen haben, wie ich Ihnen schon sagte, durch lange Zeiten viel gesprochen darüber, wie man gut ist, wie man brüderlich ist, wie man Nächstenliebe übt. Aber das waren Begriffe, die in einer gewissen Sphäre geblieben sind, die nicht Stoßkraft ins praktische Leben hinein gehabt haben. Denken Sie nur einmal: So ein richtiger moderner Kaufmann, ein richtiger moderner Industrieller oder, sagen wir, ein Staatsbeamter – damit wir alle drei Sorten haben –, er kann, das kommt ja auch vor, sogar ein frommer Mann sein. Aber es ist ja doch ein erheblicher Unterschied zwischen dem, was ein Kaufmann vielleicht als sein religiöses Bekenntnis innerlich in der Seele erlebt, und jener Lebensbetätigung, die ihren Ausdruck in seinen Kontobüchern findet! Dasjenige, was in seinem religiösen Leben lebt, das hat keine Stoßkraft, hineinzudringen in die Kontobücher. Und der Staatsbeamte, er wird vorbereitet nicht zum Menschen, sondern eben zum Beamten. Das, was er als Beamter gelernt hat, was hat das zu tun mit dem, was er vielleicht innerlich religiös bekennt? – Das religiöse Leben ist *eine* Strömung, die sogenannte Lebenspraxis ist die zweite Strömung. Weil die Begriffe, die Ideen schwach geworden sind und nicht hinunterstoßen können in die Lebenspraxis, deshalb können wir heute keine so lebendigen, so starken Begriffe finden, die ins soziale Leben hineinführen. Dazu bedarf es der Auffrischung durch die Geisteswissenschaft, damit die Begriffe stark genug werden, damit sie nicht nur so weit dringen wie die Predigerbegriffe eines Sonntagnachmittag-Predigers, die warmes Gefühl im Herzen hervorrufen, innerliche Seelenwollust hervorrufen, aber die nicht hineindringen in die Betätigung, die im Kontobuch ihren Ausdruck findet. Weiter hineinstoßen in das praktische Leben müssen die Begriffe, die aus dem Geistigsten hervorgeholt sind. Denn *die* Begriffe sind nicht geistig, die nicht durch ihre innere Kraft bis in das tiefste Wesen der Materie herunterdringen. Das ist gerade die Geistigkeit der Begriffe, daß die Begriffe stark sind und bis in das tiefste Wesen der Materie hinunterdringen.

Das brauchen wir, wenn wir überhaupt über die Kluft hinwegkommen wollen, die aufgerichtet ist zwischen der heutigen Menschheit, die alle möglichen Erbschaften aus der früheren Zeit noch hat, und der künftigen Menschheit, die wirklich die Synthesis, die Zusammenfassung vollziehen muß zwischen dem Materiellen und dem Spirituellen. Es ist durchaus ein Rückfall in frühere menschliche Empfindungsweisen, wenn man auf der einen Seite Materialist, auf der anderen Seite Spiritualist ist. Und wenn man beides sein kann, so daß beides sich ineinanderlebt, dann ist man erst den gegenwärtigen Menschheitsforderungen gewachsen.

VIERTER VORTRAG

Dornach, 10. Oktober 1919

Ich möchte in diesen Tagen hier vor Ihnen einiges entwickeln von dem, was zur Auffassung und zum Handeln innerhalb unserer gegenwärtigen Zivilisation notwendig ist. Es wird kaum schwierig sein, aus den Tatsachen, die ja gewissermaßen heute überall einem entgegenleuchten, sich die Erkenntnis zu verschaffen, daß unsere gegenwärtige Zivilisation Niedergangserscheinungen, Niedergangskräfte in sich enthält, und daß die Notwendigkeit vorhanden ist, gegenüber diesen Niedergangskräften unserer Zivilisation sich zu wenden zu dem, was nötig ist, an neuen Kräften dieser Zivilisation zuzuführen. Wenn wir diese unsere Zivilisation überblicken, dann sehen wir, daß sie hauptsächlich drei Niedergangskräfte in sich enthält, drei Kräfte, welche diese Zivilisation nach und nach zum Fall bringen müssen. Alles dasjenige, was wir schon erlebt haben an betrübenden Erscheinungen im Gang der Menschheitsentwickelung, was wir noch erleben werden – für viele Dinge stehen wir ja erst im Anfange –, das alles sind nur einzelne Symptome für dasjenige, was sich im großen ganzen vollzieht als eine Niedergangserscheinung in unserer Zeit.

Wenn wir nicht kurzsichtig bloß sehen auf dasjenige, was gerade in der Gegenwart und in unserer Zivilisation der letzten drei bis vier Jahrhunderte sich vollzogen hat, sondern wenn wir umfassender den Gang der Menschheitsentwickelung ins Auge fassen, dann wird es uns auffallen können, daß alte Zeiten als Grundlage der Kultur, als Grundlage auch der alltäglichen Lebenskultur etwas gehabt haben, was wir gegenwärtig eigentlich nur noch zu glauben haben. Diese alten Kulturen, namentlich die heidnische Kultur, hatten einen gewissen wissenschaftlichen Charakter, so daß die Menschen sich bewußt waren, in ihrer Seele lebt etwas nach von dem ganzen Weltenall. Sie brauchen nur daran zu denken, wie lebendig die Vorstellungswelten noch der Griechen waren über das, was hinausgeht über das Alltägliche, was Götter- und Geisterwelt hinter der sinnlichen Welt ist. Und Sie brauchen sich nur daran zu erinnern, wie lebendig in das alltägliche Leben eindrang dasjenige, was diesen Menschen älterer Kulturen einen gewissen Zusammenhang mit einer von ihnen gewußten geistigen Welt gab. Bei allem alltäglichen Handeln haben diese Menschen der alten Kulturen durchaus ein Bewußtsein davon gehabt, in einer Welt zu stehen, die sich nicht erschöpft in der Alltäglichkeit, sondern in die hereinwirken geistige Wesenheiten. Unter dem Antriebe von geistigen Kräften wurde das alltägliche Handeln vollzogen. Insbesondere also, wenn wir zurückblicken in die heidnischen Kulturen, finden wir einen wissenschaftlichen Grundcharakter, von dem wir sagen können: Die Menschen hatten – wir können es so ausdrücken – eine Kosmogonie. Das heißt, sie wußten sich als Glieder des ganzen Weltenalls; sie wußten, daß sie nicht bloß verlorene Wesen sind, die hier auf dem grünen Rasen der Erde wie Lämmer herumgehen, sondern die im Zusammenhange stehen mit dem ganzen weiten Weltenall, und die ihre Bestimmung haben in dem ganzen weiten Weltenall. Eine Kosmogonie hatten die Menschen der alten Zeiten.

Unsere Zivilisation hat keinen Antrieb, eine Kosmogonie wirklich zu schaffen. Wir haben eigentlich nicht im wahren Sinne des Wortes eine echte wissenschaftliche Vorstellungsart. Wir haben Verzeichnisse von einzelnen Naturtatsachen, und wir haben eine ideelle Begriffsschematik; aber wir haben nicht eine wirkliche Wissenschaft, die uns verbindet mit den geistigen Welten. Wie armselig ist dasjenige, was in unser alltägliches Leben hereingreift von dem, was heute als Wissenschaft gepflegt wird, im Verhältnisse zu dem, wovon sich durchpulst wußte der alte Mensch als von den Kräften der geistigen Welt, wenn er handelte. Er hatte eine Kosmogonie, er wußte sich angegliedert an das ganze Weltenall. Er schaute zu Sonne und Mond und zu den Sternen nicht hinauf als zu fremden Welten, sondern er wußte sich in seinem inneren Wesen verwandt mit Sonne und Mond und den Sternenwelten. Also eine Kosmogonie hatte die alte Zivilisation, und diese Kosmogonie ist unserer Zivilisation verlorengegangen. Der Mensch kann nicht stark sein im Leben, wenn er keine Kosmogonie hat. Das ist das eine, was, ich möchte sagen, als das wissenschaftliche Element unsere Zivilisation zum Niedergange treibt.

Das zweite Element, das unsere Zivilisation zum Niedergange treibt, ist das, daß kein rechter Impuls für die Freiheit vorhanden ist. Es fehlt unserer Zivilisation die Möglichkeit, in umfassender Art die Freiheit des Lebens zu begründen. Nur wenige Menschen verschaffen sich in der Gegenwart einen wirklichen Begriff, obwohl viele von der Freiheit reden, und noch weniger einen wirklichen inneren Impuls für dasjenige, was Freiheit ist. Daher verfällt allmählich unsere Zivilisation in das, was die Zivilisation unmöglich tragen kann: sie verfällt in Fatalismus. Wir haben entweder einen religiösen Fatalismus, indem sich die Menschen überlassen irgendwelchen religiösen Kräften, in deren Dienst sie sich stellen und von denen sie am liebsten möchten, daß sie sie an Fäden ziehen, wie man Marionetten zieht; oder aber wir haben einen naturwissenschaftlichen Fatalismus. Der naturwissenschaftliche Fatalismus spricht sich ja darinnen aus, daß die Menschen allmählich die Ansicht bekommen haben: Alles verläuft nach Naturnotwendigkeit oder nach wirtschaftlicher Notwendigkeit; es sei für das freie Handeln des Menschen kein Platz da. – Wenn sich die Menschen eingespannt fühlen in die wirtschaftliche oder in die naturwissenschaftliche Welt, so ist das nichts anderes als ein wirklicher Fatalismus. Oder aber wir haben jenen Fatalismus, den die neueren Religionsbekenntnisse heraufgebracht haben, der eigentlich die wirkliche Freiheit ausschließt. Bedenken Sie nur, in wieviel Herzen und Seelen heute das Bewußtsein vorhanden ist, daß sie sich am liebsten überlassen möchten demjenigen, was Christus oder sonst irgendeine geistige Macht mit ihnen tut. Das ist sogar ein Vorwurf, den man sehr häufig der Anthroposophie machen hört, daß die Anthroposophie nicht großen Wert darauf legt, daß die Menschen, wie man sagt, erlöst werden durch den Christus, sondern durch sich selbst. Die Menschen möchten geführt sein, möchten geleitet sein, möchten eigentlich, daß der Fatalismus richtig sei. Und wieviel hat man reden hören in den letzten Unglücksjahren davon, da oder dort, daß die Leute gesagt haben: Ja, warum hilft der Gott oder der Christus nicht dieser oder jener Volksgemeinschaft? Man müßte doch glauben, daß eine göttliche Gerechtigkeit vorhanden sei. – Die Menschen möchten, daß diese göttliche Gerechtigkeit eben wie ein

Fatum verhängt würde. Sie möchten nicht kommen zum wirklichen inneren Durchkraftetsein von dem Impuls der Freiheit. Eine Zivilisation, welche diesen Impuls der Freiheit nicht zu pflegen in der Lage ist, schwächt den Menschen und verurteilt sich zum Niedergang. Das ist das zweite. Der Mangel einer Kosmogonie ist das erste; der Mangel eines richtigen Impulses zur Freiheit, das ist das zweite, was in unserer Zivilisation als Niedergangskräfte enthalten ist.

Und das dritte ist, daß unsere Zivilisation keinen neuen Antrieb hervorzubringen vermag für ein wirkliches religiöses Empfinden und Wollen. Unsere Zivilisation möchte eigentlich nur alte Religionsbekenntnisse weiter pflegen und aufwärmen. Neue religiöse Impulse ins Leben zu setzen, dafür fehlt unserer Zivilisation die Kraft, und es fehlt unserer Zivilisation auch dadurch die Kraft zum wirklichen altruistischen Handeln im Leben. Unsere Zivilisation ist deshalb so egoistisch durchsetzt, weil sie eigentlich keinen starken altruistischen Antrieb enthält. Ein starker altruistischer Antrieb kann nur kommen von einer geistigen Weltanschauung. Nur wenn der Mensch sich weiß als ein Glied der geistigen Welt, hört er auf, sich selbst so furchtbar interessant zu sein, daß ihm das eigene Selbst nur zum Mittelpunkte der ganzen Welt wird; dann hören die egoistischen Antriebe auf, die altruistischen Antriebe beginnen. Unsere Zeit hat aber wenig Neigung, dieses große Interesse zu entwickeln für die geistige Welt. Denn das Interesse muß sich vergrößern, wenn man wirklich sich fühlen will als ein Glied der geistigen Welt.

Und so kommt es denn, daß, man möchte sagen, wie hereingeschneit wurden in unsere Zivilisation die Impulse der Reinkarnation und des Karma. Aber wie wurden die Impulse der Reinkarnation und des Karma aufgefaßt? Selbst von denjenigen, die sich zuwandten diesen Ideen von Reinkarnation und Karma, wurden diese Ideen im Grunde genommen in sehr egoistischem Sinne aufgefaßt. Es wurde zum Beispiel gesagt, der Mensch habe sein Schicksal verdient in einem bestimmten Leben. Man hat sogar hören können von sonst intelligenten Leuten, daß die Ideen von Reinkarnation und Karma an sich schon eine Beantwortung seien für die Frage nach dem Vorhandensein des menschlichen Leides; die soziale Frage habe im Grunde genommen keine Berechtigung. So haben manche, sonst intelligente Leute gesagt, der Arme habe sich das eben in seiner früheren Inkarnation verdient und er habe nur dasjenige in seiner jetzigen Inkarnation auszuleben, was er sich in seiner früheren Inkarnation verdient hat. Sogar die Ideen von Reinkarnation und Karma sind nicht imstande, in unsere Zivilisation hereinzuwirken so, daß sie einen Antrieb bilden zum altruistischen Empfinden. Es handelt sich ja nicht bloß darum, daß wir solche Ideen wie Reinkarnation und Karma in unsere Zeit hereinbringen, sondern es handelt sich darum, *wie* wir sie hereinbringen. Wenn sie nur ein Antrieb zum Egoismus werden, dann heben sie unsere Kultur nicht, dann drängen sie unsere Kultur erst recht hinunter. Auf der anderen Seite werden ja Reinkarnation und Karma zu unethischen Ideen, zu antiethischen Ideen, wenn viele Menschen sagen: Ich muß ein guter Mensch werden, damit meine nächste Inkarnation eine gute ist. – Aus diesem Antrieb, ein guter Mensch zu werden, damit man in der nächsten Inkarnation möglichst Sympathisches erlebt, aus diesem Antrieb handeln ist Doppelegoismus, ist nicht bloß einfacher Egoismus. Aber dieser Doppelegoismus, der kam für viele Menschen aus den Ideen von Reinkarnation und Karma. So daß man sagen kann: Unsere Zivilisation hat so wenig altruistisch-religiösen Impuls, daß es ihr unmöglich ist, selbst solche Ideen wie Reinkarnation und Karma in dem Sinne aufzufassen, daß sie Antriebe werden zu altruistischem und nicht zu egoistischem Handeln und Empfinden.

Diese drei Dinge sind es also, welche Niedergangskräfte in unserer Kultur sind: der Mangel an einer Kosmogonie, der Mangel einer richtigen Begründung der Freiheit, der Mangel an einem altruistischen Empfinden. Und sehen Sie, wo keine Kosmogonie ist, ist keine wirkliche Wissenschaft, da ist kein wirkliches Wissen, da wird das Wissen zuletzt zu einer Art Weltenspielerei oder Zivilisationsspielerei, was es in unserer Zeit vielfach ist, insofern es nicht ist ein bloßes Nützlichkeitsmoment in der äußeren Kultur, in der äußeren technischen Kultur. Die Freiheit wird in unserer Zeit vielfach zu einer bloßen Phrase, weil eine durchgreifende Begründung der Freiheit und Ausbreitung des Freiheitsimpulses nicht die Kraft unserer

Zivilisation ist. Ebensowenig haben wir auf ökonomischem Gebiete die Möglichkeit, wirklich im sozialen Sinne vorwärtszukommen, weil unsere Zivilisation keinen altruistischen Antrieb enthält, sondern nur egoistische, das heißt antisoziale Antriebe, und man mit den antisozialen Antrieben nicht sozialisieren kann. Denn sozialisieren heißt, so eine Struktur der Gesellschaft herbeiführen, daß der eine Mensch für den anderen handelt. Man soll sich aber nur vorstellen, daß in unserer Zivilisation der eine Mensch für den anderen handeln soll! Die ganze gesellschaftliche Ordnung ist ja so eingerichtet, daß jeder nur für sich handeln kann. Alle unsere Einrichtungen sind ja so.

So entsteht die Frage: Wie können wir hinauskommen über diese Niedergangserscheinungen unserer Zivilisation? – Überkleistern kann man dasjenige, was Niedergangserscheinung in unserer Zivilisation ist, nicht. Dem Gesagten gegenüber handelt es sich darum, daß man es unbefangen und rückhaltlos ins Auge faßt, daß man sich keinen Illusionen hingibt. Man muß sich sagen: Es ist da, was an Niedergangskräften sich zeigt, und man muß nicht glauben, man könne es irgendwie korrigieren oder dergleichen; sondern es sind starke Niedergangskräfte da, die sich so charakterisieren lassen, wie wir das eben ausgesprochen haben. Dagegen handelt es sich darum, sich nun zu wenden zu dem, woraus Kräfte zum Aufstieg zu gewinnen sind. Das kann man nicht durch Theorien; es können in der heutigen Zeit die Menschen die allerschönsten Theorien erfinden, die allerschönsten Grundsätze haben – mit bloßen Theorien ist nichts anzufangen. Etwas anzufangen im Leben ist nur mit den Kräften, die wirklich auf dieser Erde vorhanden sind, die man aufrufen muß. Wäre unsere Zivilisation durch und durch so, wie ich sie geschildert habe, dann könnten wir nichts anderes tun, als uns sagen: Diese Zivilisation müssen wir zugrunde gehen lassen und an dem Zugrundegehen teilnehmen. Denn jeder Versuch einer Korrektur dieser Erscheinung aus irgendwelchen bloßen Ideen oder Vorstellungen heraus ist ein Unding.

Man kann nur fragen: Liegt die Sache nicht vielleicht doch eigentlich tiefer? – Und sie liegt tiefer. Sie liegt nämlich so, daß die Menschen heute – wie ich von anderen Gesichtspunkten aus schon öfter hier ausgeführt habe – allzusehr nach dem Absoluten drängen. Wenn sie fragen: Was ist wahr? – so fragen sie danach: Was ist im absoluten Sinne wahr? – nicht: Was ist für ein bestimmtes Zeitalter wahr? – Wenn sie fragen: Was ist gut? – so fragen sie: Was ist im absoluten Sinne gut? – Sie fragen nicht: Was ist für Europa gut? Was ist für Asien gut? Was ist für das 20. Jahrhundert gut, was ist für das 25. Jahrhundert gut? – Sie fragen nach dem absoluten Gutsein und Wahrsein. Sie fragen nicht nach dem, was in der konkreten Entwickelung der Menschheit wirklich ist. Wir aber müssen uns die Frage anders stellen, denn wir müssen auf die Wirklichkeit sehen, und aus der Wirklichkeit heraus müssen die Fragen anders gestellt werden, oftmals so gestellt werden, daß ihre Antworten paradox erscheinen gegenüber dem, was man aus der Beobachtung der Oberfläche der Dinge anzunehmen geneigt ist. Wir müssen uns fragen: Gibt es keine Möglichkeit, zu einer kosmogonischen Vorstellungsart wiederum zu kommen? Gibt es keine Möglichkeit, zu einem wirklich sozial wirkenden Impuls der Freiheit zu kommen? Gibt es keine Möglichkeit zu einem Impuls, der religiös und ein Impuls der Brüderlichkeit zugleich ist, also eine wirkliche Grundlage der ökonomisch sozialen Ordnung ist, gibt es keine Möglichkeit, zu einem solchen Impulse zu kommen? – Und wenn wir uns aus der Realität heraus diese Fragen vorlegen, dann gewinnen wir auch reale Antworten; denn dasjenige, um was es sich dabei handelt, das ist dieses: daß in der Gegenwart nicht alle Menschenarten veranlagt sind, zur ganzen umfassenden Weltenwahrheit zu kommen, sondern daß die verschiedenen Menschenarten der Erde nur veranlagt sind, zu Teilgebieten des wahren Wirkens zu kommen. Und wir müssen uns fragen: Wo ist vielleicht im gegenwärtigen Erdenleben die Möglichkeit vorhanden, daß eine Kosmogonie sich entwickle, wo ist die Möglichkeit vorhanden, daß ein durchgreifender Impuls der Freiheit sich entwickle, und wo ist der Impuls vorhanden zu einem religiösen und brüderlichen Zusammenleben der Menschen im sozialen Sinne?

Fangen wir mit dem letzteren an, dann ergibt eine unbefangene Beobachtung unserer irdischen Verhältnisse dieses, daß wir suchen müssen die Gesinnung, die Denkweise für einen wirklich brüderlichen Impuls auf unserer Erde bei den asiatischen Völkern; bei den asiatischen Völkern, insbesondere in der chinesischen und indischen Kultur. Trotzdem diese Kulturen bereits in die Dekadenz gekommen sind, und trotzdem das scheinbar der äußeren Oberflächenbeobachtung widerspricht, finden wir dort jene Impulse innerlichst vom Herzen des Menschen ausgehender Liebe zu allen Wesen, welche allein die Grundlagen abgeben können, erstens für religiösen Altruismus und zweitens für eine wirkliche, altruistische ökonomische Kultur.

Nun liegt das Eigentümliche vor, daß die Asiaten zwar die Gesinnung haben für den Altruismus, daß sie aber keine Möglichkeit haben, um den Altruismus durchzuführen. Sie haben bloß die Gesinnung, aber sie haben keine Möglichkeit, kein Talent, soziale Zustände herbeizuführen, in denen sich äußerlich die Anfänge des Altruismus verwirklichen lassen. Die Asiaten haben durch Jahrtausende hindurch zu pflegen gewußt die altruistischen Antriebe in der Menschennatur. Dennoch aber haben sie es zuwege gebracht, daß die ungeheueren Hungersnöte in China, in Indien und so weiter wüteten. Das ist das Eigentümliche der asiatischen Kultur, daß die Gesinnung vorhanden ist, und daß diese Gesinnung innerlich ehrlich ist, daß aber kein Talent dazu vorhanden ist, diese Gesinnung im äußeren Leben zu verwirklichen. Und das ist sogar das Eigentümliche dieser asiatischen Kultur, daß sie einen ungeheuer bedeutsamen altruistischen Antrieb im Inneren der Menschennatur enthält und keine Möglichkeit, ihn äußerlich jetzt zu verwirklichen. Im Gegenteil, würde Asien allein bleiben, so würde durch diese Tatsache, daß Asien zwar die Möglichkeit hat, den Altruismus innerlich zu begründen, aber kein Talent, ihn äußerlich zu verwirklichen, eine furchtbare Zivilisationswüste werden. So daß man sagen kann: Von diesen drei Dingen, Impuls zur Kosmogonie, Impuls zur Freiheit, Impuls zum Altruismus, hat Asien das dritte am allermeisten in der inneren Gesinnung. Aber es hat nur das eine Drittel von dem, was notwendig ist für die gegenwärtige Zivilisation, wenn sie wiederum hochkommen will: nämlich die innere Gesinnung für den Altruismus.

Was hat Europa? Europa hat die äußerste Notwendigkeit, die soziale Frage zu lösen, aber es hat keine Gesinnung für die soziale

Frage. Es müßte eigentlich die asiatische Gesinnung haben, wenn es die soziale Frage lösen wollte. Alle Vorbedingungen zur Lösung der sozialen Frage sind aus den sozialen Notwendigkeiten in Europa da; aber es müßten sich die Europäer erst durchdringen mit jener Denkungsweise, die dem Asiaten natürlich ist; nur hat er kein Talent, wirklich äußerlich die soziale Not zu sehen. Oftmals gefällt sie ihm sogar. In Europa ist der äußere Antrieb da, irgend etwas in der sozialen Frage zu machen, aber es ist nicht die Gesinnung dazu da. Dafür ist in Europa in stärkstem Maße da das Talent, die Fähigkeit, den Impuls der Freiheit zu begründen. Dasjenige, was speziell europäische Talente sind, das ist dazu da, das innere Gefühl, die innere Empfindung der Freiheit im eminentesten Maße auszugestalten. Man kann sagen, es ist spezifisch europäische Begabung, zu einer wirklichen Idee der Freiheit zu kommen. Aber diese Europäer haben keine Menschen, die frei handeln, die die Freiheit verwirklichen würden. Den Gedanken der Freiheit können die Europäer großartig fassen. Aber wie der Asiate sofort etwas zu tun wüßte, wenn er ohne die anderen europäischen Unarten, den ungetrübten Gedanken der europäischen Freiheit bekäme, so kann der Europäer die schönste Idee der Freiheit ausgestalten, aber es ist keine politische Möglichkeit da, diese Idee der Freiheit mit den Menschen Europas unmittelbar zu verwirklichen, weil der Europäer von den drei Zivilisationsbedingungen: Impuls zum Altruismus, Impuls zur Freiheit, Impuls zur Kosmogonie, nur das Drittel hat: den Impuls zur Freiheit – er hat die beiden anderen nicht. Und so hat auch der Europäer nur ein Drittel von dem, was notwendig ist, um ein wirklich neues Zeitalter heraufzubringen. Das ist sehr wichtig, daß man diese Dinge endlich als unsere Zivilisationsgeheimnisse einsieht. Wir haben in Europa, das dürfen wir ja sagen, in der allerschönsten Weise alle Vorbedingungen des Denkens, des Fühlens, um zu wissen, was Freiheit ist; aber wir haben keine Möglichkeit, ohne weiteres mit dieser Freiheit durchzudringen. Ich kann Ihnen zum Beispiel die Versicherung geben: Die schönsten Sachen sind in Deutschland von einzelnen Leuten über die Freiheit geschrieben worden in der Zeit, als ganz Deutschland geseufzt hat unter der Tyrannis von *Ludendorff* und anderen. Es ist ein Talent da in Europa zum Konzipieren des Freiheitsimpulses, aber zunächst ist dieser Impuls ein Drittel für das wirkliche Hinaufkommen in unserer Zivilisation, nicht das Ganze.

Und gehen wir außerhalb Europas, nach dem Westen – wobei ich Großbritannien zu Amerika rechne in diesem Zusammenhange –, gehen wir also zur anglo-amerikanischen Welt, dann finden wir da wiederum ein Drittel von den Impulsen, eben einen der drei Impulse, die notwendig sind, um unsere Zivilisation hinaufzubringen, das ist: den Impuls zu einer Kosmogonie. Wer das anglo-amerikanische Geistesleben kennt, der weiß, daß dieses anglo-amerikanische Geistesleben zunächst formalistisch ist, daß es zunächst materialistisch ist, ja daß es sogar das Spirituelle auf materialistische Art erreichen will, daß es aber doch die Mittel und Wege hat, um zu einer Kosmogonie zu kommen. Wenn auch diese Kosmogonie heute auf ganz falschen Wegen gesucht wird, sie wird gesucht im anglo-amerikanischen Wesen. Wiederum ein Drittel: das Suchen nach einer Kosmogonie. Es besteht nicht die Möglichkeit, diese Kosmogonie mit dem freien, altruistischen Menschen zu verbinden, wohl das Talent, dieser Kosmogonie anzuhängen, sie auszugestalten, aber kein Talent, den Menschen einzugliedern in diese Kosmogonie. Man kann sagen, daß sogar die Bestrebungen des in die Irre gehenden Spiritismus kosmogonisch waren, wie sie in der Mitte des 19. Jahrhunderts begonnen haben und eigentlich heute noch immer nicht ganz abgeflutet sind. Es handelte sich da darum, darauf zu kommen, welche Kräfte hinter den sinnlichen Kräften sind; man schlug nur einen materialistischen Weg, eine materialistische Methode ein. Aber es handelte sich nicht darum, solche formalistischen Wissenschaften, wie sie zum Beispiel die Europäer haben, dadurch zu bekommen, sondern darum, wirkliche, reale übersinnliche Kräfte kennenzulernen. Man schlug nur, wie gesagt, einen falschen Weg ein, einen Weg, den man heute noch «amerikanisch» nennt. So auch hier wiederum ein Drittel desjenigen, was eigentlich da sein muß zum wirklichen Aufstieg unserer Kultur.

Ja, man lernt heute die Geheimnisse unserer Zivilisation nicht kennen, wenn man nicht zu verteilen weiß die drei Impulse, bei denen es sich um den Aufstieg unserer Zivilisation handelt, auf die Glieder unserer Erdoberfläche; wenn man nicht weiß, daß das Streben nach Kosmogonie in den Talenten der anglo-amerikanischen Welt liegt, das Streben nach Freiheit in der europäischen Welt liegt, das Streben nach Altruismus und nach einer solchen Gesinnung, die, wenn sie richtig in der Wirklichkeit angewendet wird, zum Sozialismus führt, eigentlich nur in der asiatischen Kultur. Amerika, Europa, Asien haben jedes ein Drittel von dem, was anzustreben notwendig ist für einen wirklichen Neuaufstieg, für einen Neuaufbau unserer Kultur.

Aus diesen Untergründen heraus muß heute jemand denken und empfinden, der es ernst und ehrlich meint mit einer Arbeit an einem neuen Aufbau unserer Kultur. Man kann sich heute nicht in seine Studierstube setzen und nachdenken, welches das beste Zukunftsprogramm ist. Man muß heute hinausgehen in die Welt und aus der Welt heraus holen die Impulse, die da sind. Ich habe gesagt: Sieht man unsere Kultur an mit ihren Niedergangsmomenten, so muß man den Eindruck bekommen, sie kann nicht gerettet werden, wenn die Menschen nicht einsehen: Das eine ist bei dem, das zweite bei jenem, das dritte bei dem dritten vorhanden, wenn die Menschen nicht im großen Stile über die Erde hinweg zum Zusammenarbeiten kommen und zum wirklichen Anerkennen desjenigen, was der einzelne nicht im absoluten Sinne aus sich heraus leisten kann, sondern was nur geleistet werden kann von demjenigen, der, wenn ich so sagen darf, dazu prädestiniert ist. – Will heute der Amerikaner außer der Kosmogonie auch noch die Freiheit und den Sozialismus aus sich selbst heraus gestalten: er kann es nicht. Will heute der Europäer zu der Begründung des Impulses der Freiheit auch noch die Kosmogonie finden und den Altruismus: er kann es nicht. Ebensowenig kann der Asiate etwas anderes als seinen alteingelebten Altruismus geltend machen. Wird dieser Altruismus von den anderen Bevölkerungsmassen der Erde übernommen und durchdrungen mit dem, wozu diese wiederum ihre Talente haben, dann erst kommen wir wirklich vorwärts. Heute ist die Menschheit darauf angewiesen, zusammenzuarbeiten, weil die Menschheit verschiedene Talente hat.

Wir müssen uns schon einmal das Geständnis machen, daß unsere Zivilisation schwach geworden ist und daß sie wiederum stark werden muß. Ich will, um Ihnen das, was ich damit abstrakt ausgesprochen habe, etwas konkreter zu gestalten, folgendes sagen. Auch die alten vorchristlichen orientalischen Kulturen haben, wie Sie wissen, große Städte hervorgebracht. Wir können zurückblicken auf weit ausgebreitete orientalische Kulturen, die auch große Städte hervorgebracht haben. Aber diese großen Städte der alten Kulturen, die hatten eine gewisse Gesinnung neben sich. Alle orientalischen Kulturen hatten das Eigentümliche, daß sie ausbildeten mit dem Leben in den Großstädten die Anschauung, daß eigentlich, wenn der Mensch nicht durchdringt über das Physische zum Überphysischen, er im Leeren, im Nichtigen lebt. Und so konnten sich wirklich die großen Städte Babylon, Ninive und so weiter entwickeln, weil der Mensch durch diese Städte nicht dazu gekommen ist, das, was diese Städte hervorgebracht haben, als das eigentlich Wirkliche anzusehen, sondern dasjenige, was erst hinter alledem ist. Es ist erst in Rom so geworden, daß man die Städtekultur zu einem Regulativ der Wirklichkeitsanschauung gemacht hat. Die griechischen Städte sind undenkbar ohne das sie umgebende Land; sie nähren sich von dem sie umgebenden Land. Wäre unsere Geschichte nicht so sehr eine Fable convenue, wie sie es ist, sondern würde sie die wirkliche Gestalt der früheren Zeiten neu heraufbringen, so würde sie zeigen, wie die griechische Stadt im Land wurzelt. Rom wurzelte nicht mehr im Lande, sondern die Geschichte Roms besteht eigentlich darinnen, eine imaginäre Welt zu einer wirklichen zu machen, eine Welt, die nicht wirklich ist, zu einer wirklichen zu machen. In Rom wurde eigentlich der Bürger erfunden, der Bürger, dieses fürchterliche Karikaturgebilde neben dem Wesen Mensch. Denn der Mensch ist Mensch; und daß er außerdem noch ein Bürger ist, ist eine imaginäre Sache. Daß er ein Bürger ist, das steht irgendwo in den Kirchenbüchern oder in den Rechtsbüchern oder dergleichen. Daß er, außer dem, daß er Mensch ist und als Mensch gewisse Fähigkeiten hat, auch noch einen eingetragenen Besitz hat, einen grundbuchlich eingetragenen Besitz, das ist etwas Imaginäres neben der Wirklichkeit. Das alles aber ist römisch. Ja, Rom hat noch viel mehr zustande gebracht. Rom hat verstanden, alles dasjenige, was sich ergibt aus der Loslösung der Städte vom Lande, vom wirklichen Lande, zu einer Wirklichkeit umzufälschen. Rom hat zum Beispiel verstanden, in die religiösen Begriffe der Alten die römischen Rechtsbegriffe einzuführen. Derjenige, welcher der Wahrhaftigkeit gemäß zu den alten religiösen Begriffen zurückgeht, der findet nicht in diesen alten religiösen Begriffen die römischen Rechtsbegriffe. Römische Jurisprudenz ist eigentlich hineingegangen in die religiöse Ethik. Es ist im Grunde genommen in der religiösen Ethik – durch dasjenige, was Rom daraus gemacht hat – so, als wenn in der übersinnlichen Welt solche Richter dasäßen, wie sie auf unseren Richterstühlen römischer Prägung sitzen und über die menschlichen Handlungen richteten. Ja, wir erleben es sogar, weil die römischen Rechtsbegriffe noch nachwirken, daß da, wo vom Karma die Rede ist, die meisten Menschen, die heute sich zum Karma bekennen, sich die Auswirkung dieses Karma so vorstellen, als wenn irgendeine jenseitige Gerechtigkeit da wäre, welche nach den irdischen Begriffen das, was einer getan hat, belegt mit dieser oder jener Belohnung, dieser oder jener Strafe, ganz nach römischen Rechtsbegriffen. Alle Heiligen und alle überirdischen Wesenheiten leben eigentlich so in diesen Vorstellungen, daß römisch-juristische Begriffe sich in diese überirdische Welt hineingeschlichen haben.

Wer versteht zum Beispiel heute die große Idee des griechischen Schicksals? Einen Ödipus können wir nicht verstehen nach römisch-juristischen Begriffen! Dazu ist überhaupt, unter dem Einflusse der römischen Rechtsbegriffe, das Talent dem Menschen ganz verlorengegangen, tragische Größe zu verstehen. Und diese römischen Rechtsbegriffe haben sich in unsere moderne Zivilisation hineingeschlichen, leben überall drinnen; sie haben im wesentlichen zu einer Wirklichkeit dasjenige umgefälscht, was imaginär ist, nicht imaginativ, sondern imaginär.

So müssen wir uns durchaus klar sein darüber, daß wir eigentlich losgelöst sind von der Wirklichkeit mit unseren Vorstellungen, und daß wir nötig haben, unsere Vorstellungen neuerdings mit Wirklichkeit zu durchdringen. Weil unsere Begriffe im Grunde genommen leer sind, entbehrt unsere Zivilisation noch des Bewußtseins, daß die Menschen über den Erdkreis hin zusammenarbeiten müssen. Wir wollen nirgends eigentlich auf den Grund der Erscheinungen wirklich hinweisen, wir wollen überall mehr oder weniger an der Oberfläche bleiben.

Dafür möchte ich Ihnen wiederum ein Beispiel angeben. Sie wissen, in den verschiedenen Parlamenten der Welt haben sich in den vergangenen Zeiten, sagen wir, in der ersten Hälfte des 19. Jahrhunderts, noch etwas später, zwei Parteirichtungen herausgebildet, vor denen man eigentlich bislang einen ziemlich großen Respekt hatte: eine konservative und eine liberale Parteirichtung. Das andere, was an Parteien aufgetaucht ist, ist ja erst später zu diesen zwei Grundparteien hinzugekommen. Aber sehen Sie, das ist heute so notwendig, daß man über die Phrase zur Sache vordringt, und daß man bei vielem nicht danach fragt, was die Menschen selbst, die es vertreten, davon sagen, sondern nach dem, was in dem Unterbewußtsein der Menschen drinnensitzt. Und da werden Sie denn finden, daß diejenigen Menschen, die sich zu irgendwelchen mehr konservativ gefärbten Parteien bekennen, solche sind, die irgendwie mehr zu tun haben mit Agrarischem, mit der Besorgung des Grundes und Bodens, also des Urgliedes der menschlichen Kultur. Selbstverständlich können an der Oberfläche allerlei Nebenerscheinungen auftreten. Ich sage nicht, daß jeder Konservative ein Agrarier sein muß, natürlich gibt es überall Zuläufer, überall gibt es solche, die aus der Phrase heraus irgendeinem Prinzip anhängen; aber man muß auf die Hauptsache sehen, und die ist, daß dasjenige, was ein Interesse daran hat, gewisse Strukturformen der sozialen Ordnung aufrechtzuerhalten, sie nicht zu schnell vorwärtsgleiten zu lassen, die agrarische Bevölkerung ist.

Dasjenige, was mehr aus dem Industriellen heraus kommt, was mehr aus der vom Lande losgerissenen Arbeit heraus kommt, das ist liberal, das ist progressiv. So, daß diese Parteirichtungen auf etwas Tieferes zurückgehen; und man sollte überall suchen, diese Dinge über die Phrase hinauszubringen, von den Worten bis zu den Sachen vorzudringen.

Aber schließlich sind das alles Dinge, welche uns nur das eine sagen, daß wir im Grunde stark in einer Wortkultur gelebt haben.

Wir müssen zu einer Sachkultur, zu einer Sachzivilisation vorwärtsdringen, wir müssen dahin kommen, daß wir uns nicht mehr durch Worte, durch Programme, durch Zielsetzungen in Worten imponieren lassen, sondern wir müssen dahin kommen, die Wirklichkeit zu durchschauen, und wir müssen vor allen Dingen solche Wirklichkeiten durchschauen, die tiefer sind als Landkultur und Städtekultur oder Agrarkultur und Industriekultur. Und tiefer sind heute die Impulse der einzelnen über die Erde verteilten Glieder der Menschheit: das amerikanische Glied nach Kosmogonie gehend, das europäische Glied nach Freiheit gehend, das asiatische Glied nach Altruismus gehend, nach Sozialismus gehend.

Zunächst wird das allerdings, oder wurde in merkwürdiger Weise geübt. Die anglo-amerikanische Kultur erobert die Welt. Es ist notwendig, daß sie, indem sie die Welt erobert, aufnimmt dasjenige, was von den eroberten Teilen der Welt herkommen kann: Freiheitsimpulse, altruistische Impulse; denn sie selbst hat nur einen kosmogonischen Impuls. Sie verdankt sogar ihre Erfolge nur einem kosmogonischen Impuls. Sie verdankt ihre Erfolge dem Umstande, daß man in Weltengedanken denken kann, wie wir das ja gerade während der Kriegszeit oft und oft besprochen haben; daß die Erfolge von jener Seite aus übersinnlichen Impulsen gewisser Art herausgekommen sind, die die anderen nicht verstehen wollten. Das Kosmogonische, das darf da nicht isoliert bleiben, sondern muß sich durchdringen mit dem Freiheitsgebiet.

Um diesen Satz zu durchschauen, ist natürlich notwendig, daß man sich recht, recht stark von der Phrase lossagt und zu Wirklichkeiten kommt. Denn derjenige, der an der Phrase haftet, der wird sich natürlich sagen: Nun, wer hat denn in den letzten Jahren die Freiheit mehr vertreten als die anglo-amerikanische Welt! – Selbstverständlich mit den Worten ungeheuer viel; aber es handelt sich darum, wie die Dinge in Wirklichkeit sind, nicht wie sie mit Worten vertreten werden.

Sie wissen ja, daß hier immer wieder und wiederum hingewiesen werden mußte auf die Phraseologie des Wilsonismus. Diese Phraseologie des Wilsonismus ist in westlichen Ländern durch lange Zeit sehr verbreitet gewesen. Sie hat sogar vom Oktober 1918 an Mitteleuropa ergriffen. Da hat die Illusion nur nicht lange gedauert, aber es hat diese Phraseologie Mitteleuropa ergriffen. Hier mußte immer wieder darauf hingewiesen werden, und ich erinnere mich, wie immer eine kleine Bewegung entstand, wenn immer wieder und wieder durch die Jahre auf die Aussichtslosigkeit, auf die Leerheit und Abstraktheit dessen hingewiesen wurde, was sich an den Namen *Woodrow Wilson* knüpft. Aber jetzt fängt man an, wie es scheint, sogar in Amerika, diese Abstraktheit und Leerheit des Wilsonismus ein wenig zu durchschauen. Es hat sich hier nicht um eine Völkergegnerschaft gehandelt gegen Woodrow Wilson; es hat sich hier nicht gehandelt um einen Antagonismus, der aus Europa kam, es hat sich gehandelt um einen Antagonismus, welcher aus der Auffassung unserer Zivilisationskräfte hervorkam. Es hat sich darum gehandelt, den Wilsonismus zu charakterisieren als den Typus des abstrakten, des unwirklichsten menschlichen Denkens. Wilsonsches Denken ist dasjenige, das so einseitig gewirkt hat, weil es den amerikanischen Impuls in sich aufgenommen hat, ohne den Freiheitsimpuls wirklich zu haben – denn das Sprechen von Freiheit ist ja kein Beweis dafür, daß der Freiheitsimpuls wirklich da ist –, und ohne den Impuls eines wirklichen Altruismus zu haben.

Dasjenige, was mitteleuropäisches Leben ist, liegt am Boden, ist mehr oder weniger in einen furchtbaren Schlaf versenkt. Gegenwärtig ist ja der Deutsche gedrängt, an Freiheit zu denken, nicht bloß so, wie phraseologisch schön über Freiheit gesprochen worden ist, als man unter Ludendorffs Unfreiheit geseufzt hat, sondern die Not bringt natürlich einiges Verständnis für die Freiheitsidee hervor, aber mit gelähmten Seelen und Körperkräften, mit der Unmöglichkeit, sich zu wirklichen intensiven Gedanken irgendwie aufzuraffen. Wir haben allerlei Versuche zu demokratischen Gebilden, allein wir haben in Deutschland keine Demokraten, wir haben eine Republik, aber kein Republikaner. Alles das ist eine Erscheinung, die in Mitteleuropa charakteristisch für das Europäertum ganz besonders hervortritt.

Und in Osteuropa: durch Jahrzehnte und Jahrzehnte hindurch wurde von dem Proletariat der ganzen Welt die Fruchtbarkeit des

Marxismus gepriesen. *Lenin* und *Trotzkij* waren in der Lage, den Marxismus praktisch anzuwenden: er wird zum Raubbau an der Zivilisation, was gleichbedeutend ist mit dem Untergange der Zivilisation. Und diese Dinge stehen erst am Anfange.

Es ist trotzdem das Talent vorhanden in Europa, die Freiheit ideell, spirituell zu begründen. Aber es muß sich dieses Europa in wirklichem Sinne ergänzen durch die Zusammenarbeit mit den anderen Völkern der Erde.

In Asien sehen wir, wie neuerdings aufleuchtet der alte asiatische Geist. Die geistig führenden Persönlichkeiten Asiens – Sie brauchen ja nur, worauf ich schon hingewiesen habe, das Beispiel des *Rabindranath Tagore* zu nehmen – zeigen durch die ganze Art, wie sie sprechen, daß der alte altruistische Geist durchaus nicht erstorben ist. Aber noch weniger als das in früheren Zeiten der Fall war, ist die Möglichkeit vorhanden, daß eine Zivilisation durch dieses Drittel der menschlichen Zivilisationsimpulse erreicht werde.

Von all diesem kommt es her, daß heute von so vielen Dingen geredet wird, die eigentlich der Niedergangskultur angehören, aber geredet wird so, als ob sie etwas darstellten, was wie ein Ideal wirken soll. Wir haben durch Jahre gehört, wie verkündet worden ist: Jedes Volk muß die Möglichkeit haben, nun, ich weiß schon nicht, *wie* zu leben – auf seine eigene Art oder so irgend etwas. – Nun frage ich Sie: Was ist denn für den heutigen Menschen, wenn er ehrlich und aufrichtig ist, ein Volk? Eine Phrase ist es in Wirklichkeit, es ist ja keine Realität. Man kann von einem Volk sprechen, wenn man von einem Volksgeist spricht in dem Sinne, wie das in der Anthroposophie geschieht, wenn eine Realität dahintersteckt, aber nicht, wenn man ein Abstraktum meint. Und ein Abstraktum meinen heute die Menschen, die von der Freiheit der Volkstümer und so weiter sprechen, denn sie glauben ja nicht an die Realität irgendeines Volkswesens. Darinnen liegt die tiefe innerliche Unwahrheit, der man heute huldigt, daß man nicht glaubt an die Realität des Volkswesens, aber von der Freiheit des Volkes redet, als ob das Volk für den heutigen materialistischen Menschen etwas wäre. Was ist das deutsche Volk? Neunzig Millionen Menschen, die man A plus A plus A zusammenzählen kann! Das ist kein in sich geschlossenes Volkswesen, an das die Menschen glauben. Und so mit den anderen Völkern. Und man redet von diesen Dingen, und man glaubt von Realitäten zu reden und lügt sich innerlichst an.

Dagegen sind es Realitäten, wenn man sagt: Anglo-amerikanisches Wesen: Streben nach Kosmogonie; europäisches Wesen: Streben nach Freiheit; asiatisches Wesen: Streben nach Altruismus. – Und nun müßte gesucht werden, diese drei Partialkräfte im Weltenbewußtsein zu erfassen, und aus diesem Weltenbewußtsein heraus sich zu sagen: Die alte Kultur, die aus dem Partiellen heraus strebt, muß untergehen, und sie halten wollen, heißt eigentlich, gegen seine Zeit und nicht mit seiner Zeit handeln. Wir brauchen eine neue Zivilisation auf den Trümmern des Alten. Die Trümmer des Alten werden immer kleiner und kleiner werden, und derjenige Mensch allein versteht die heutige Zeit, der den Willen und den Mut hat zu einem wirklich Neuen. Das Neue aber, das darf weder aus dem bloßen griechischen oder römischen Landbewußtsein, noch aber aus dem Erdenbewußtsein des neuzeitlichen Menschen, sondern muß hervorgehen aus dem Weltenbewußtsein des Zukunftsmenschen, aus jenem Weltenbewußtsein, das wiederum von der Erde hier hinweg aufblickt zu dem Kosmos. Aber wir müssen dahin kommen, diesen Kosmos so anzusehen, daß wir nicht bloß Kopernikanismus, Galileismus treiben. Die Europäer haben es verstanden, die Umgebung der Erde zu mathematisieren; aber sie haben es nicht verstanden, eine wirkliche Wissenschaft von der Umgebung der Erde zu erringen. Für seine Zeit war gewiß *Giordano Bruno* eine große Erscheinung, eine große Persönlichkeit; aber heute brauchen wir das Bewußtsein, daß da, wo er nur mathematische Ordnung gesehen hat, spirituelle Ordnung herrscht, Wirklichkeit herrscht. Der Amerikaner glaubt in Wirklichkeit nicht an die bloß mathematische Welt, an den bloß mathematischen Kosmos. Er strebt aus seiner Zivilisation heraus nach einem Wissen von übersinnlichen Kräften, wenn er auch noch auf falschem Wege ist. Man hat verstanden, in Europa allerlei Wissen zu treiben. Aber als *Goethe* in seiner Art die Frage gestellt hat: Was ist Wissenschaft? – war nicht weiterzukommen; denn es konnte dieses Europa nicht die Möglichkeit gewinnen, dasjenige, was man erforschen kann, sagen wir über den Menschen, zur Kosmogonie zu erweitern. Goethe hat die Metamorphose gefunden: die Metamorphose der Pflanzen, die Metamorphose der Tiere, die Metamorphose des Menschen. Das Haupt in seinem Knochensystem, es ist ein umgewandeltes Rückgrat und Rückenmark. Das alles ist schön. Aber das alles muß ausgebildet werden zu einem Bewußtsein davon, daß dieses Haupt der umgestaltete Mensch der vorigen Inkarnation ist, und daß der Gliedmaßenmensch die Vorbereitung der nächstfolgenden Inkarnation ist. Kosmisch muß die wirkliche Wissenschaft sein, sonst ist sie keine Wissenschaft. Kosmisch, eine Kosmogonie muß die Wissenschaft sein, sonst ist diese Wissenschaft nicht etwas, was innerliche menschliche Impulse gibt, was den Menschen trägt durchs Leben. Der Mensch der neueren Zeit kann nicht instinktiv leben; er muß bewußt leben. Er braucht eine Kosmogonie, und er braucht eine wirkliche Freiheit. Er braucht nicht bloß ein Herumreden über die Freiheit, er braucht nicht bloß alles dasjenige, was die Phraseologie der Freiheit ist; er braucht ein wirkliches Einleben der Freiheit in das unmittelbare Dasein. Das kann man nur auf den Wegen, die zum ethischen Individualismus führen.

Und da ist es natürlich charakteristisch, daß in dem Augenblicke, wo erschienen war meine «Philosophie der Freiheit», *Eduard von Hartmann,* der eines der ersten Exemplare dieses Buches bekommen hat, mir schrieb, das Buch sollte nicht heißen: «Philosophie der Freiheit», sondern «Erkenntnistheoretische Phänomenologie und ethischer Individualismus». Schön; es wäre ein langatmiger Titel gewesen, aber es wäre nicht schlimm gewesen, wenn es ethischer Individualismus geheißen hätte; denn ethischer Individualismus ist nichts als die persönliche Verwirklichung der Freiheit. Die besten Menschen verstanden eben durchaus nicht, daß aus den Impulsen der Zeit heraus so etwas gefordert wurde, wie es in diesem Buch «Die Philosophie der Freiheit» steht.

Und sehen wir nach Asien hinüber: Asien und Europa müssen sich verstehen lernen, und Asien und Amerika müssen sich auch verstehen lernen. – Aber wenn es so fortgeht, wie es schon gegangen ist, so werden diese sich nie verstehen. Die Asiaten sehen nach Amerika, sehen, daß da eigentlich nur ein Mechanismus vorhanden ist des äußeren Lebens, des Staates, der Politik und so weiter. Der Asiate hat nicht Sinn für diese Mechanismen, der Asiate hat nur Sinn für dasjenige, was aus den Impulsen des Innersten der menschlichen Seele kommt. Und die Europäer haben sich ja auch etwas befaßt mit demjenigen, was asiatischer Geist, asiatische Spiritualität ist, aber man kann sagen: Mit großem Verständnisse eigentlich bis jetzt doch nicht! Sie sind ja auch nicht recht einig geworden, und an der Art, wie sie uneinig gewesen sind, konnte man sehen, daß sie eigentlich nicht gerade mit Verständnis dasjenige in die europäische Kultur hereinzutragen wußten, was wirkliche Impulse der asiatischen Kultur sind. Denken Sie nur an die *Blavatsky:* Sie hat allerlei aus indischer, tibetanischer Kultur in die europäische Kultur hereintragen wollen; vieles ist anfechtbar, was sie hereinzutragen versuchte. *Max Müller* hat auf eine andere Weise asiatische Kultur nach Europa hereinzutragen versucht. Manches findet sich bei der Blavatsky, was bei Max Müller fehlt; manches steht bei Max Müller, was bei der Blavatsky fehlt. Allein an dem Urteil, das Max Müller über die Blavatsky gefällt hat, ist auch gut zu sehen, wie wenig man da auf die Sache eingegangen ist. Max Müller hat geglaubt, daß die Blavatsky nicht einen wirklichen indischen Geistesinhalt nach Europa gebracht hat, sondern eine Imitation, und das beurteilte er durch ein Bild, indem er sagte: Wenn die Leute ein Schwein sehen würden, das bloß grunzt, dann würden sie darüber nicht verwundert sein; aber wenn sie ein Schwein sehen würden, das so spricht wie ein Mensch, dann würden sie darüber verwundert sein. – Nun, so wie Max Müller das Bild gebraucht hat, so konnte er nur meinen, daß er mit seiner asiatischen Kultur grunzt wie ein Schwein, und in bezug auf Blavatsky meint er, es sei, wie wenn ein Schwein anfangen würde, wie ein Mensch zu sprechen. Mir scheint, daß es allerdings nicht hervorragend interessant ist, wenn ein Schwein grunzt, daß es aber schon einiges Interesse erwecken würde, wenn ein Schwein plötzlich herumlaufen und sprechen würde wie ein Mensch. Also das Bild zeigt schon, daß man eigentlich nach einem Vergleich gesucht hat, der gar sehr in der Phrase schwebt. Aber auf das geben die Menschen heute nicht acht, und wenn man wirklich ungeniert das Lächerliche einer solchen Sache hervorhebt, dann finden die Leute, daß man das nicht tun soll gegenüber einer, wie man sagt, anerkannten Autorität wie Max Müller; das schickt sich nämlich nicht. Aber das ist es gerade, daß sich die Zeit herangenaht hat, in der wir durchaus ehrlich und aufrichtig sprechen müssen. Dieses ehrliche und aufrichtige Sprechen, das macht notwendig, daß wir ungeschminkt solche Dinge, die die Zivilisationsgeheimnisse der Gegenwart sind, hinstellen: Anglo-Amerikanertum hat das Talent zur Kosmogonie; Europa hat das Talent zur Freiheit; Asien hat das Talent zum Altruismus, zur Religion, zu einer sozialökonomischen Ordnung.

Diese drei Gesinnungen müssen für die ganze Menschheit verschmelzen. Weltenmenschen müssen wir werden und vom Standpunkte des Weltenmenschen aus wirken. Dann kann einstmals dasjenige kommen, was die Zeit wirklich fordert.

FÜNFTER VORTRAG

Dornach, 11. Oktober 1919

Es ist so spät geworden, daß ich diesen Vortrag heute kurz halten werde, und daß ich die Hauptsache, die ich zu sagen habe in diesen drei Vorträgen, für morgen lassen werde. Morgen wird ja die Eurythmie früher gelegt sein, und dann wird es möglich sein, dem Vortrag die entsprechende Länge zu geben.

Ich habe das letzte Mal darauf aufmerksam gemacht, wie zur Beherrschung desjenigen, was in unserer gegenwärtigen niedergehenden Zivilisation liegt, nötig ist, über die verschiedenen Völkermassen der Erde hin so zu differenzieren, daß man das Augenmerk wirklich lenkt auf das, was in den einzelnen Völkermassen lebt, und zwar lebt in der anglo-amerikanischen Bevölkerung, in der eigentlich europäischen Bevölkerung und in der Bevölkerung des Ostens. Und wir haben gesehen, daß wir die Anlage, eine neuzeitliche Kosmogonie zu begründen, vor allen Dingen bei der anglo-amerikanischen Bevölkerung finden; die Fähigkeit, den Impuls der Freiheit auszubilden, bei der europäischen Bevölkerung; dann den Impuls des Altruismus auszubilden, den Impuls der Religiosität und desjenigen, was mit Bezug auf die menschliche Brüderlichkeit damit zusammenhängt, bei der Bevölkerung des Ostens. Es kann eine neue Zivilisation nicht anders begründet werden als dadurch, daß ein wirkliches Zusammenarbeiten der Menschen über die ganze Erde hin in der Zukunft möglich gemacht wird. Aber damit dieses möglich werde, damit ein wirkliches Zusammenarbeiten möglich werde, dazu ist verschiedenes nötig. Dazu ist nötig, daß tatsächlich unbefangen eingesehen werde, wieviel der gegenwärtigen Zivilisation fehlt, wieviel vom Niedergangsimpuls in dieser gegenwärtigen Zivilisation ist. Diejenigen Kräfte, die in unserer Zivilisation sind, man darf sie nicht etwa so betrachten, daß man sagt: Alles ist schlecht. – Das wäre erstens unhistorisch, zweitens würde es zu nichts Positivem führen. Diejenigen Impulse, die in unserer Zivilisation liegen, waren zu irgendeiner Zeit und an irgendeinem Orte voll berechtigt. Aber alles das, was im geschichtlichen Werden der Menschheit zum Niedergange führt, das führt aus dem Grunde zum Niedergange, weil das, was eben in der einen Zeit und an dem einen Orte berechtigt ist, sich hinsetzt in eine andere Zeit und an einen anderen Ort; und weil die Menschen aus gewissen ahrimanischen und luziferischen Antrieben heraus beharren bei dem, woran sie sich einmal gewöhnt haben und nicht an dem wirklichen, von der Kosmogonie geforderten Fortschritte der Menschheit teilnehmen wollen.

Unsere Zeit ist stolz auf ihre Wissenschaftlichkeit. Und doch gehen im Grunde aus dieser Wissenschaftlichkeit hervor auch die großen sozialen Irrtümer und Verkehrtheiten unserer Zeit. Daher muß schon einmal gründlich hineingeleuchtet werden in das Getriebe des Denkens und in das Getriebe des Handelns, insofern dieses Handeln der Gegenwart von dem Denken der Gegenwart ja ganz abhängig ist.

Wir haben gestern in dem Zusammenhange, den wir betrachten mußten, aufmerksam darauf gemacht, wie die Gesamtkultur der Erde sich zusammenfügt aus der wissenschaftlichen Kultur, aus der politisch-freiheitlichen Kultur und aus der altruistisch-ökonomischen Kultur, die eigentlich doch zurückgeht auf das altruistisch-religiöse Element. Wenn die Menschen heute – ich habe schon darauf hingewiesen – die Kräfte betrachten, die eigentlich in unserer sozialen Struktur wirken, so bleiben sie an der Oberfläche, sie wollen nicht in die Tiefe dringen. Auf unseren Lehrkanzeln lehren die Vortragenden über das, was ökonomische Weisheit sein soll, in einer Weise, die herausgeholt ist aus der gegenwärtigen naturwissenschaftlichen Methode. Allein es wird gewissermaßen wie ein ungenießbarer Brei das betrachtet, was in den Menschen lebt und die Menschengemüter und Menschenwesenheiten bewegt. Es wird nicht auf das eigentlich wahre Sachliche gesehen.

Bleiben wir zunächst einmal bei der Kultur Europas stehen. Was ist der hauptsächlichste Zug dieser Kultur Europas? Verfolgt man diesen Zug der Kultur Europas, so muß man eigentlich, wenn man ihn verstehen will, ziemlich weit zurückgehen. Man muß sich klar darüber sein, wie aus alten keltischen Urbevölkerungsimpulsen sich dadurch, daß verschiedene spätere Bevölkerungsschichten sich hineingeschoben haben in diese keltische Urbevölkerung, die eigentlich auf dem Grunde des europäischen Daseins noch immer vorhanden ist, wie dadurch diese europäische Bevölkerung mit allen ihren religiösen, politischen und ökonomischen und wissenschaftlichen Antrieben sich herausgebildet hat. In Europa herrschte im Grunde genommen immer, im Gegensatze zu dem amerikanischen Westen und zu dem asiatischen Osten, ein gewisser Intellektualismus. Es hätte gar nicht das so überhandnehmen können, was ich gestern als den eigentlichen Romanismus, als das romanische Element bezeichnet habe, wenn nicht in der europäischen Zivilisation der Grundzug des Intellektualismus wäre. Nun ist dem Intellektualismus zweierlei eigen: Erstens, er kann sich nicht aufraffen, rückhaltlos religiöse Impulse aus sich herauszutreiben. Die religiösen Impulse bekommen immer einen abstrakten Charakter unter dem Einflusse des Intellektualismus. Ebensowenig kann sich der Intellektualismus wirklich zu der Stoßkraft entwickeln, die ins Praktisch-Ökonomische hineingeht. Man wird an den Experimenten, die jetzt in Rußland gemacht werden, sehen, wie unmöglich es dem europäischen Intellektualismus ist, in das ökonomische Leben, in das wirtschaftliche Leben Ordnung hineinzubringen. Das, was der Leninismus ausbildet, ist ja reinster Intellektualismus. Das ist alles gedacht, da ist aus dem Denken heraus eine gesellschaftliche Ordnung konstruiert. Und es wird der Versuch gemacht, dieses aus dem Denken heraus gesponnene gesellschaftliche System aufzupfropfen auf die wirklichen Verhältnisse, die zwischen Menschen bestehen, und es wird sich mit der Zeit in einer fürchterlichen Weise zeigen, wie unmöglich es ist, das intellektualistisch Gedachte der menschlichen sozialen Struktur aufzupfropfen.

Diese Dinge wollen die heutigen Menschen noch nicht in aller Stärke einsehen. Es ist ja einmal in der europäischen Bevölkerung dieser furchtbare Zug der Schläfrigkeit, dieses Nichtmitkönnen des ganzen Menschen mit dem, was so nötig ist, daß es heute das soziale Leben Europas durchströmte. Das aber, was vor allen Dingen einzusehen ist, das ist: wovon eigentlich diese europäische Zivilisation genährt ist, woher diese europäische Zivilisation im Grunde stammt. Durch sich selber, durch ihre eigene Wesenheit hat diese europäische Zivilisation nur eine intellektualistische, eine Gedankenkultur hervorgebracht. Die Trockenheit und Nüchternheit des Denkens waltet in unserer Wissenschaft; die waltet auch in unseren sozialen Einrichtungen.

Wir haben ja durch viele, viele Jahrzente diesen Intellektualismus in den europäischen Parlamenten erlebt. Könnte man nur fühlen, wie durch alle diese europäischen Parlamente durchgegangen ist der intellektualistische Nützlichkeitsstandpunkt, das schwunglose Element, das keine Stoßkraft hat zu religiösen Impulsen, und das keine Stoßkraft hat zu irgendwelchen ökonomischen Impulsen! Bedenken Sie nur, wie wir unser religiöses Leben bekommen haben. Wir haben es so bekommen, daß man an der ganzen historischen Ausbreitung dieses religiösen Lebens sieht, daß Europa in sich selber keine religiösen Impulse hatte. Bedenken Sie, wie nüchtern, wie unendlich nüchtern die Welt war, als das Römische Reich sich ausgebreitet hatte, prosaisch nüchtern bis zum Exzeß. Und das war ja alles erst im Anfange. Denken Sie nur einmal, was Europa geworden wäre, wenn die romanische Kultur mit ihrer Prosanüchternheit die Fortsetzung gefunden hätte ohne den Impuls, der vom asiatischen Osten herüberkam und der ein religiöser Impuls war: ohne den christlichen Impuls. Was aus dem Schoße des Orients entsprungen ist, was nur aus dem Schoße des Orients, niemals aus europäischem Schoß entspringen konnte, der religiöse Impuls, ist als eine Kultur-, als eine Zivilisationswelle aus dem Osten herübergekommen. Europa hat ja nichts anderes getan, als zuerst römische Rechtsbegriffe hineingestopft in diesen religiösen Impuls, der vom Osten herübergekommen ist, hat durchzogen diesen östlichen Impuls mit nüchtern, abstrakt-intellektualistischen, juristischen Formen.

Dem europäischen Leben war im Grunde genommen der östliche religiöse Impuls etwas Fremdes; er ist ihm etwas Fremdes geblieben. Er hat sich niemals ganz amalgamiert mit dem europäischen Wesen. Und er ist, ich möchte sagen, im Protestantismus in einer merkwürdigen Weise wie in einem Reagenzglase ausgeschieden worden. Wie wenn man in einem Reagenzglase beobachtet, wie sich Substanzen voneinander trennen, so ist es geschehen mit der europäischen Zivilisation in bezug auf ihren religiösen Charakter. Es war im 6., 7., 8., 9., 10. Jahrhundert etwas wie ein Versuch, eine innere Einheit zu gestalten aus dem religiösen Fühlen und Empfinden und aus dem wissenschaftlichen und ökonomischen Denken. Aber dann traten, wirklich wie in einem Reagenzglas zwei Substanzen auseinandertreten, die beiden – das nüchterne Denken des Intellektualismus und der religiöse Impuls – auseinander, und endlich kam der Protestantismus, das Luthertum. Wissenschaft auf der einen Seite, *eine* Wahrheit; Glaube auf der anderen Seite, die andere Wahrheit. Die beiden sollen sich ja nicht weiter vermischen! Es wird geradezu als ein Sakrileg angesehen, wenn der Versuch unternommen wird, den Glaubensinhalt zu durchtränken mit dem Gedankeninhalt, den Gedankeninhalt zu erwärmen mit dem Glaubensinhalt. Und dann kam noch das Nüchternste, das Königsbergsche, der Kantianismus, der neben der Kritik der reinen Vernunft die Kritik der praktischen Vernunft, das Sittliche neben dem Wissenschaftlichen hinstellte, wodurch der furchtbarste Abgrund aufgerichtet ward zwischen demjenigen, was als einheitlich erfühlt und erlebt werden muß in der Menschennatur. Und unter diesen Verhältnissen lebt eigentlich die europäische Zivilisation noch immer. Unter diesen Verhältnissen wird auch die europäische Zivilisation immer mehr und mehr in ihren Niedergang hineinkommen. Wie etwas Fremdes aus dem Osten ist aufgenommen worden der religiöse Impuls, hat sich nicht organisch verbunden mit dem übrigen geistigen und physischen Leben Europas. Das ist mit Bezug auf das Geistesleben Europas zu sagen.

Sehen Sie, gelobhudelt wurde über den Fortschritt der neueren Zivilisation genug. Es ist so lange gelobhudelt worden, bis Millionen von Menschen innerhalb dieser Zivilisation totgeschlagen und dreimal soviel zu Krüppeln gemacht worden sind. So lange ist von allen Kirchenkanzeln die salbungsvolle Rede ertönt, bis unendliches Blut geflossen ist. So lange ist von allen Lehrkanzeln verkündet worden der gepriesene Fortschritt, bis dieser Fortschritt in seine Nullität hineingeführt hat. Nicht eher wird ein Heil kommen, bis man diesen Dingen unbefangen ins Antlitz schaut. Und heute kommen die Menschen Leninscher und anderer Prägung und denken nach über Sozialismus, über Ökonomismus, und es soll aus denjenigen Begriffen, die längst sich als unzulänglich erwiesen haben zur Führung der europäischen Zivilisation, ohne daß man zu neuen Begriffen, zu einem Umdenken kommt, unsere ökonomische Ordnung, unsere soziale Ordnung reformiert werden.

Ich habe, glaube ich, schon einmal auch hier gesagt, zu welchen schönen Begriffen unsere gelehrten Herren zum Beispiel auf diesem Gebiete kommen. Es ist zu schön, daher möchte ich diese Sache noch einmal hier besprechen. Da ist ein berühmter Nationalökonom, *Lujo Brentano*. Von ihm ist ein Artikel erschienen vor einiger Zeit, «Der Unternehmer». Brentano versucht den Begriff des kapitalistischen Unternehmers zu konstruieren. Er holt die Merkmale für den kapitalistischen Unternehmer zusammen. Das dritte Merkmal, das Lujo Brentano anführt, besteht darin, daß der Unternehmer die Produktionsmittel auf eigenes Risiko, auf eigene Gefahr im Dienste der Menschheit verwendet. Nun untersucht der gute Lujo Brentano die Funktion des gewöhnlichen Handarbeiters im sozialen Leben und sagt: Die körperliche Arbeitskraft des Handarbeiters, das ist sein Produktionsmittel; er verwendet es im Dienst der Gesellschaft auf eigenes Risiko und auf eigene Gefahr. Also ist der Arbeiter ein Unternehmer. Es ist gar kein Unterschied zwischen einem Unternehmer und einem Arbeiter, es ist beides eins und dasselbe! – Sehen Sie, so verworren ist das, was man heute wissenschaftliches Denken nennt, schon geworden, daß, wenn die Leute Begriffe bilden, sie nicht mehr unterscheiden können zwischen den zwei entgegengesetzten Polen.

Dabei ist es bei Brentano gar nicht so leicht bemerkbar, wie etwa bei einem Philosophieprofessor in Bern, der unter anderem die Eigenschaft hat, so furchtbar viele Bücher zu schreiben, und der so schnell schreiben mußte, daß er sich nicht genau überlegen konnte, was er schrieb. Aber er trug Philosophie an der Universität Bern vor. Und siehe da, in einem der Bücher dieses Philosophieprofessors aus Bern fand sich auch der Satz: Die Zivilisation kann sich nur entwickeln in der gemäßigten Zone, denn sie kann sich nicht entwickeln auf dem Nordpol – da würde sie erfrieren –, und sie kann sich auch nicht entwickeln auf dem Südpol, denn da ist es heiß, im Gegensatz zum Nordpol, da würde die Zivilisation verbrennen! – Es ist tatsächlich so, daß einmal ein regelrechter Philosophieprofessor in einem Buch schreibt, daß es auf dem Nordpol kalt und auf dem Südpol heiß ist, weil er so schnell schrieb, daß er es sich nicht gut überlegen konnte!

Die nationalökonomischen Fehler des guten Brentano sind im Grunde genommen aus derselben Oberflächenanschauung heraus geboren, wie vieles in Europa. Denn man betrachtet das, was da ist, eben als das Gegebene und knüpft seine Begriffsschemen an das an, was gerade da ist. Das lernt man von der naturwissenschaftlichen Methode, das treibt man an den naturwissenschaftlichen Anstalten, und das sprechen die Menschen heute in unserer Zeit – in der selbstverständlich nichts auf Autoritäten gegeben wird! – gläubig nach. Denn wenn man hört, daß irgendeiner heute eine Autorität ist, dann ist das ein Grund, anzunehmen, daß er die Wahrheit sagt! Nicht aus Einsicht nimmt man es an, zu seiner Wahrheit, sondern weil er eine Autorität ist. Und so betrachtet man auch die ökonomischen Tatsachen so, als ob sie nebeneinander die gleiche Bedeutung hätten, während sie in der Tat ineinandergeschobene Elemente sind, die gesondert betrachtet werden müssen.

Geradeso wie die europäische Zivilisation von Osten her die Strömung des religiösen Impulses gehabt hat, so war für die ökonomische Struktur Europas wieder etwas anderes notwendig. Als der fünfte nachatlantische Zeitraum, die Mitte des 15. Jahrhunderts, herannahte, war auch die Zeit, wo jene Ereignisse eintraten, die der ganzen neuzeitlichen Zivilisation ihr Grundgepräge, ihre Physiognomie gaben: Entdeckung Amerikas, die Auffindung des Seeweges über das Kap der Guten Hoffnung nach Ostindien; das gab der neuzeitlichen Zivilisation das Gepräge. Und die ganze ökonomische Entwickelung Europas kann nicht aus sich selber studiert werden. Es ist ein Unsinn, zu glauben, daß man dadurch, daß man die ökonomischen Tatsachen studiert, auf die ökonomischen Gesetze kommt, die in der europäischen Gesellschaft walten. Man kommt auf diese Gesetze nur, wenn man fortdauernd berücksichtigt, daß von Europa Unzähliges abgeschoben werden konnte nach Amerika. Und die ganze soziale Struktur

Europas ist nur entstanden dadurch, daß fortwährend in Amerika drüben Neuland war und in dieses Neuland abfloß das, was Europa nach dem Westen schickte. Wie es vom Osten bekommen hat den religiösen Impuls, so schickte es seinen ökonomischen Impuls nach dem Westen. Unter dem Regime dieser Strömung entwickelte sich seine eigene Ökonomie, wie sich sein Geistesleben unter dem Einströmen der religiösen Impulse vom Osten entwickelte. Das europäische Leben, der ganze Hergang im Zustandekommen der europäischen Zivilisation entwickelte sich in den bisherigen Jahrhunderten der neueren Zeit unter diesen zwei Strömungen. Da war die europäische Zivilisation in der Mitte, da kam vom Osten herüber wie ein Zufluß der religiöse Impuls (siehe Zeichnung violett), da strömte nach dem Westen hinüber wie ein Abfluß der ökonomische Impuls (rot). Einströmen des religiösen Impulses aus dem Osten, Abfließen des ökonomischen Impulses nach dem Westen, das war das, was im Hergang der europäischen Zivilisation lebte.

Tafel 4

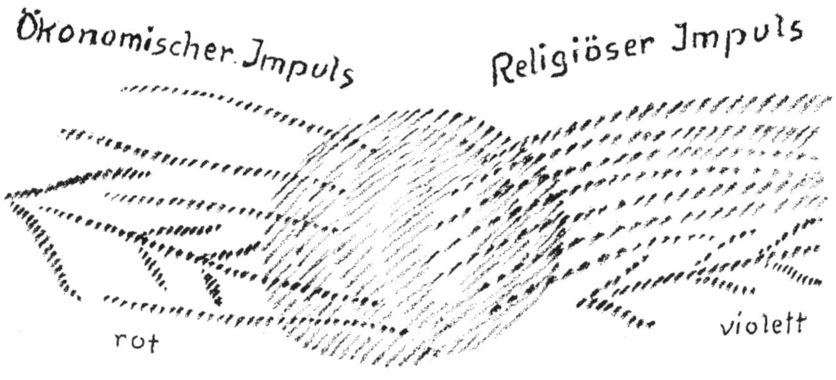

Und das erreichte um die Wende des 19. zum 20. Jahrhundert eine gewisse Krisis. Das fing an zu stocken. Das fing an, nicht mehr so zu gehen, wie es durch vier Jahrhunderte gegangen war. Und unter dem Einflusse dieser Stockung stehen wir und leben wir heute. Wie etwas Fremdes hat sich der religiöse Impuls hereingeschoben und hat das geistige Leben bei uns erzeugt. Und unser ökonomisches Leben ist dadurch entstanden, daß es fortwährend Verdünnungen erlebte. Wäre nicht Amerika dagewesen und hätte unsere Ökonomie entstehen sollen aus ihren eigenen Gesetzen heraus, hätte sie nicht fortwährend aus sich ausspritzen können das, was sie nicht brauchen konnte, so hätte sie sich nicht entwickeln können in Europa. Das stockt jetzt. Daher muß ein innerer Ausweg gefunden werden. Von innen heraus muß die Möglichkeit gefunden werden, das in das richtige Fahrwasser zu bringen, was nicht mehr räumlich von außen geht.

Das soll durch die Dreigliederung geschehen. Das soll dadurch geschehen, daß das, was sich unorganisch ineinandergeschoben hat, nun wirklich organisch gegliedert wird. Für die Annahme der Dreigliederung des sozialen Organismus liegt nicht *ein* Grund vor, sondern da liegen alle möglichen Gründe vor; da liegen wissenschaftliche, da liegen ökonomische Gründe, da liegen historische Gründe vor, und erst derjenige kann vollständig über die Berechtigung der Dreigliederung des sozialen Organismus urteilen, der in der Lage ist, alle diese verschiedenen Begründungen zu überschauen.

Das möchte man so gern den Menschen der Gegenwart sagen; denn diese Menschen der Gegenwart leiden an einer Begriffsarmut, die eben nach und nach fürchterlich geworden ist. Diese Begriffsarmut ist wirklich so geworden, daß derjenige, der heute einen Sinn hat für Ideen, findet, daß eigentlich in unserem Geistesleben eine ganz kleine Summe Ideen nur herrscht, die man überall findet. Wer nach Ideen gräbt, dem geht es so: Er studiert ein physikalisches Werk; in dem Werk ist eine bestimmte Summe von Ideen. Dann studiert er meinetwillen ein geologisches Werk; er findet andere Tatsachen, aber er findet genau dieselben Ideen. Dann studiert er ein biologisches Werk, er findet andere Tatsachen, aber er findet dieselben Ideen. Er studiert ein psychologisches Buch, das über das Seelenleben handelt: er findet andere Tatsachen, die aber eigentlich nur in Worten bestehen, denn die Seele kennt man ja eigentlich nur als eine Summe von Worten. Spricht man vom Wollen, so ist ein Wort da; man weiß nichts vom wirklichen Wollen. Spricht man von Denken – man weiß nichts vom wirklichen Denken, denn die Leute denken nur noch in Worten. Man weiß auch nichts vom Fühlen. Das ganze psychologische Gebiet ist ja heute ein Spiel mit Worten, die man in der verschiedensten Weise durcheinanderkugelt: So wie im Kaleidoskop die Steine andere Gruppierungen erleiden, so ist es mit unseren Begriffen. Sie werden anders durcheinandergeschmissen in unseren verschiedenen Wissenschaften, aber es ist nur eine ganz geringe Summe von Ideen da, die einem immer wieder und wieder entgegentreten, die den Tatsachen übergestülpt werden. Und die Menschen drängen sich nicht dazu, für die Sache die entsprechenden Begriffe zu finden, für die Sache die entsprechenden Ideen zu erforschen! Man bemerkt die Dinge nur nicht.

Vor einiger Zeit hat in einer Stadt Mitteleuropas ein Kongreß radikaler Sozialisten stattgefunden. Diese radikalen Sozialisten beschäftigten sich damit, eine soziale Struktur auszudenken, wie sie Europa bekommen soll. Es ist ungefähr dieselbe soziale Struktur, wie Sie sie jetzt in einer Reihe von Artikeln im Basler «Vorwärts» lesen können. Was ist das Eigentümliche dieser sozialen Struktur? Die Leute finden sie sehr geistvoll, sie finden, daß sie gar nicht anders sein kann. Aber sie ist so geworden, wie sie geworden ist, nur aus dem Grunde, weil sie von Menschen gemacht worden ist, die eigentlich nie etwas Wirkliches mit dem Wirtschaftsleben zu tun gehabt haben, die niemals die wirklichen Quellen und Triebkräfte des Wirtschaftslebens kennengelernt haben. Sie ist von Menschen gemacht, die teilgenommen haben am politischen Leben der letzten Jahrzehnte. Wie hat man am politischen Leben der letzten Jahrzehnte teilgenommen? Nun, man war entweder Wähler oder Gewählter. Als Kandidat wurde man entweder gewählt in der elementaren Wahl oder in der Stichwahl. Man wurde, sagen wir, in der elementaren Wahl noch nicht gewählt; da hatte man aber seine riesigen Wahlgelder aufgebraucht. Man hatte Sammlungen gemacht, die Riesensumme war aufgebracht worden, damit man genügend Wähler gehabt hätte, um gewählt zu werden. Diese Summen waren ausgegeben. Man hatte fürchterlich losgezogen über seinen Parteigegner; der war ein Lump und ein Schurke und ein Betrüger, wenn nicht etwas noch Schlimmeres. Jetzt kam die Stichwahl. Bis jetzt hatte noch keine Partei eine Majorität gehabt, jetzt handelte es sich darum, irgendeinen zu wählen von denen, die die relative Majorität hatten. Da kam das andere Verfahren: Da ließ man sich ein Drittel von den ausgegebenen Wahlgeldern durch den Gegner, der bisher ein Schurke, ein Lump, ein Betrüger war, zurückzahlen! Man ließ es sich zurückzahlen, verwandelte sich plötzlich in einen Redner, der sagte: Es ist immerhin notwendig, daß der Mann gewählt wird! – Der früher ein Schurke, ein Lump, ein Betrüger war, der mußte nunmehr gewählt werden. Nicht wahr, man hatte ja das Drittel der Wahlgelder zurückbekommen, und man verwandelte sich allmählich unter diesem Interesse, das Drittel der Wahlgelder wieder bekommen zu haben, in einen solchen, der nun für jenen eintrat. Denn einer von beiden mußte ja gewählt werden, der andere hatte keine Aussicht; es war höchstens noch das Drittel der Wahlgelder hereinzubekommen.

Also, nicht wahr, man hatte an diesem politischen Leben teilgenommen; man hatte teilgenommen daran, wie hineingeredet worden ist in die politische Verwaltung. Man hatte ja gelernt, wie man von Ämtern aus dirigiert und so weiter, kurz, man hatte die ganze politische Maschinerie kennengelernt, aber keinen blauen Dunst vom Wirtschaftsleben. Das, was man nun an politischen Begriffen bekommen hat – Begriffen, die ja natürlich sehr korrumpiert worden waren, aber immerhin, sie waren politische Begriffe –, das wollte man einfach über das Wirtschaftsleben drüberstülpen. Und so würde man, wenn man das ausführte, um was es sich da handelte, ein Wirtschaftsleben bekommen mit rein politischer Struktur. Man verwechselt heute schon die Struktur des Wirtschaftslebens mit der politischen Struktur, so wenig können die Leute noch auseinanderhalten, was sich allmählich ineinandergedrängt hat, ineinandergeschoben hat. Aber es wäre heute schon notwendig, daß an vielen, vielen Orten Einsicht verbreitet würde über dasjenige, was wirklich ist. Auf das wollen die Menschen heute nicht eingehen.

Nun soll man nur ja nicht glauben, daß man unter dem Einflusse der Zivilisation, welche die äußere Wirklichkeit nicht anschaut, sondern sie mit ein paar hingepfahlten Begriffen tyrannisiert, daß man mit einer solchen Summe von Begriffen sich nähern kann jener wahren Wirklichkeit, die durch anthroposophisch orientierte Geisteswissenschaft aufgesucht werden soll. Denn durch anthroposophisch orientierte Geisteswissenschaft soll eben die wahre Wirklichkeit aufgesucht werden. Daher muß anthroposophisch orientierte Geisteswissenschaft nicht nach dem Muster von dem genommen werden, was man früher oftmals religiöse Bekenntnisse genannt hat.

Sehen Sie, darunter hat man geradezu ungeheuerlich gelitten bei der alten theosophischen Bewegung. Was war diese alte theosophische Bewegung anderes, als daß man eine Art Extrareligion haben wollte! Die bestand nicht in einem neuen Impuls, der aus der Zivilisation Europas selber hervorgegangen wäre, sondern die bestand nur aus Gefühlen, die man im alten religiösen Element auch hatte. Nur waren einem diese alten religiösen Begriffe und Ideen und Empfindungen langweilig geworden, und so hatte man sich anderem zugewendet. Aber sie wurden von derselben Atmosphäre durchströmt, von denen die alten Bekenntnisse durchströmt waren. Man wollte geradeso fromm sein, wie man evangelisch fromm gewesen ist, wenn man evangelisch war, wie man katholisch fromm gewesen ist, wenn man Katholik war; aber man wollte im Grunde genommen nicht dasjenige, was man brauchte: Einen wirklichen neuen religiösen Impuls neben anderen Impulsen –, weil sich die europäische Bevölkerung hineingewöhnt hat in das Leben durch einen fremden, durch den asiatisch-religiösen Impuls. Das ist dasjenige, worauf es ankommt. Und ehe nicht organisch ineinanderverwoben werden diejenigen Dinge, die nur unorganisch ineinandergeschoben waren, ehedem gibt es keinen Aufstieg der europäischen Zivilisation. Das muß man durchaus ernst nehmen, und das muß durchdringen dasjenige, was zu leben hat in Wissenschaft, in Ökonomie, in Religiosität und im politischen Leben.

SECHSTER VORTRAG

Dornach, 12. Oktober 1919

Von den verschiedensten Gesichtspunkten aus habe ich in diesen Betrachtungen hier angedeutet, wie das, was sich so abspielt, daß man es gewöhnlich als Geschichte der Menschheit auffaßt, in vieler Beziehung eine Oberflächenanschauung der Dinge ist. Nun ist es zum Begreifen der Verhältnisse der Gegenwart ganz besonders nötig, sich über die Oberflächenanschauung gegenüber der neuen geschichtlichen Entwickelung der Menschheit keinen Illusionen hinzugeben. Wir dürfen durchaus nicht etwa annehmen, daß dasjenige, was gilt und was ich jetzt verzeichnen möchte als gewissermaßen die letzte Phase geschichtlicher Entwickelung, die, die in den fünften nachatlantischen Zeitraum hineinfällt, für den ganzen Verlauf der menschlichen Geschichte gilt. Das sollen wir uns nicht vorstellen. Aber für die letzte Phase gilt das, was ich nun sagen möchte.

Von sozialistischer Seite aus wird ja darauf hingewiesen, daß der ganze menschliche Geschichtsverlauf seiner Realität nach eigentlich nur zu suchen wäre in den ökonomischen Vorgängen, in den Vorgängen des wirtschaftlichen Lebens, in den Klassenkämpfen, die sich aus den Vorgängen des wirtschaftlichen Lebens ergeben. Auf der Grundlage dieser ökonomischen Tatsachenwelt würde sich gewissermaßen der Überbau herausbilden, den wir sich entwickeln sehen im Recht, in der Sitte, im geistigen Leben überhaupt, also auch in der Kunst, Religion, Wissenschaft und so weiter. Für den ganzen Verlauf der menschlichen Geschichte ist das natürlich ein Unsinn, allein man muß sich fragen: Wodurch ist es zu diesem Unsinn gekommen? – Es ist dadurch zu diesem Unsinn gekommen, daß in der Tat für die gekennzeichnete letzte Phase der menschlichen Entwickelung, für unsere neueste Zeit, der Sache etwas Wahres zugrunde liegt. Wir verzeichnen unter den Ereignissen, welche diese neuere Zeit eingeleitet haben, die schon gestern genannten Umwälzungen in der Erdenentwickelung, die eingetreten sind durch die Entdeckung Amerikas, durch die Entdeckung des Seeweges nach Ostindien. Aber wir bezeichnen diese neueste Phase der menschlichen Entwickelung auch dadurch, daß wir auf den großen geistigen Umschwung hinweisen, der sich im Beginne der neueren Zeit vollzogen hat und den wir die Reformation nennen.

Heute ist es notwendig, sich über dasjenige klar zu werden, was eigentlich diese Reformation war. Und gerade wenn man eingeht auf alles dasjenige, was wir gestern schon vorbereitet haben, und was uns eine tiefere, nicht eine Oberflächenbetrachtung der Geschichte liefert, dann findet man allerdings, daß das, was scheinbar ein geistiger Übergang ist im Beginne der neueren Zeit, die Reformation, eigentlich sehr stark beruht auf etwas, das im Grunde genommen doch wirtschaftlicher Natur ist. Und aus der Einsicht in die wirtschaftliche Grundlage gerade der Reformation hat sich, indem man einseitig die Betrachtung anstellte, für den Sozialismus ergeben, daß alle geschichtliche Entwickelung eigentlich nur das Ergebnis von Klassenkämpfen und ökonomischen Tatsachen sei.

Untersucht man im Lichte der Wahrheit, nicht im Lichte der Illusion, dasjenige, was geschehen ist und was durch die Reformation im Beginne der neueren geschichtlichen Entwickelung eine Metamorphose erlitten hat, so muß man sagen: Es hat allerdings eine mächtige Umschichtung der Bevölkerung stattgefunden, eine ziemlich rasch vor sich gehende Umschichtung der Bevölkerung im Beginne der neueren Zeit. Diese Umschichtung der Bevölkerung ist dadurch zustande gekommen, daß vor dem Eintritte der Reformation andere Menschen, namentlich in Westeuropa, Grund und Boden innegehabt haben als nach der Reformation. Denn die führenden Menschen, die gewissermaßen für die soziale Struktur vor der Reformation maßgebend waren, die haben ihre Herrschaft durch die Reformation verloren. Weit mehr als man denkt, war aller Grund- und Bodenbesitz vor der Reformation in umfassendstem Sinne abhängig von der Priesterherrschaft. Die Priesterherrschaft war vor der Reformation überhaupt für die ökonomischen Verhältnisse außerordentlich maßgebend. Diejenigen, die Grund und Boden besaßen, besaßen ihn zum großen Teile gewissermaßen im Auftrage und durch Überantwortung von irgendwie mit der Kirche zusammenhängenden Behörden.

Nun, wenn man vielleicht weniger idealistisch, aber dafür mehr wahr den geschichtlichen Hergang prüft, so findet man, daß fast über ganz Europa hin mit der Reformation der alte Kirchen- und Geistlichenbesitz den Inhabern entrissen und übertragen wird auf die weltlichen Herrscher. Das war in hohem Maße in England der Fall; das war auch in hohem Maße im späteren Deutschland der Fall. Im späteren Deutschland ist ja ein großer Teil der Territorialfürsten zur Reformation übergetreten. Aber es war nicht etwa überall – um mich nicht gar zu anzüglich auszudrücken – die Begeisterung für Luther oder für die anderen Reformatoren, sondern es war der Hunger nach den Kirchengütern, die Sehnsucht, die Kirchengüter zu säkularisieren. Unendliches Kirchengut des Mittelalters ging ja an die weltlichen, an die Territorialfürsten über. In England war es so, daß ein großer Teil derjenigen, die im Besitze von Grund und Boden waren, enteignet wurden, expropriiert wurden und auswanderten nach Amerika. Ein großer Teil der Einwanderer nach Amerika – wir haben gestern von einem anderen Gesichtspunkte auf das hingewiesen, was hier zugrunde liegt – waren die expropriierten Besitzer von Grund und Boden in Europa. Also ökonomische Verhältnisse waren in hohem Grade maßgebend bei jener Metamorphose der neueren geschichtlichen Entwickelung, welche man gewöhnlich als Reformation bezeichnet. An der Oberfläche nimmt sich die Sache etwa so aus, daß man sagt, daß neuer Geist in die menschlichen Seelen einziehen müsse, daß die alte Kirchenverwaltung zu stark das weltliche Element mit dem geistigen Elemente verknüpft habe und daß man überhaupt einen geistlicheren Weg zu dem Christus finden müsse und so weiter. Etwas tiefer, etwas weniger an der Oberfläche betrachtet, findet eine ökonomische Umschichtung statt in dem Übertragen der geistlichen Güter an die weltlichen Menschen.

Nun hängt das aber mit einer sehr weit ausgreifenden Tatsache der weltgeschichtlichen Entwickelung zusammen, und man begreift die eben angeführten Einzeltatsachen der neueren Geschichte nur, wenn man auf einen weiteren Umfang der menschlichen Entwickelung zurückblickt. Da brauchen wir nur zu derjenigen Phase menschlicher Entwickelung zurückzublicken, die wir bezeichnen als den ägyptisch-chaldäischen Zeitraum, der ja endete, wie Sie wissen, in der

Mitte des 8. vorchristlichen Jahrhunderts, wo dann der griechisch-lateinische Zeitraum beginnt, der bis zu der Mitte des 15. Jahrhunderts ungefähr dauert.

Wenn wir zurückgehen in die altägyptische, altchaldäische Kultur, da haben wir als die eigentlich herrschenden Mächte etwas ganz anderes, als was später die herrschenden Mächte waren. Die Menschen geben sich heute nur sehr wenig Rechenschaft über die großen Umwälzungen, die im Laufe des geschichtlichen Werdens sich zugetragen haben. Die eigentlich herrschenden Mächte dieser alten Zeit, die ungefähr in der Mitte des 8. vorchristlichen Jahrhunderts geendet hat, das waren Menschen, die man, im alten Stil der Geisteswissenschaft gesprochen, Initiierte, Eingeweihte nennen konnte. Die ägyptischen Pharaonen waren ja bis zu einem gewissen Zeitpunkte durchaus initiierte Menschen. Sie waren eingeweiht in die Geheimnisse der Kosmologie und betrachteten dasjenige, was sie auf Erden zu tun hatten, im Sinne der Kosmologie. Für den heutigen Menschen ergeben sich, wenn man so etwas ausspricht, schon gewisse Schwierigkeiten des Verständnisses, aus dem einfachen Grunde, weil der heutige Mensch aus seinem Bewußtsein heraus sich sagt: Ja, aber die Pharaonen und schließlich auch die chaldäischen sogenannten Eingeweihten haben doch manches getan, was höchst anfechtbar ist! – Nun könnte man ja allerdings einwenden, daß auch moderne, uneingeweihte Herrscher manches tun, was nicht gerade den höchsten moralischen Begriffen entsprechend ist, aber das wäre natürlich hier nur ein ungeeigneter Einwand. Man muß aber darauf hinweisen, daß es jenseits der sinnlichen Welt durchaus nicht bloß gute Götter gibt, sondern daß es auch Götter gibt, welche den Interessen der Menschen, wie man sie so gewöhnlich ansieht, durchaus zuwider handeln. So daß man durchaus nicht glauben darf, daß derjenige, der ein wirklicher Eingeweihter ist, nur aus guten Motiven heraus zu handeln braucht. Wenn man in dem Sinne, wie ich es jetzt tue, darüber spricht, daß die Pharaonen Eingeweihte sind, so muß man sich eben nur klar sein darüber, daß sie aus geistig-spirituellen Impulsen heraus handelten. In ihrem Willen lebten geistig-spirituelle Impulse. Daß das manchmal recht schlechte sein konnten, das wird derjenige nicht bestreiten, der in unserem Sinne kennengelernt hat dasjenige, was da alles an göttlich-geistigen Mächten, Mächten übersinnlicher Natur hinter der sinnlichen Welt lag. Aber der eigentliche Eingeweihte, der in seinen Willen, nicht bloß in sein Bewußtsein, aufnehmen konnte dasjenige, was göttlich-geistige Mächte gaben, der war der eigentlich Herrschende bis in die Mitte des 8. vorchristlichen Jahrhunderts. Dann begann die Zeit, von der man sagen kann, wenn man sie entkleidet all der verschiedenen Illusionen, die unsere landläufige Geschichte durchtränken, daß der eigentlich Herrschende der Priester war. Die weltlichen Herrscher waren mehr oder weniger, selbst wenn sie Karl der Große waren, abhängig von der Priesterschaft. Viel mehr als man glaubt, war auch noch im Mittelalter der europäischen Zivilisation die Priesterherrschaft das eigentlich Maßgebende. Sie steckte überall drinnen, sie machte sich in allem geltend, und sie war vor allen Dingen dasjenige Element, das auch maßgebend war für die soziale Struktur. Und die Menschen, die Grund und Boden besaßen, hatten sie eigentlich in hohem Maße überantwortet erhalten von der Priesterschaft. Was Soldatentum in alten Zeiten vor der Mitte des 8. vorchristlichen Jahrhunderts war, war Soldatentum im Dienste der Eingeweihten. Was Soldatentum wurde in dem 4. nachatlantischen Zeitraum, in dem griechisch-lateinischen Zeitraum, von der Mitte des 8. vorchristlichen bis in die Mitte des 15. nachchristlichen Jahrhunderts, das war Söldner der Priesterherrschaft. Und im Grunde genommen waren auch solche Unternehmungen wie die Kreuzzüge im wesentlichen militärische Unternehmungen im Auftrage, wenn ich so sprechen darf, der Priesterherrschaft. In irgendeiner Weise hing das, was getan wurde, mit der Priesterherrschaft zusammen.

Wir dürfen also sagen: Der Initiiertentypus war der herrschende in der ägyptisch-chaldäischen Zeit, der Priestertypus war der herrschende von der Mitte des 8. vorchristlichen Jahrhunderts bis in die Mitte des 15. Jahrhunderts. Von dieser Zeit an wurde herrschend für das eigentliche geschichtliche Werden der ökonomische Typus Mensch. Auf die Namen kommt es schließlich nicht an. Je weiter man in der Geschichte der Menschen vorrückt, desto weniger kommt es auf Namen an. Aber dasjenige, was eine gewisse Grundlage des Herrschens gab, das war die Möglichkeit, ins Ökonomische sich hineinzumischen. Wie es beim Priester, beim Eingeweihten des Altertums das Wesentliche war, daß sich diese betreffenden herrschenden Typen von Menschen in die ökonomischen Verhältnisse mischen konnten – sie taten es aber von höheren Gesichtspunkten aus –, so konnte sich der ökonomische Typus Mensch in der neueren Zeit im Grunde genommen in alles, was soziale Struktur ist, hineinmischen.

Das ist aber noch mit etwas anderem verbunden. Für den initiierten Herrschertypus habe ich es Ihnen schon angedeutet. Der initiierte Herrschertypus arbeitet durch seinen Willen, indem er in diesen Willen aufnimmt die spirituellen Antriebe der höheren Welten. Beim Priestertypus ist das nicht mehr so. Der Priestertypus realisiert im Grunde genommen nicht spirituelles Leben; der Priestertypus realisiert intellektuelles Leben. Daher ist auch in derjenigen Zivilisation, wo der Priestertypus der vorherrschende ist, in der europäischen Zivilisation das Intellektuelle das Vorherrschende, Wesentliche.

In Asien, im Orient, ist nicht das Intellektuelle, sondern das spirituelle Leben das Wesentliche. Denn auch dasjenige, was dort heute noch Zivilisation ist, ist stark in die Dekadenz gekommen, aber immerhin, es ist der Überrest desjenigen, was einstmals Initiiertenkultur war, was spirituelle Kultur war. Als nach Europa übertragen wurde der religiöse Impuls des Orients, ging er über in die intellektualistische Betrachtung des Priestertums. Aus der Einweihung in die wirklichen Tatsachen, in die geistige Welt, wurde die intellektuelle Verarbeitung der Tatsachen der geistigen Welt die Theologie. Die Theologie ist intellektualistische Verarbeitung der Tatsachen der geistigen Welt. Aber dieser Priestertypus, der intellektualistisch verarbeitete die Tatsachen der geistigen Welt und sie in intellektueller Form verkündete, so daß die Menschen eigentlich nur ein intellektualistisches religiöses Element bekamen, der wurde auch abgelöst in seiner eigentlichen Bedeutung im Beginne der neueren Zeit durch den ökonomischen Typus Mensch. Man kann in einzelnen Erscheinungen geradezu nachweisen, wie dieser ökonomische Typus Mensch heraufkommt. Davon wollen wir gleich noch sprechen.

Nun muß man sich aber natürlich zunächst fragen: Wie kommt es denn, daß solche beträchtlichen Umwandlungen im Laufe der geschichtlichen Entwickelung sich abspielen? Da liegt etwas zugrunde, was wiederum notwendig macht, daß man nicht bei Oberflächenbetrachtungen des geschichtlichen Lebens stehenbleibt, sondern tiefer dringt. Wenn man heute sich ein wenig ergeht in dem, was man Geschichte nennt, dann stellt sich heraus, daß die Geschichtsschreiber eigentlich annehmen, daß in der seelischen Entwickelung des Menschen im Grunde eine große Veränderung im Laufe der Geschichte gar nicht vorgegangen sei. Die materialistischen Denker meinen: Da ist einmal auf der Erde herumgewandelt der Affe, so ein affenartiges Wesen; dann ist aus diesem affenartigen Wesen durch allerlei Vorgänge, wenn auch recht langsam – aber mit Langsamkeit macht es ja die Wissenschaft heute –, hervorgegangen der Mensch. Sobald einmal der Mensch da war, hat er sich in bezug auf seine Bewußtseinszustände, in bezug auf seine Seelenverfassung nicht besonders geändert. Der heutige Mensch stellt sich den alten Ägypter vielleicht etwas kindlicher vor, weil der noch nicht so «gescheit» war, noch nicht so viel gewußt hat wie der heutige Mensch; aber im allgemeinen stellt sich der heutige Mensch beim alten Ägypter die Seelenverfassung schon so vor, wie bei sich selber. Dennoch, wenn wir zurückgehen in die Zeit, die vor dem 8. vorchristlichen Jahrhundert liegt, so ist diese Seelenverfassung des Menschen eine ganz, ganz andere, als sie auch später, nach der Mitte des 8. vorchristlichen Jahrhunderts war.

Wenn man die Seelenkonfiguration des heutigen Menschen nimmt und nur diese kennt, so kann man sich eigentlich gar keine Vorstellung machen, was in der Seele eines solchen Menschen lebte, der vor dem 8. vorchristlichen Jahrhundert gelebt hat. Diese Menschen waren so, daß sie noch einen lebendigen Zusammenhang hatten mit ihrer vorhergehenden Inkarnation. Wenn sie nicht gerade zu den hebräischen Sprachstämmen gehörten – da war es etwas anders –, aber wenn sie zu dem weiten Kreise der sogenannten heidnischen Völker gehörten, so war es so, daß dasjenige, was sie in ihrer Seele erlebten, durchaus für sie das Ergebnis war vorhergehender Inkarnationen, vorhergehender Erdenleben, und daß ihnen deutlich bewußt war, daß, was sie in ihrer Seele erlebten, das spirituelle Erlebnis geistiger Welten war. Für solche Menschen war kein Zweifel darüber, daß der größte Teil dessen, was sie waren, nicht vererbt war von Vater und Mutter, sondern heruntergestiegen war aus geistigen Welten und sich mit dem vereinigt hatte, was von Vater und Mutter stammte. Es war eine durchaus auf spiritueller Kultur beruhende Seelenverfassung in diesen Menschen. Daher konnte auch das, was bei ihnen soziales Leben war, dirigiert und orientiert werden von denjenigen, die Initiierte waren, die in gewissem Grade in die geistigen Tatsachen real, nicht intellektualistisch, nicht durch Gedanken eingeweiht waren. Man sprach dazumal zu dem Menschen, wenn man von spirituellen Tatsachen sprach, als von etwas, was ihm durchaus bekannt war. Eigentlich stellten alle Menschen sich als Kentauren vor. Das, was ihr physischer Leib war, das stellten sie sich vor, sei ja allerdings aus fleischlicher Vererbung entstanden; aber da hatte sich darüber gestülpt dasjenige, was heruntergestiegen war aus der geistigen Welt. Das wußte jeder; jeder stellte sich als eine Art Kentaur vor.

Dann kam die Zeit, die da beginnt mit dem 8. vorchristlichen Jahrhundert, ungefähr mit der Begründung Roms. In dieser Zeit ging verloren – wir haben dieselbe Tatsache von anderen Gesichtspunkten aus ja schon betrachtet – der realspirituelle Zusammenhang. Aber es blieb noch immer für die Intelligenz des Menschen ein gewisser spiritueller Zusammenhang mit den geistigen Welten. Nicht mehr als eigentlicher Kentaur stellte sich der Mensch vor, nicht mehr so, daß wirklich eine spirituelle obere Wesenheit sich niedergesenkt hatte auf das, was durch die Blutsvererbung gekommen war; aber der Mensch hatte ein deutliches Bewußtsein, daß seine Intelligenz, seine Gedankenwelt, nicht an seinem Blute hing, nicht an seiner physischen Leiblichkeit hing, sondern daß sie geistigen Ursprungs war.

Man versteht den großen Philosophen *Aristoteles* schlecht, wenn man nicht weiß, daß Aristoteles, indem er den höchsten Teil der menschlichen Seele Dianoetikon nannte, sich klar bewußt ist: dieser höchste Teil der menschlichen Seele, der ein intellektueller ist, der ist heruntergeträufelt aus geistig-seelischen Welten. Das wußte Aristoteles genau. Ja, das wußten die Menschen auch noch in den ersten Zeiten des Christentums genau. Dieses Bewußtsein, daß die menschliche Intelligenz göttlichen, geistigen Ursprungs ist, ging erst im 4. nachchristlichen Jahrhundert verloren. Im 4. nachchristlichen Jahrhundert fingen die Menschen eigentlich erst an, nicht mehr zu glauben, daß das, was sie als Gedankenkraft in sich haben, von oben, aus den geistig-seelischen Welten bei ihrer Geburt auf sie herunterträufelt. Im Inneren der Seele der Menschen war da ein großer Umschwung. Wenn wir in das 1., 2., 3. christliche Jahrhundert zurücksehen, so finden wir durchaus die Menschen so, daß sie sich sagten: Gewiß, ich bin von Vater und Mutter geboren, aber so, wie ich weiß und es nicht bloß ergrübelt habe, daß mein Auge ein Licht sieht, so weiß ich, daß meine Intelligenz von den Göttern kommt. – Das war ein unmittelbares Bewußtsein, das die Menschen hatten, wie das Bewußtsein, das von einer Wahrnehmung herrührt. Erst seit dem 4. Jahrhundert hatte man immer mehr und mehr das Gefühl: Da oben, in diesem knöchernen Hohlraum – denn ein Hohlraum ist es ja, wie ich Ihnen in verschiedenen Betrachtungen auseinandergesetzt habe –, da sind die Organe für die Intelligenz, und diese Intelligenz hat etwas zu tun mit der Vererbung, mit der Blutsverwandtschaft. Nur in diesem Zeitalter, in dem dieser Übergang sich vollzog von dem Glauben an die Göttlichkeit der Intelligenz zu der Vererbung der Intelligenz auf physischem Wege, konnte sich das vollziehen, was man nennen möchte Intellektualisierung des religiösen Impulses durch die Priesterherrschaft. Und als die Intellektualisierung sehr weit fortgeschritten war und man über die Intelligenz nur die Anschauung hatte, daß sie an der menschlichen Leiblichkeit haftet, da war es auch aus mit der Priesterherrschaft. Die Priesterherrschaft konnte nur so lange bestehen, als man die alten Traditionen von der Göttlichkeit der Intelligenz dem Menschen klarmachen konnte. Der ökonomische Typus Mensch kam in dem weltgeschichtlichen Augenblicke herauf, als der Glaube geschwunden war an die Göttlichkeit der Intelligenz, als der Mensch immer mehr und mehr gefühlsmäßig überging zu dem Glauben, der physische

Mensch sei im wesentlichen der Träger, das Organ für die Gedankenentwickelung.

Man muß nur wissen, wie die Priesterherrschaft immer kämpfte, ja bis heute noch kämpft. Wer zum Beispiel die katholisch-theologische Literatur kennt, der weiß, wie die Priesterherrschaft heute immer noch mit allen möglichen philosophischen Beweggründen kämpft dafür, daß die Intelligenz, die im Menschen sitzt, etwas ist, was hinzukommt zum Menschen. Lesen Sie etwas Beliebiges, was Sie gerade auffangen können aus der katholisch-theologischen Literatur, so werden Sie finden, wie das ja nicht mehr geleugnet wird, was für den gegenwärtigen Menschen sich gar nicht mehr wird verleugnen lassen: daß die übrigen Verrichtungen an dem menschlichen Leiblichen haften. Man will aber retten dasjenige, was die Intelligenz ist, als etwas Göttlich-Geistiges, das nichts zu tun hat mit dem Menschlich-Leiblichen. Für das allgemeine Menschheitsbewußtsein ist es aber nicht so. Für das allgemeine Menschheitsbewußtsein ist es so, daß immer mehr und mehr das Gefühl, die Empfindung entstanden ist: Der Leib ist dasjenige, was einen auch befähigt zu denken, was die Grundlage ist auch der Intelligenz. Und so ist immer mehr und mehr der Mensch zu dem Bewußtsein gekommen, daß er eigentlich nur ein physisches Wesen sei. Und nur unter dem Einfluß einer solchen Geistigkeit, die davon ausgeht, daß man nur ein physisches Wesen sei, konnte der ökonomische Typus Mensch an die Oberfläche dringen.

Es hat also schon tiefere geistige Gründe, daß der ökonomische Typus Mensch an die Oberfläche gekommen ist. Aber er ist eben an die Oberfläche gekommen, und das wurde einseitig in sozialistischen Theorien dann ausgedeutet und ausgebeutet. Aber herrschend ist seit der Reformation der ökonomische Typus Mensch. Daher sehen Sie auch, welcher Geist in den Glaubensbekenntnissen, die seit der Reformation heraufgekommen sind, eigentlich herrscht. Machen Sie ihn sich nur unbefangen klar, diesen Geist: Auf der einen Seite die weltliche Wissenschaft, die durch ihre Technik eindringen soll in das äußere Leben des Alltags, die durchaus nicht abhängig sein will von dem Glauben: Man störe ja nicht die Kreise dieser äußeren Wissenschaft durch allerlei religiöse Dinge. Der Glaube, der soll hübsch in einem Extrakästchen bewahrt bleiben, möglichst fern den äußeren Tatsachen des Lebens! Wissenschaft: eine Sache für sich, Extrakassenbuch; Glaube: eine Sache für sich, Extrakassenbuch. Ja nicht die beiden miteinander verquicken! Wir wollen den Glauben, wir wollen sogar fromme Leute sein – so sagt der ökonomische Typus Mensch – je frömmer, desto besser. – Man sieht ihn des Sonntags möglichst sichtbar mit dem Gebetbuch nach der Kirche wandeln, gewiß; aber in das Kassenbuch, da darf die Religion nicht hineinspielen, da hat sie nichts zu tun, höchstens daß auf der ersten Seite «Mit Gott» steht, aber das ist ja nur eine Gotteslästerung, nicht wahr! – Man störe uns nicht unsere Kreise! Man könnte sonst darauf kommen, daß die Reformation eigentlich in vieler Beziehung nur ein Umweg war, die Kirchengüter zu säkularisieren und zu konfiszieren und für die weltlichen Herrscher in Anspruch zu nehmen. Ein deutscher Territorialfürst oder ein englischer Lord konnte doch nicht sagen: Wir machen eine neue weltgeschichtliche Epoche dadurch, daß wir denjenigen, die früher Grund und Boden besessen haben, den Grund und Boden abnehmen! Das sagen die modernen Sozialisten: Wir expropriieren die Besitzer von Grund und Boden! – Aber das sagten die Menschen am Beginne der modernen Zeit nicht. Die taten das und schoben über das ganze den Nebel: Wir begründen ein neues religiöses Bekenntnis. Die Menschen wissen dann nicht, warum sie eigentlich fromm sind. Aber das tut ihnen gut, diese Illusion, die sie ausbreiten über die eigentlichen Gründe dessen, warum sie eigentlich fromm sind. So ist der ökonomische Typus Mensch heraufgekommen.

Sehen Sie, das Bewußtsein, ein Geistiges in sich zu erleben, das ist allmählich verlorengegangen. Das ist der tiefere geistige Grund der Sache. Gehen wir weiter zurück, vor den dritten nachatlantischen Zeitraum, der also in der Mitte des 8. vorchristlichen Jahrhunderts schließt und im 3., 4. Jahrtausend beginnt, so kommen wir noch zu einer ganz anderen Struktur. So paradox es den heutigen Menschen erscheint, im 4. Jahrtausend oder gar im 5. Jahrtausend gab es keinen Erdenmenschen, der glaubte, das sei das Wesentliche, was an ihm von Vater und Mutter abstammt. Damals glaubten die Menschen durchaus noch, daß sie in bezug auf ihr Wesentliches vom Himmel heruntergestiegen seien, wenn ich mich so ausdrücken darf. Das war fester Glaube der Menschen. Sie sahen sich nicht als irdischen Ursprungs an, sie sahen sich als geistigen, als spirituellen Ursprungs an. Und die Juden verzeichnen denjenigen Zeitraum, wo die Menschen angefangen haben, sich als physische Menschen zu fühlen, als Menschen im Fleische zu fühlen, als den Sündenfall, als den Beginn, wo den Menschen die Erbsünde ergriffen hat. Aber eigentlich hat diese Erbsünde den Menschen mehrmals ergriffen. Zunächst hat sie ihn ergriffen im Beginne des dritten nachatlantischen Zeitraumes, als er einen Teil von sich auf Vater und Mutter, auf das Blut zurückgeführt hat und nur geglaubt hat, ein Spirituelles stülpe sich über ihn drüber. Das zweite Mal hat sie ihn ergriffen, als er begonnen hat, das Intellektuelle nurmehr als Erbliches anzusehen. Das war ungefähr im 4. nachchristlichen Jahrhundert, der zweite Sündenfall, denn von da an wurde die Intellektualität als etwas Erbliches angesehen, als etwas mit der Leiblichkeit Verknüpftes. Und in der Zukunft kommen noch andere Sündenfälle.

Uns obliegt es in der Gegenwart, in anderer Weise wiederum zur Spiritualität zurückzukehren. Dazu müssen wir die Möglichkeit haben, zuerst zu einer spirituellen Intellektualität zurückzugelangen. Wir müssen die Möglichkeit haben, mit dem Erdenleben einen solchen Sinn zu verbinden, daß sich in diesem Sinne selber wiederum ein Spirituelles enthüllt. Wenn wir zum Beispiel die Dinge nehmen, die in meiner «Geheimwissenschaft im Umriß» stehen, so kann man nicht sagen, daß die Intellektualität, mit der das aufgefaßt wird, leiblichen Ursprungs ist, denn man kommt nicht durch den Leibesverstand auf dasjenige, was da über den Kosmos und über den Menschen gesagt wird. Das ist wiederum die Zurückerziehung des Menschen zur Auffassung von der Intellektualität, die spirituell ist. Dazu muß die gegenwärtige Menschheit sich bequemen: zunächst die Intellektualität selber wiederum als etwas Göttlich-Geistiges ansehen zu können. Dann wird der Rückweg zur Spiritualität überhaupt eingeschlagen werden können. Das ist eine Aufgabe, die bewußt von der Menschheit ergriffen werden muß: wiederum zur Spiritualität zurückzukehren, zunächst zu einer Spiritualisierung der Intelligenz. Die Menschen müssen lernen, wiederum so zu denken, daß dieses Denken durchdrungen ist von Spiritualität. Man kann den Anfang am besten dadurch machen, daß man auf das Ethische sieht und das Ethische zurückführt auf die moralische Phantasie, auf die moralischen Intuitionen, wie ich es in meiner «Philosophie der Freiheit» getan habe. Wenn man in dem Moralischen etwas sieht, was – wie ich in der «Philosophie der Freiheit» es ausgedrückt habe – seine Impulse unmittelbar aus der geistigen Welt heraus nimmt, dann ist das der Anfang dazu, den Intellekt zu spiritualisieren. Ich habe das behutsam und leise zuerst getan in meiner «Philosophie der Freiheit», weil ja dem 19. Jahrhundert wahrhaftig in bezug auf die Spiritualisierung nicht viel zuzumuten war. Aber es ist dieses der Weg, der eingeschlagen werden muß.

Der ökonomische Typus Mensch, der mit der Reformation heraufgekommen ist, der sah eigentlich seine Aufgabe darin, alle Intellektualität zu einer bloßen Leibessache zu machen. Dieser ökonomische Typus Mensch, der riß sich eigentlich in der Zeit der Reformation rasch los von der spirituellen Grundlage des Menschenwesens auf Erden. Man kann das geradezu an einzelnen Beispielen zeigen. Im Beginne und in der ersten Hälfte des 16. Jahrhunderts lebte in England ein Mann, *Thomas Cromwell* – zum Unterschiede von Oliver Cromwell –, Thomas Cromwell, der eine große Bedeutung hat für die Einführung des reformatorischen Prinzips in England. *Jakob I.* war ja diejenige Persönlichkeit, die noch retten wollte die alte Priesterherrschaft, und man versteht Jakob I. am besten, wenn man ihn als den Konservator, als den, der konservieren wollte die alte Priesterherrschaft, auffaßt. Aber diese Pläne wurden ja durchkreuzt von anderen. Und unter denjenigen, die da heraufkamen, die sozusagen die ersten Typen waren des ökonomischen Menschen, ist Thomas Cromwell. Thomas Cromwell kann nun nur verstanden werden, wenn man weiß: er gehört zu denjenigen Menschen, welche nach sehr kurzem Leben zwischen Tod und neuer Geburt wiederum auf der Erde hier verkörpert werden. Die Menschen sind gerade unter den Herrschertypen, die da heraufkommen in der neueren Zeit, außerordentlich häufig, die vor ihrem jetzigen Erdenleben nur ein kurzes Leben in der geistigen Welt gehabt haben. Sie wissen ja, ich habe oftmals hier davon gesprochen, daß eine der bedeutsamsten Erscheinungen in der neueren Geschichte die ist, daß für die Herrschertypen die Auslese der Schlechtesten nach oben sich vollzogen hat. Durch Jahre hindurch habe ich Ihnen das immer wieder bei verschiedenen Anlässen gesagt. Diejenigen, die eigentlich die Herrschenden, die Regierenden sind, sind eine Auslese nicht der Besten; die Zeiten bringen es so mit sich, daß die Besten gerade in der neueren Zeit unten geblieben sind, die nach oben ausgelesenen, namentlich die in Führerstellung, sind eben vielfach nicht die Besten. Es ist die Selektion oftmals der Minderwertigen gewesen. Und diese Selektion der Minderwertigen beruhte ihrer menschlichen Wesenheit nach darauf, daß sie ein Erdenleben entfalteten, das nur eine sehr kurze vorhergehende Zeit zwischen dem letzten Erdenleben und diesem Erdenleben hatte. Bei vielen führenden Persönlichkeiten der neueren Zeit findet man eben diese Tatsache ausgeprägt, daß sie nach kurzem geistigem Leben schon wiederum auf die Erde zurückkehren. Dadurch sind sie wenig imprägniert vom Geistigen. Sie haben wenig geistige Impulse in sich aufgenommen in ihrem vorhergehenden Leben zwischen Tod und einer neuen Geburt. Sie sind aber um so mehr imprägniert mit alldem, was nur von der Erde hier gegeben werden kann.

Das waren insbesondere die ökonomischen Menschentypen, jene mit kurzen vorhergehenden geistigen Leben, die ganz durchdrungen waren von dem, was nur die Erde als solche geben kann. Nicht, als ob es nicht auch Menschen in der neueren Zeit gegeben hätte, die längere Zeiträume durchgemacht haben zwischen dem Tod und der Geburt, die für die neuere Zeit in Betracht kamen; aber sie wurden zurückgedrängt. Das brachte so das Schicksal der historischen Entwickelung der Menschheit mit sich, das allgemeine Menschheitskarma.

Und unter diesen Tatsachen spielte sich das neuere Leben der Menschheit ab. Es ist ja eigentlich jammervoll, wenn man sieht, wie zahlreich die Erscheinung in der neueren Zeit ist, daß eigentlich ihrem inneren Wesen nach viel, viel bessere Menschen wie zu besonderen Autoritäten hinaufschauen zu viel, viel schlechteren. Das ist eine allgemeine Erscheinung. Die verehrten Autoritäten sind wahrhaft nicht diejenigen, die eine Auslese der besseren Menschentypen darstellen. Es ist eben einmal heute die Zeit gekommen, wo in unbefangener Art aufgehört werden muß, die Lobhudelei der neueren Zivilisation zu betreiben, wo ungeschminkt eingegangen werden muß auf die wirklichen Tatsachen. Denn die Menschen müssen sich angewöhnen, nach und nach das Leben nicht nur nach dem äußeren Oberflächenaperçu zu betrachten, sondern es zu betrachten nach der inneren Konfiguration der Seelen. Und eine der Tatsachen, die dabei in Betracht kommt, ist eben diese, daß man unterscheiden muß zwischen solchen Menschen, die ein längeres Geistesleben zwischen Tod und Geburt und solchen, die ein kürzeres Geistesleben hinter sich haben.

Man muß die Menschen vom geistigen Gesichtspunkte aus betrachten. Erst diese Betrachtung der Menschen vom geistigen Gesichtspunkte aus, die wird es möglich machen, in bewußter Art die soziale Struktur in Ordnung zu bringen. Tieferes Verständnis für das, was notwendig ist in sozialer Beziehung heute, wird man nur gewinnen, wenn man dieses Verständnis auf Grund von spirituellen Erkenntnissen sucht.

Es war gerade meine Aufgabe in diesen drei Tagen, Sie darauf hinzuweisen, wie die Zivilisation der Gegenwart angesehen werden muß mit Bezug auf die mögliche Weiterentwickelung der Menschen. Sehen Sie, unsere Erde als Erde mit alldem, was darauf ist, ist bereits in ihre Verfallsperiode, in ihre Dekadenzperiode eingetreten. Ich habe das auch schon öfters erwähnt, daß selbst einsichtige Geologen dies ja schon verzeichnen. Man kann schon rein äußerlich, physisch nachweisen mit ganz strenger, exakter Geologie, daß die Erde bereits am Zerbrechen ist, daß die aufsteigende Entwickelung der Erde aufgehört hat, daß wir wirklich auf den zerbrechenden Erdschollen herumgehen. So ist aber nicht nur das mineralische Erdreich im Zerbrechen, so ist auch alles das, was organisch auf der Erde herumläuft, schon im Zerbrechen, schon im Zerfall. Auch die Leiber der Pflanzen, der Tiere, der Menschen, sind nicht mehr in aufsteigender Entwickelung, sind im Zerfall. Wir haben nicht mehr die Organisation, die man hatte bis zum 4. nachchristlichen Jahrhundert, oder die man hatte in der Zeit des alten Griechentums. Wir haben eine verfallende Organisation, und mit uns ist die Erde in der Dekadenz. Das Physische der Erde ist in der Dekadenz. Ich habe zum ersten Mal auf diese Erscheinung schon vor vielen Jahren bei einem Vortrag in Bonn aufmerksam gemacht, aber diese Dinge werden gewöhnlich nicht mit dem nötigen Gewichte genommen. Wir sind in brüchigen Leibern, aber das Gegenstück dazu müssen wir auch betrachten: Wir sind zwar in brüchigen Leibern, aber gerade aus unseren brüchigen Leibern entwickelt sich um so mehr die Geistigkeit, wenn wir uns ihr nur hingeben.

Bei den alten Leibern war es so, wenn ich schematisch zeichnen darf, daß der Leib (Zeichnung links, weiß) überall durchdrungen wurde von seiner Geistigkeit (rot), der Leib sog überall die Geistigkeit auf. Heute ist es so, daß unser Leib vielfach brüchig ist. Er ist brüchig, er ist in der Dekadenz, und die Geistigkeit (Zeichnung rechts, rot) spritzt überall heraus, sie wird überall frei vom Leibe.

Tafel 5

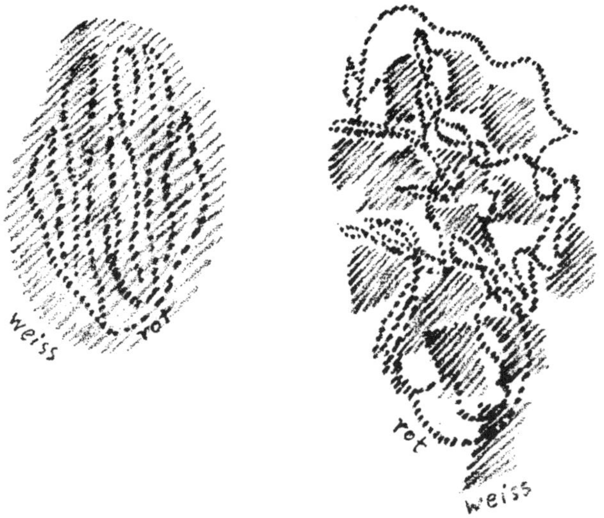

Wenn wir nur eingehen darauf, so können wir innerlich in der Seele überall die Geistigkeit gerade wegen der Brüchigkeit unserer Leiber erfassen.

Aber es ist nötig, daß wir uns nicht auf das Physische verlassen, sondern es ist notwendig, daß wir uns zum Geistigen wenden wegen unserer Brüchigkeit. Alles Physische wird brüchig, alles Physische auf der Erde ist schon im Verfall, und man darf nicht mehr auf die Physis hoffen, sondern man kann nur etwas erwarten von dem, was gerade dadurch – wenn ich mich trivial ausdrücken darf – zum Ausspritzen kommt, weil das Physische in Verfall ist: vom Geistig-Seelischen.

Daraus sehen Sie eines ein. Wir hängen durch unsere Leiber zusammen mit den physischen Verhältnissen der Erde, und die Verhältnisse der Erde drücken sich sozial in den Wirtschaftsverhältnissen aus; indem alles brüchig ist, alles in der Dekadenz ist, sind auch in einer gewissen Beziehung die Wirtschaftsverhältnisse in der Dekadenz. Und ein Tor ist heute derjenige, der glaubt, daß man die Wirtschaftsverhältnisse ohne weiteres durch die Wirtschaftsverhältnisse regenerieren kann. Im Grunde genommen ist derjenige, der heute von einem Wirtschaftsparadies auf der Erde träumt durch rein wirtschaftliche Maßnahmen, wie einer, der einen Leichnam vor sich hätte und ihn galvanisieren wollte, ihn wiedererwecken wollte. Nehmen Sie daher all das, was heute an rein wirtschaftlichen Theorien existiert, lassen Sie sich erzählen von den Leuten, wie man das Wirtschaftsleben durch das Wirtschaftsleben einrichten soll nach seinen eigenen Gesetzen, lassen Sie sich erzählen von ihnen, wie man die Produktionsverhältnisse gestalten soll, wie man übergehen soll vom Privateigentum zum Gemeineigentum und so weiter: das alles beruht auf dem falschen Glauben, daß man das Wirtschaftsleben regenerieren könne aus dem Wirtschaftsleben selbst heraus, während die Wahrheit die ist, daß alles Physische auch im Wirtschaftsleben im Verfall ist durch sich selbst. Wenn etwas in Verfall ist durch sich selbst, dann kann es nur immer wieder periodenweise geheilt werden, das heißt, wir brauchen ein Heilmittel für das fortwährend in sich selbst zerfallende Wirtschaftsleben. Das Wirtschaftsleben würde, wenn es sich selbst überlassen wäre, wenn man das aus ihm machte, was Lenin und Trotzkij aus ihm machen wollen, fortwährend zerfallen, fortwährend krank werden. Daher muß auch fortwährend als Gegenpol des Wirtschaftslebens das Heilende da sein: Das ist das ihm gegenüberstehende selbständige Geistesleben. Haben Sie einen Kranken, oder den, der fortwährend krank werden kann, so müssen Sie daneben fortwährend den Arzt haben. Haben Sie das Wirtschaftsleben, das wegen der Erdenentwickelung durch sich selbst fortwährend für den Verfall reif ist, so brauchen Sie dagegen das fortwährende heilende innere Geistesleben. Das ist der innere Zusammenhang. Es hängt mit einer gesunden Kosmogonie zusammen, daß wir ein selbständiges Geistesleben bekommen. Und ohne selbständiges Geistesleben, das eine fortwährende Heilweisheit ist neben dem fortwährend mit der Tendenz zum Verfall ausgerüsteten Wirtschaftsleben, kommt die Menschheit nicht vorwärts. Denn Torheit ist es, das Wirtschaftsleben aus sich selber regenerieren zu wollen. Man muß die Heilkraft in einem selbständigen Geistesleben neben dieses Wirtschaftsleben hinstellen, und beide müssen überbrückt werden durch das neutrale Rechtsleben. Wir kommen gar nicht zum entsprechenden Verständnisse desjenigen, was notwendig ist für die Gegenwart, wenn wir nicht imstande sind, einzusehen, daß das physische Leben der Erde bereits im Verfall ist. Deshalb, weil man das nicht einsieht, gibt es so viele Menschen heute, die glauben, man könne aus dem Wirtschaftsleben selbst allerlei Regenerationsmittel dieses Wirtschaftslebens herauszaubern. Die gibt es nicht. Es gibt allein die Möglichkeit, fortdauernd das Wirtschaftsleben im Gang zu erhalten durch das selbständig danebengestellte Geistesleben. Ganz durchschauen wird diesen geheimnisvollen Zusammenhang unseres Lebens nur derjenige, der ihn eben vom Standpunkte einer wirklich modernen Kosmogonie durchschauen kann.

Bedenken Sie, wie ernst die Dinge liegen, wie man einsehen muß, daß die Menschen ins Verderben hineinrennen, wenn sie heute noch glauben, das Wirtschaftsleben aus sich selber regenerieren zu können, wenn sie sich nicht bekennen zu dem, was aus dem brüchig-physischen Leben ausspritzt und selbständig werden kann und als fortwährende Heilkraft da sein kann. Die Menschen fragen: Welches sind die Mittel gegen Revolutionen? – Ja, wenn sich so viel in Krisen zusammengehäuft hat an Untergangsimpulsen, als zu einer Revolution notwendig ist, dann kommt die Revolution. Denn Revolutionen kann man nur dadurch entgegenarbeiten, daß man die Kraft, die der Revolution entgegenarbeitet, kontinuierlich, fortwährend anwendet. Wenn man dem Wirtschaftsleben nicht entgegenstellt ein fortwährend gesundendes Geistesleben, dann ballt sich das Wirtschaftsleben zu den Revolutionen zusammen.

Es ist schon notwendig, daß die Dinge, um die es sich hier handelt, in ihrer vollen Schwere, in ihrem ganzen Gewicht genommen werden, daß man nicht glaubt, man kann mit Geisteswissenschaft spielen. Man kann damit nicht spielen. Eine Sonntagnachmittag-Predigt läßt sich aus wirklicher Geisteswissenschaft nicht herauszimmern. Dasjenige, was sich die Menschen an Gewohnheiten aus den alten religiösen Bekenntnissen angeeignet haben, wo sie nur eine innere Seelenwollust entwickeln wollen durch allerlei Lehren von Reinkarnationen und Karma, das läßt sich aus diesen Lehren, wenn man sie ernst nimmt, nicht herausentwickeln. Diese Lehren wollen ins Leben eingreifen; diese Lehren wollen zu Taten werden durch das, was sie selber sind. Deshalb ist es nicht irgendeiner subjektiven Laune entsprechend, daß dasjenige, was in der Geisteswissenschaft lebt, auch sich in allerlei sozialen Ideen nunmehr ausgestalten muß, sondern es ist im Grunde genommen eine Selbstverständlichkeit. Es gehört zu dem allem. Wer freilich im modernen naturwissenschaftlichen Sinne von Entwickelung und Evolution redet und eigentlich keine Ahnung davon hat, daß in Evolution zuerst ein Aufstieg da ist und dann ein Verfall, der wird auch nicht verstehen wollen, daß wir in bezug auf die Erdenentwickelung schon in einem Verfall drinnen leben, und der wird aus dem, was verfällt, Kräfte herausarbeiten wollen zu einer Regeneration. Das ist nicht mehr möglich.

Das, was ich vor allen Dingen Ihnen durch diese drei Vorträge nahegelegt haben wollte, das ist, daß wirklich voll eingesehen werde der tiefe Ernst desjenigen, was das Geisteswissenschaftliche ist. Mit dem Geisteswissenschaftlichen läßt sich nicht spielen; höchstens wenn man es verwässert zu allerlei mystischem Sektierertum, aber die Menschen tun sehr schlecht, die da glauben, es lasse sich doch damit spielen. Es läßt sich eben nicht spielen mit dem Geisteswissenschaftlichen.

Es gibt viele Gegnerschaften für dasjenige, was in dieser anthroposophisch orientierten Geisteswissenschaft vertreten wird. Fast alle diejenigen Menschen werden Gegnerschaft üben, die spielen möchten – «mysteln», möchte ich es nennen – mit dem geisteswissenschaftlichen Leben. Mystik: mysteln. Diejenigen, die mysteln wollen, die werden zuletzt mit der Geisteswissenschaft nicht zurecht kommen, weil sie den Ernst des Lebens nicht eigentlich verspüren möchten. Daher gibt es so viele Gegner der Geisteswissenschaft, und insbesondere gibt es viele Gegner, welche aus allerlei Löchern des Mystelns heraus zu Gegnern werden. Neuerdings soll wieder ein Vorstoß losgehen gegen die Geisteswissenschaft, weil man sagt, sie trüge einen wissenschaftlichen Charakter, und dasjenige, was wirkliches Geisteswelten-Erleben ist, das müsse herauskommen aus unmittelbarem Erfahren des Geistigen, da dürfe nicht irgend etwas Wissenschaftliches hineinspielen und dergleichen. Ein neuerlicher Vorstoß kommt soeben aus der Ecke heraus, in der wir ja viel gearbeitet haben, wo aber nach und nach immer mehr mystelndes, schleimiges Zeug herauskommt, gerade nach dieser Richtung hin. Wiederum ist jetzt, wenn auch vielleicht in einem anderen Verlage, aus der Münchner Ecke ein Buch erschienen, das im Grunde einen solchen Vorstoß darstellen will und das sich nennt «Vom lebendigen Gotte», ein mystisches Buch.

Diese Dinge in unserer heutigen sozial ernsten Zeit zu sehen, das zeigt, wieviel geistige Frivolität und Zynismus geistiger Art in unserem Leben ist. Das muß heraus. Und ernst genommen werden muß Heraussaugung des geistigen Lebens aus der verfallenden Zeit. Man muß sich kühn und unbefangen entgegenstellen können dem Verfallen der Erde, denn dasjenige, was physisch stirbt, gebärt das geistig Lebendige. Aber jedes Spiel mit geistigen Dingen müßte gerade von dem wirklich das Geistige empfindenden anthroposophisch orientierten Geisteswissenschafter fein erfühlt werden, und nichts dürfte weniger unter uns Sympathie haben als irgendeine Art Sektierertum, irgendeine Art Mysteln. Denn das dringt nicht in die geistigen Welten hinein; im Gegenteil, es verlegt die Wege in die geistige Welt. Wir brauchen aber gerade die Wege in die geistigen

Welten hinein, wenn wir auch sozial wirklich weiterkommen wollen. Deshalb ist heute die Zeit, wo wir ganz ernsthaftig uns die wichtigste Frage des Lebens vorlegen sollten und fragen sollten: Was können wir tun, tatkräftig tun, um aufzufangen die wirklich zeitgemäßen Impulse?

Sehen Sie, dieser Bau steht nun hier. Er steht und wartet, daß er von der Welt ernst genommen werde, so von der Welt ernst genommen werde, daß man wirklich sieht: Er ist mit Bewußtsein hineingebaut in eine verfallende Zeit, aber um aus dieser verfallenden Zeit das Geistige aufzufangen. Kein Glaube sollte hier walten, daß man das Alte, das zum Verfalle, zur Dekadenz reif ist, halten könne. Der Glaube soll hier herrschen, daß aus dem hinrollenden Verfall das Geistige, das ganz unähnlich sein muß dem Alten, herausgeholt werde. Es ist nicht mit kleinen Kulturmetamorphosen zu machen. Es handelt sich darum, daß wir uns ernst der notwendigen Erkenntnis gegenüberstellen sollten, daß nur mit großen Kulturimpulsen dasjenige zu machen ist, was notwendiger Menschheitsfortschritt gegen die Zukunft ist. Mit uns sollten wir zu Rate gehen, um stark zu werden, die neuen Impulse wirklich aufzunehmen. Wir müssen den Mut haben, so viel wir können, den Menschen klarzumachen, was es heißt: Die Erde ist in der Dekadenz, und dasjenige, was sich als Zivilisation bis in unsere Tage herein erhalten hat, worin wir eingewöhnt sind, das geht mit dem Verfall. Man soll aber aus dem Verfall heraus eine neue Geistigkeit retten, die hinübergenommen werden kann in andere Welten, wenn die Erde völlig ihrem Untergange entgegengegangen ist.

Mit vollem Bewußtsein nach einer Erneuerung von Kunst, Wissenschaft und Freiheit hinzuarbeiten, das ist es, was sich gerade an diesen Bau knüpfen sollte. Man hat versucht, mit diesem Bau etwas hinzustellen, was in seinen Formen in einer gewissen Weise Hohn spricht aller Vergangenheit. So sollte man auch tatsächlich den Mut haben dazu, zu erfassen, was herausgeholt werden sollte aus der Tatsache, daß dieser Bau da steht. Wir kommen nicht zurecht, wenn wir uns auch ferner nur an kleine Mittel halten, wenn wir nicht daran arbeiten, mit Bewußtsein vor die Menschheit die Notwendigkeit einer neuen Geisteskultur hinzustellen. Denn die allein wird der wahre Ausgangspunkt sein für eine neue soziale Kultur. Das Soziale wird nicht mehr aus dem Wirtschaftlichen herausgeholt, sondern allein aus dem Geistigen in das Wirtschaftliche hineingesenkt werden können. Und wir müssen uns bewußt werden, daß der ökonomische Typus Mensch ausgespielt hat, daß ein anderer Typus Mensch kommen muß, der Weltmensch ist, der sich bewußt ist, nicht nur dasjenige lebe in ihm, was Erdenvererbung ist, sondern der sich bewußt ist, dasjenige lebe in ihm, was Kräfte der Sonne und des Mondes und des Sternenhimmels sind, was Kräfte der übersinnlichen Welt sind. In den Formen, in denen es die Menschen verstehen können, sollten wir ihnen das zum Bewußtsein bringen, dann allein können wir etwas zum wirklichen Fortschritt der Menschheit beitragen. Durch bloßes Übertragen von mystischen Lehren nützen wir gar nichts. Dasjenige, was unsere Mystik ist, muß wirkliches Geistesleben sein, tätiges Geistesleben.

Das ist es, was ich Ihnen heute zum Bewußtsein habe bringen wollen. Es müßte eigentlich dieser Dornacher Bau so angesehen werden, daß man ihn, ohne unbescheiden zu werden, wirklich als den Ausgangspunkt nimmt für eine große Weltbewegung, die völlig international ist, und die alle Gebiete des geistigen Lebens umfaßt. Es müßte dieser Dornacher Bau der Ausgangspunkt dafür sein, abzustreifen alle Vorliebe für das Untergehende und aufzunehmen den Impuls von etwas, das nach einer wirklichen Erneuerung des Menschheitsbewußtseins hinzielt. Könnten wir so etwas in die Welt setzen, was den Ausgangspunkt bilden würde für ein Auffangen des Geistigen aus dem Verfall der physischen Erde, und könnten wir sagen: Wir wollten das Monument für diesen Ausgangspunkt mit diesem Dornacher Bau hingestellt haben, wir wollten aufmerksam machen die Menschen, sie müssen sehen nach dem, was gewollt wird –, könnten wir so etwas schaffen, dann würden wir dasjenige erfüllen, was eigentlich in den Impulsen anthroposophisch orientierter Geisteswissenschaft liegt. Aber wir müssen uns aufraffen, etwas zu schaffen, was tatsächlich so zur Menschheit spricht, daß wir sie aufmerksam machen darauf: Seht, hier wird das gewollt, was im Sinne einer wirklichen Weiterentwickelung sowohl des wissenschaftlichen, wie des künstlerischen, wie des religiösen Bewußtseins liegt. Sind wir imstande, von diesem Positiven zu reden, werden wir viel mehr wirken, als wenn wir versuchen, uns in alles mögliche unterzuducken, was andere auch wollen. Wir sollten das Bewußtsein haben, daß etwas Neues zu wollen ist. Können wir das, dann werden wir eine würdige Aufgabe erfüllen. Aber wir sollten in dieser Beziehung einmal mit unseren Seelen sprechen, sollten versuchen, die Aufgabe der Anthroposophie in diesem Sinne gerade richtig in Angriff zu nehmen.

SIEBENTER VORTRAG

Dornach, 17. Oktober 1919

Ich möchte Ihnen heute von einigen grundlegenden Erkenntnissen der Initiationswissenschaft sprechen, die uns dann eine Art Unterlage bieten sollen für das, was wir morgen und übermorgen betrachten wollen. Wir werden heute zunächst hinweisen auf etwas, was im Bewußtsein eines jeden Menschen liegt, was nur gewöhnlich nicht klar genug erfaßt wird. Wir reden, indem wir solche Dinge besprechen, immer vom Gesichtspunkt unserer Gegenwart, in dem Stil und Sinn, wie ich das ja öfter hier auseinandergesetzt habe: daß auch Erkenntnisse durchaus nicht gelten für immer und überall, sondern für eine bestimmte Zeit, ja sogar für eine bestimmte Räumlichkeit der Erde. So gelten gewisse Erkenntnis-Gesichtspunkte zum Beispiel für die europäische Zivilisation; andere Gesichtspunkte gelten für, sagen wir, die Erkenntnisse des Orients. Nun weiß wohl jeder Mensch, daß wir uns mit unserer Erkenntnis gewissermaßen zwischen zwei Polen befinden. Es fühlt jeder Mensch, wie auf der einen Seite diejenigen Erkenntnisse stehen, die wir gewinnen durch Sinnesanschauung. Der einfache, naive Mensch lernt durch seine Sinne die Welt kennen, kommt auch bis zu einem gewissen zusammenfassenden Punkt dessen, was er sieht, was er hört, was er überhaupt durch seine Sinne wahrnimmt. Und im Grunde genommen ist dasjenige, was die Wissenschaft bietet, so wie wir diese Wissenschaft jetzt im Abendlande haben, ja auch nichts anderes als eine Zusammenfassung dessen, was sinnlich den Menschen sich darbietet.

Nun fühlt wohl ein jeder, daß es andere Erkenntnisse gibt, daß man unmöglich ein Vollmensch sein kann im gewöhnlichen Sinne des Wortes für die alltägliche Welt, wenn man nicht eine andere Art von Erkenntnissen zu dieser eben charakterisierten hinzufügt. Und das ist die Art von Erkenntnissen, die es mit unserem moralischen Leben zu tun hat. Wir reden nicht nur von den Ideen der Naturerkenntnis, durch die wir uns das eine oder andere in der Natur erklären; wir reden von sittlichen Ideen, von sittlichen Idealen, die wir als Antriebe unseres Handelns empfinden, von denen wir uns beherrschen lassen, wenn wir selbst in unserer gewöhnlichen Welt auftreten wollen. Und es fühlt wohl auch jeder Mensch, daß wir mit dem einen Pol unseres erkennenden Lebens, der Sinneserkenntnis und ihrem Anhang, der Verstandeserkenntnis – denn die Verstandeserkenntnis ist nur ein Anhang der Sinneserkenntnis –, gewöhnlich nicht heraufreichen können bis zu den sittlichen Ideen. Die sittlichen Ideen sind da; aber wir können nicht, indem wir zum Beispiel Naturwissenschaft treiben, aus der Betrachtung der Pflanzenwelt, aus der Betrachtung der mineralischen Welt oder sonst irgendwie mit unserer gegenwärtigen Naturwissenschaft sittliche Ideen finden. Darin besteht ja gerade das Tragische unserer Zeit, daß man zum Beispiel auf sozialem Gebiete Ideen für das Handeln finden will nach naturwissenschaftlicher Methode. Niemals wird man das können, wenn man wirklich sich dem gesunden Menschenverstand hingibt. Wie auf einer anderen Seite des Lebens sind die sittlichen Ideen da. Wirklich steht unser Leben unter dem Einfluß dieser zwei Strömungen: des Naturerkennens auf der einen Seite, des sittlichen Erkennens auf der anderen Seite.

Sie wissen aus meiner «Philosophie der Freiheit», daß in der Erfassung der moralischen Intuitionen uns die höchsten sittlichen Ideen, die wir als Menschen brauchen, gegeben sind, und daß diese sittlichen Ideen, wenn wir in ihren Besitz kommen, unsere menschliche Freiheit begründen. Auf der anderen Seite wissen Sie vielleicht auch, daß sich für gewisse Denker immer eine Art von Kluft gezeigt hat zwischen dem, was Naturerkenntnis auf der einen Seite ist, was sittliche Erkenntnis auf der anderen Seite ist. Die Kantsche Philosophie beruht ja auf dieser Kluft, auf diesem Abgrunde, den sie nicht ganz überbrücken kann. Daher gibt es von *Kant* eine «Kritik» der theoretischen Vernunft, der «reinen Vernunft», wie er sagt, worin er sich nur mit der Naturerkenntnis auseinandersetzt, worin er alles dasjenige sagt, was er zu sagen hat über die Naturerkenntnis. Und auf der anderen Seite gibt es von ihm eine «Kritik der praktischen Vernunft», in welcher er spricht von den sittlichen Ideen. Man möchte sagen: Für ihn entspringt das gesamte menschliche Leben aus zwei voneinander ganz getrennten Wurzeln, die er in seinen zwei Haupt-«Kritiken» beschreibt.

Nun würde es natürlich mißlich um den Menschen stehen, wenn es keine Verbindungsbrücke gäbe zwischen diesen zwei Polen unseres Seelenlebens. Und derjenige, der sich ernstlich mit Geisteswissenschaft beschäftigt auf der einen Seite und andererseits es ernst nimmt mit den Aufgaben gerade unserer Zeit, der muß intensiv fragen: Wo ist die Brücke zwischen den sittlichen Ideen und den Naturideen?

Wir werden heute zur Erkenntnis dieser Brücke den Standpunkt wählen, den ich als den historischen bezeichnen möchte. Sie wissen ja aus den verschiedenen Betrachtungen, die wir hier angestellt haben, daß die Seelenverfassung der Menschen in älterer Zeit eine wesentlich andere war, als sie in späterer Zeit geworden ist. Die Entstehung des Christentums bildet wirklich einen tiefen Einschnitt in die ganze Entwickelung der Menschheit. Und nur wenn man versteht, was eigentlich mit dem Entstehen des Christentums sich herausgebildet hat in der Entwickelung der Menschheit, kommt man mit dem Verstehen des Menschen überhaupt zurecht.

Dasjenige, was zeitlich zurückliegt hinter der Entstehung des Christentums, ist, wenn wir von dem Judentum absehen – wir haben es vor kurzem hier erst wiederum erwähnt –, der ganze Umfang der heidnischen Kultur. Das Judentum war ja nur eine Vorbereitung für das Christentum. Dieser ganze Umfang der heidnischen Kultur unterscheidet sich ganz wesenhaft von unserer gegenwärtigen christlichen Kultur. Diese heidnische Kultur war, je weiter wir zurückgehen, eine einheitliche Kultur. Sie war eine Kultur, die vorzugsweise begründet war auf menschliche Weisheit. Ich weiß, dem Menschen der Gegenwart ist es beleidigend, wenn man ihm davon spricht, daß mit Bezug auf die Weisheit die alten Zeiten weiter waren als dieser Mensch der Gegenwart; aber es war so. Es gab über die Erde hin in der alten heidnischen Zeit eine Weisheit, die näher, viel näher war den Urgründen der Dinge als unser heutiges Wissen, namentlich als unsere heutige Naturwissenschaft. Und dieses alte, dieses uralte Wissen, es war ein sehr konkretes Wissen, es war ein Wissen, welches intensiv verbunden war mit der geistigen Wirklichkeit der Dinge. Der Mensch bekam etwas herein in seine Seele, indem er wußte von der Wirklichkeit der Dinge. Aber das besonders Eigentümliche war bei dieser alten heidnischen Weisheit, daß die Menschen, die sie empfingen – Sie wissen, die Menschen empfingen sie aus den Mysterien von den Initiierten –, sie so empfingen, daß in dieser Weisheit zu gleicher Zeit enthalten war Naturerkenntnis und Moralerkenntnis. Man verkennt heute diese für die Entwickelungsgeschichte der Menschheit außerordentlich bedeutungsvolle Wahrheit, die ich eben ausgesprochen habe, nur deswegen, weil man in der äußeren Geschichte nicht zurückgehen kann bis zu den eigentlich charakteristischen Zeiten der alten heidnischen Weisheit. Das historische Wissen reicht nicht so weit zurück, daß man mit ihm die Zeiten erfassen könnte, in denen die Menschen, indem sie zu den Sternen hinaufgeschaut haben, aus den Sternen empfingen diejenige Weisheit, die ihnen in ihrer Art auf der einen Seite erklärte den Sternenlauf, auf der anderen Seite aber auch sagte, wie sich die Menschen verhalten sollen in ihrem Handeln hier auf Erden. Etwas bildlich, aber im Grunde nicht ganz bildlich, sondern bis zu einem gewissen Grade doch gegenständlich gesprochen, könnte man sagen, daß noch die alte ägyptische, die alte chaldäische Kultur so waren, daß die Menschen Naturgesetze lasen im Sternenlaufe, aber auch lasen aus dem Sternenlauf die Vorschriften für dasjenige, was sie auf der Erde tun sollten. Die Kodizes der alten ägyptischen Pharaonen zum Beispiel enthalten Vorschriften über dasjenige, was Gesetz werden sollte. Es war so, daß über weite Jahrhunderte hin prophetisch vorausgesagt war, was in späterer Zeit Gesetz werden sollte. Aber das alles, was da in diesen Kodizes stand, war abgelesen von den Sternenläufen. Also es gab in jenen alten Zeiten nicht eine Astronomie, wie wir sie jetzt haben, die nur mathematische Gesetze der Sternenbewegung oder der Erdenbewegung enthält, sondern es gab eine Wissenschaft vom Kosmos, die zu gleicher Zeit Moralwissenschaft, Ethik war.

Das Bedenkliche der ja nunmehr bis zum Dilettantismus hinreichenden neueren Astrologie besteht darin, daß man in ihr nicht mehr fühlt, daß das, was in ihr gegeben ist, nur dann ein Ganzes ist, wenn mit den Gesetzen, die man in ihr verzeichnet, zugleich Moralgesetze für die Menschen gegeben sind. Das ist etwas sehr Bedeutsames, außerordentlich Bedeutsames.

Nun war es im Menschheitsverlaufe so, daß jene Urwissenschaft der Menschen, jene Urweisheit der Menschen im wesentlichen verlorenging. Und es liegt ja das der Tatsache zugrunde, daß gewisse Geheimschulen, die aber in ihrer ernsten Form eigentlich schon aufgehört haben mit dem Ende des 18. Jahrhunderts, auch gewisse Geheimschulen des Abendlandes immer wieder und wiederum auf die verlorene Wissenschaft, das «verlorene Wort» zurückwiesen. Gewöhnlich wußten die Späteren gar nicht mehr, was sie unter dem Wort «Wort» dabei verstehen sollten. Aber es liegt dem eine gewisse Tatsache zugrunde. Und bei *Saint-Martin* kann man noch die Nachklänge davon lesen, wie man bis ins 18. Jahrhundert sehr genau gefühlt hat, daß in alten Zeiten die Menschen ein ihnen mit dem Naturwissen zugleich zukommendes Geisteswissen besessen haben, das auch ihre Moralwissenschaft enthielt und das verlorengegangen ist, verlorengegangen im Grunde schon in den acht Jahrhunderten, die der Entstehung des Christentums vorangegangen sind. Man kann sogar sagen: Die ältere griechische Geschichte ist im wesentlichen das allmähliche Verlieren der Urweisheit.

Wenn man die vorsokratischen Philosophen studiert, die *Nietzsche* die Philosophen des tragischen Zeitalters der Griechen genannt hat: Heraklit, Thales, Anaximenes, Anaxagoras – ich habe sie behandelt in meinen «Rätseln der Philosophie», so gut man sie für die Menschheit heute äußerlich behandeln kann, es ist ja nur wenig von ihnen in äußerer Schrift vorhanden –, dann findet man in diesen Sätzen, die da geblieben sind wie Oasen in einer Wüste, immer wieder, wie wenn nachklingen würde ein großes, umfassendes Wissen und Erkennen, das in der alten Menschheitszeit vorhanden war. Was Heraklit sagt, was Thales, Anaxagoras, Anaximenes sagen, das alles ist so, möchte man sagen, wie wenn die Menschheit vergessen hätte ihre Urweisheit und sich an einzelne fragmentarische Sätze da oder dort erinnert. Wie fragmentarische Erinnerungen kommen die paar Sätze heraus, die überliefert sind von Thales, Anaxagoras, von den sieben griechischen Weisen.

Und dann finden wir bei *Plato* noch eine Art deutlichen Bewußtseins von dieser Urweisheit, bei *Aristoteles* schon alles umgesetzt in äußere menschliche Weisheit. Bei den Stoikern und Epikureern verschwindet dann die Sache immer mehr und mehr. Es bleibt das alte Urwissen nur wie eine Sage zurück. So war es bei den Griechen.

Bei den Römern – die Römer waren ja von Naturanlage aus ein prosaisches, nüchternes Volk – war es gar so, daß sie jeden Sinn verleugneten für das Urwissen, daß sie alles in Abstraktionen umsetzten. Für die Entwickelung der Menschheit war es notwendig, daß der Gang ein solcher war, wie ich es Ihnen eben beschrieben habe mit Bezug auf die Urweisheit. Die Menschen hätten niemals zur Entwikkelung der Freiheit kommen können, wenn die Urweisheit, die ihnen ja auf dem Wege eines atavistischen Hellsehens zugekommen ist, in ihrer ursprünglichen Intensität und Bedeutung für den Menschen geblieben wäre. Aber mit dieser Urweisheit war doch verbunden alles, was an moralischen Impulsen, ich möchte sagen, von Götterhöhen herunter, den Menschen hat zukommen können. Das mußte gerettet werden. Es mußte den Menschen der moralische Impuls gerettet werden.

Und unter den mancherlei Dingen, die wir schon zu sagen hatten über das Mysterium von Golgatha, ist dieses, daß durch jenes göttliche Prinzip, das durch den Menschen Jesus von Nazareth auf die Erde hinuntergestiegen ist, getragen war die moralische Kraft, die allmählich natürlich auch zerstoben, zerklüftet war mit dem Herabdämmern und allmählichen Ersterben der alten Urweisheit. Es ist wirklich so, wenn es auch dem heutigen Menschen paradox erscheint, daß man sagen kann: Es war eine alte Urweisheit vorhanden (siehe Zeichnung Seite 130, weiß). Mit dieser alten Urweisheit war verbunden die moralische Kraft, moralische Weisheit des Menschen. Die war als ein integrierender Bestandteil darin (rot). Nun ist die alte Urweisheit abgelähmt worden. Sie konnte nicht mehr der Träger sein des moralischen Impulses.

Dieser moralische Impuls mußte gewissermaßen in Schutz und Schirm genommen werden von dem Mysterium von Golgatha (siehe Zeichnung Seite 132, gelb), und seine weitere Fortpflanzung für die abendländische Zivilisation war dasjenige, was aus dem Mysterium von Golgatha entsprungen ist als Christus-Impuls, in den hineingetragen wurde dasjenige, was als moralischer Extrakt gewissermaßen von der alten Urweisheit geblieben ist.

Tafel 6

Es ist sehr merkwürdig, wenn man verfolgt, sagen wir dasjenige, was in der abendländischen Zivilisation an eigentlicher Wissenschaft, an eigentlicher Weisheit lebt so bis in das 8., 9. nachchristliche Jahrhundert hinein. Lesen Sie einmal nach die Beschreibung des abendländischen Wissens in der Zeit bis in das 8., 9. nachchristliche Jahrhundert, wie ich es angedeutet habe in meinen «Rätseln der Philosophie». Sie werden sehen: es ist im Grunde genommen nichts da in dieser Entwickelung, was man in unserem heutigen Sinne als Wissen bezeichnen kann. Das kommt ja erst seit der Mitte des 15. Jahrhunderts herauf, seit der Galilei-Zeit. Was da vorhanden ist an Wissen, das ist eigentlich alles Überlieferung aus der alten Urweisheit, nicht mehr innerlich intuitierte Urweisheit, nicht mehr innerlich erlebte Urweisheit, aber äußerlich überlieferte Weisheit. Ich habe Ihnen ja oft jene Geschichte erzählt von *Galilei,* die keine Anekdote ist, wie Galilei Mühe hatte, einen Freund zu überzeugen von der Wahrheit desjenigen, was er behauptete. Der Freund war gewöhnt, so wie die anderen Leute des Mittelalters, die sich der Pflege der Weisheit widmeten, zu nehmen, was in den Büchern des Aristoteles stand oder in den anderen überlieferten Büchern. Es war ja alles, was man so lernte in jener Zeit,

Überlieferung. Man tradierte dasjenige, was in den Büchern des Aristoteles stand. Und dieser gelehrte Freund des Galilei sagte mit Aristoteles, daß die Nerven vom Herzen ausgehen. Galilei bemühte sich, ihm klarzumachen, daß er nach der Wissenschaft der Erfahrung an der Leiche etwas anderes sagen müsse: daß die Nerven vom Kopf, vom Gehirn ausgehen beim Menschen. Das glaubte der aristotelische Mann, dieser aristotelische Denker nicht. Da führte ihn Galilei an die Leiche, zeigte ihm die Tatsache, daß die Nerven vom Gehirn ausgehen und nicht vom Herzen und meinte, der müsse doch jetzt das glauben, was er mit seinen eigenen Augen sähe. Da sagte der Betreffende: Das *scheint* zwar so zu sein; der Augenschein lehrt, daß die Nerven vom Gehirn ausgehen, aber der Aristoteles sagt das Gegenteil. Wenn es sich für mich darum handelt, zu entscheiden zwischen dem Augenschein der Natur und dem, was Aristoteles sagt, dann glaube ich dem Aristoteles und nicht der Natur! – Es ist keine Anekdote, es ist eine wahre Begebenheit. Wir erleben im Grunde genommen das gleiche, nur umgekehrt auch in unserer Zeit.

Sehen Sie, es war alles Überlieferung, was an Wissen da war. Ein neues Wissen kam erst wiederum mit der Galilei-Zeit herauf, mit *Kopernikus* und so weiter. Aber es war durch den christlichen Impuls getragen der moralische Antrieb durch diese Jahrhunderte. Er war verbunden im wesentlichen mit dem religiösen Elemente. Das war nicht so in der heidnischen Kultur. In der heidnischen Kultur war eben der Mensch sich bewußt: Wenn er Weltenweisheit empfing, empfing er damit auch den moralischen Antrieb.

Nun kam mit der Mitte des 15. Jahrhunderts ein neuer Antrieb herauf, welcher nun gründlich brach mit alledem, was alte Weisheit war, wenn sie auch jetzt nur noch durch Überlieferung vorhanden war. Es ist außerordentlich interessant zu sehen, mit welcher Rage diejenigen, die das neue Wissen herauftrugen, zum Beispiel *Giordano Bruno,* man darf schon sagen: schimpfen auf alles dasjenige, was alte Weisheitsüberlieferung war. Auch Bruno ist ja geradezu rasend, wenn er ins Schimpfen kommt über die alte Weisheitserinnerung. Es kommt eben etwas ganz Neues herauf. Und man geht wirklich weit weg von dem, was Verständnis der Menschheitsentwickelung ist,

Tafel 6/7

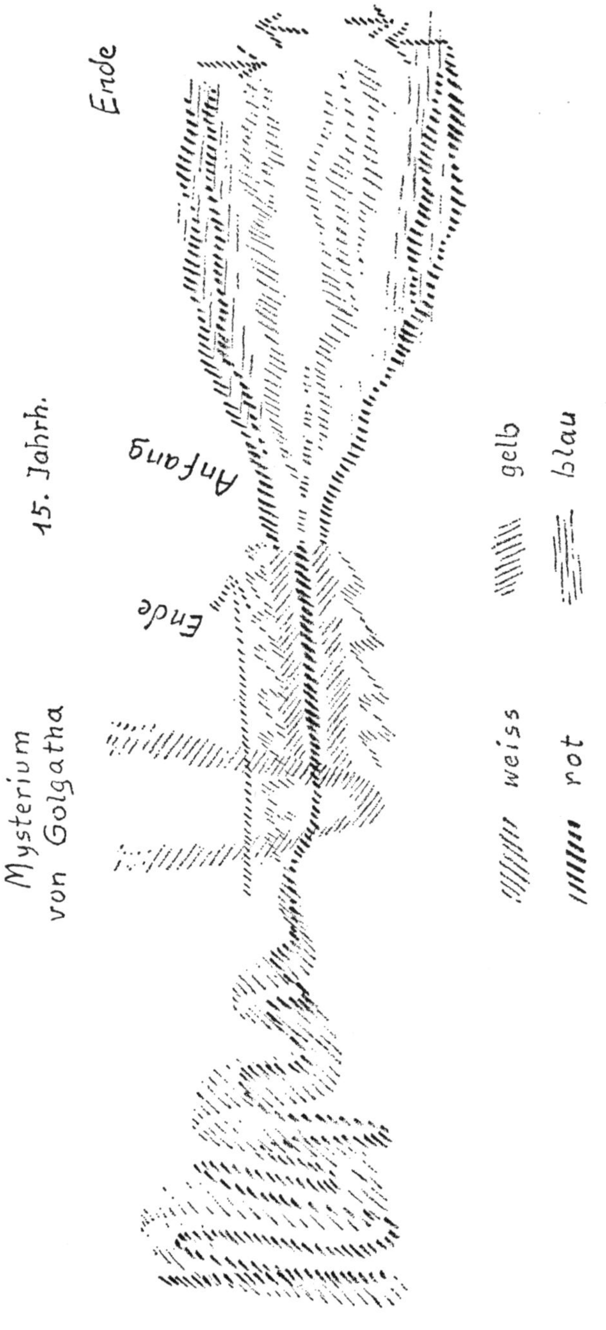
Ende
15. Jahrh.
Anfang
Ende
Mysterium
von Golgatha
weiss
rot
gelb
blau

wenn man dieses Neue, das da heraufkommt, nicht anzusehen vermag als einen Anfang.

Sehen Sie, wir können sagen, wenn wir hier andeuten das Mysterium von Golgatha (siehe Zeichnung, gelb), daß sich der moralische Antrieb fortsetzt (rot). Was war es denn, was durch das Mysterium von Golgatha getragen wurde aus einer älteren Zeit in eine neuere Zeit, indem es in dieser Richtung (Pfeil nach rechts) getragen wurde? – Es war ein Ende. Und je mehr wir immer weiter und weiter heraufkommen, desto mehr verschwindet die alte Weisheit, selbst in ihrer Überlieferung. Wir können sagen: sie perlt noch fort wie in Wellen als Überlieferung (weiß); aber mit dem 15. Jahrhundert kommt das Neue herauf, ein Anfang.

Wir sind wahrhaftig in diesem Anfang noch nicht sehr weit drinnen. Die paar Jahrhunderte, die wir verlebt haben seit der Mitte des 15. Jahrhunderts, haben uns einige Naturwissenschaft gebracht; aber wir sind doch in diesem Anfange nicht sehr weit drinnen.

Doch, was ist das für eine Weisheit? Ja, sehen Sie, das ist eine Weisheit, die zunächst so, wie sie aufgetreten ist, gerade das Eigentümliche hat, daß sie entgegengesetzt der alten heidnischen Weisheit gar keinen moralischen Impuls in sich enthält. Wir können noch so viel im Sinne dieser neuen Weisheit, dieser Galilei-Weisheit Mineralogie, Geologie, Physik, Chemie, Biologie und so weiter studieren, wir werden niemals heraussaugen aus unserer Naturerkenntnis irgendeinen moralischen Antrieb.

Wenn die Leute heute glauben, Sozialwissenschaft auf Grundlage der Naturwissenschaft begründen zu können, so ist das eben eine gewaltige Illusion. Denn niemals läßt sich herauspressen aus dem Naturwissen dasjenige Wissen, das Ideal sein könnte für das menschliche Handeln so, wie wir dieses Naturwissen heute haben. Dieses Naturwissen steht eben durchaus im Anfange, und wir können nur hoffen, daß dieses Naturwissen, indem es sich immer weiter und weiter entwickelt, soweit kommt, daß es auch wiederum als solches moralische Impulse in sich enthalten kann. Aber wenn es sich in *seiner* Art nur weiterentwickeln würde, so würde es durch seine eigene Art nicht moralische Impulse aus sich hervortreiben können. Dazu ist notwendig, daß sich neben diesem Naturwissen nunmehr entwickelt ein neues übersinnliches Wissen (blau). Dann wird dieses übersinnliche Wissen auch wiederum die Strahlen moralischen Wollens in sich enthalten können (rot). Und wenn der Anfang, der mit der Mitte des 15. Jahrhunderts gemacht ist, am Erdenende selbst an seinem Ende sein wird, dann wird zusammenfließen können dasjenige, was übersinnliches Wissen ist, mit dem sinnlichen Wissen (weiß), und es wird aus diesem eine Einheit entstehen können (Pfeile).

Sie sehen, wenn der alte heidnische Weise oder auch der Bekenner der alten heidnischen Weisheit von seinen Mysterien-Initiierten die heidnische Weisheit empfangen hat, so hat er in einem empfangen von diesen Initiierten: Naturwissen, kosmisches Wissen, Anthropogenesis und Moralwissenschaft, die ihm zu gleicher Zeit moralischer Antrieb war. Es war eins.

Heute ist notwendig, daß der Mensch sich zu dem Bekenntnis aufschwingt: Er bekommt auf der einen Seite das Naturwissen, auf der anderen Seite das übersinnliche Wissen. Das Naturwissen für sich wird bar sein der moralischen Antriebe. Die moralischen Antriebe werden durch ein übersinnliches Wissen gewonnen werden müssen. Und da schließlich auch die sozialen Antriebe letzten Endes moralische Antriebe sein müssen, so ist eine wirkliche Sozialerkenntnis, ja nicht einmal eine Summe von Sozialimpulsen denkbar, ohne daß sich die Menschen zu übersinnlicher Erkenntnis erheben.

Das ist wichtig für den gegenwärtigen Menschen, einzusehen, daß er einen anderen Weg einschlagen muß für das soziale Wissen, als ihm die Methode des Naturwissens geben kann. Aber indem ich dieses ausspreche, liegt zugleich die Notwendigkeit nahe, Sie auf ein merkwürdiges Paradoxon aufmerksam zu machen. Ich habe ja öfter gerade an diesem Orte hier es ausgesprochen, daß die tiefsten Wahrheiten der Initiationswissenschaft dem gewöhnlichen Alltagsbewußtsein paradox erscheinen, sonderbar erscheinen, dem groben Materialisten sogar hirnverbrannt erscheinen. Aber es ist notwendig in unserer Zeit, daß man sich bekanntmacht mit diesen vielfach heute paradox erscheinenden Weistümern. Denn auch für unsere Zeit gilt es, daß manches, was den Menschen als Torheit erscheint, Weisheit ist vor Gott. Es könnte nichts schaden, wenn dieses Bibelwort ein wenig berücksichtigt würde von denjenigen, die heute Anthroposophie entweder lächelnd in Hochmut aburteilen oder wüst kritisieren. Denn sie könnten bedenken, daß vielleicht dasjenige, was sie für Torheit anschauen, Weisheit sein könnte vor den Göttern. Es würde einigen Menschen – und das «einige» sind hier sehr viele – eigentlich recht gut tun, namentlich auch manchen, die mit ihrem Gebetbuch in die Kirche gehen und über Anthroposophie wettern, weniger auf ihr Hochmutsbekenntnis zu pochen, als mehr hineinzuschauen in dasjenige, was das Bekenntnis des Christentums wirklich enthält. In unserer Zeit ist es eben notwendig, sich mit einigem paradox Erscheinendem bekanntzumachen.

Es ist zum Beispiel zweierlei heute möglich. Es kann einer sich heute bekanntmachen mit der Naturwissenschaft unserer Zeit, ich will heute etwas schroff diese zwei Dinge hinstellen, die ich jetzt zu charakterisieren habe. Er kann zum Beispiel in sich aufnehmen, was heute die Wissenschaft der Chemie, der Physik bietet, was die Wissenschaft der Biologie bietet. Er kann fleißig und emsig studieren, was sich aus dem sogenannten Darwinismus heraus ergeben hat als Entwickelungsgeschichte. Er wird, indem er das alles studiert, Materialist werden können in bezug auf seine Erkenntnisanschauung. Er wird materialistisch werden können, gewiß, das ist nicht zu leugnen. Und weil die Menschen heute, ich möchte sagen, so schnell fertig sind mit dem Urteil, so werden sie eben materialistisch, wenn sie ganz aufgehen nach den Intentionen mancher ihrer Zeitgenossen in dem äußeren Naturwissen. Aber man kann auch noch etwas anderes tun. Man kann seine Aufmerksamkeit außer auf das, was Physik, Chemie, Mineralogie, Botanik, Zoologie, Biologie bieten, was diese Wissenschaften lehren, hinlenken auf das, was man im physikalischen Kabinett, im Experimentieren macht. Man kann achtgeben darauf, wie man sich im chemischen Laboratorium verhält, was man da tut; man kann achtgeben darauf, wie man Pflanzen untersucht, Tiere untersucht in ihrer Entwickelung.

Goethes Naturwissen beruht namentlich darauf, daß er sich viel damit beschäftigt hat, wie die anderen zu ihrem Wissen gekommen sind. Darauf beruht gerade die Größe Goethes, daß er sich viel mit der Art, wie die anderen zu ihrem Wissen kommen, beschäftigt hat. Und es ist sehr, sehr bedeutsam, einmal den wirklichen Geist einer solchen Abhandlung Goethes wie die vom «Versuch als Vermittler zwischen Objekt und Subjekt» wirklich zu studieren. Da sieht man, wie Goethe das Hantieren mit den Naturerscheinungen aufmerksam verfolgt hat. Was man Methode des Forschens nennen kann, das hat er aufmerksam, recht aufmerksam verfolgt. Wenn Sie nachlesen in meinen «Einleitungen zu Goethes Naturwissenschaftlichen Schriften», so werden Sie sehen, zu welch großartigen Resultaten Goethe durch dieses Verfolgen der naturwissenschaftlichen Methode gekommen ist. Man kann in einer gewissen Beziehung das, was Goethe getan hat, dann weiter fortsetzen für die Errungenschaften der Naturwissenschaft im 19. Jahrhundert und bis ins 20. Jahrhundert hinein, was Goethe ja nicht mehr tun konnte.

Also ich sage: zweierlei ist möglich. Halten wir das zunächst fest. Man bleibt stehen bei dem, was die Naturwissenschaften an Resultaten geben, oder aber man beschäftigt sich damit, nachzusehen, wie man sich verhält, um zu diesen naturwissenschaftlichen Resultaten zu kommen. Halten wir das fest, was wir so in bezug auf das Naturerkennen gesagt haben. Betrachten wir jetzt das menschliche Erkenntnisstreben von einem anderen Gesichtspunkte aus. Sie wissen, daß es außer der Naturwissenschaft noch ein geistiges Wissen gibt, daß man zum Beispiel Kosmologie, Anthropologie als Anthroposophie, Erkenntnis vom Menschen so betreiben kann, daß es zu Ergebnissen führt, wie ich sie verzeichnet habe, sagen wir in meiner «Geheimwissenschaft im Umriß». Da hat man positive Erkenntnisse, die auf die geistige Welt hindeuten. So wie man in der Naturwissenschaft in Mineralogie, Geologie und so weiter positive Erkenntnisse erhält, so haben wir da positive Erkenntnisse, die sich auf die geistige Welt beziehen. Es war mir ganz besonders wichtig im Laufe unserer anthroposophischen Bewegung, in den verschiedenen von mir geschriebenen Büchern auch solche positiven Erkenntnisse der geistigen Welt zu verbreiten. Nun kann man es aber auch so machen, daß man auch da hauptsächlich darauf sieht, nicht zu diesen Erkenntnissen bloß zu kommen, sondern darauf zu sehen, auf welche Art der Mensch sie macht; in welcher Weise es der Mensch schildert, wie der Mensch von der äußeren Beobachtung zu der inneren Beobachtung kommt, wie er nicht nur naturforscherisch im Laboratorium, im physikalischen Kabinett, in der Klinik, auf der Sternwarte, sondern wie er durch seine innere Seelenentwickelung auf mystischem Wege zu höherer geistiger Anschauung kommt. Das würde parallel sein dem Hinschauen auf die naturwissenschaftliche Methode, auf das Hantieren, auf die Art, wie man es macht. Also auch da gibt es dieses Zwiefache: das Hinschauen auf die Ergebnisse und das Hinschauen auf die Art, wie man seelisch zu diesen Ergebnissen kommt.

Nun nehmen wir einmal etwas, was schon durch seine Annahme etwas paradox wirkt, hypothetisch an. Nehmen wir einmal an, jemand würde sich in der Naturwissenschaft hauptsächlich wie Goethe beschäftigen mit der Verfolgung der naturwissenschaftlichen Methoden – der wird sicher nicht Materialist, der wird sicher zu einer spirituellen Weltanschauung sich bekennen. In der neueren Zeit ist es ein sicherer Weg, den Materialismus zu überwinden, die Art des Forschens in der Naturwissenschaft zu durchschauen. Und Materialisten auf naturwissenschaftlichem Gebiete werden die Menschen eben nur deshalb, weil sie sich entweder gar nicht oder zu wenig befassen mit der Art ihres Forschens. Sie bleiben bei den Ergebnissen stehen, bei dem, was die Klinik, das Kabinett, die Sternwarte bringt. Sie gehen nicht über zum Goetheanismus, zu der Betrachtung der Art des Forschens; denn wer die naturwissenschaftliche Art, die Welt anzuschauen, zu operieren mit den Dingen, um zu Erkenntnissen zu kommen, auf sich wirken läßt, der wird zum mindesten Idealist, aber wahrscheinlich Spiritualist, wenn er nur weit genug vordringt.

Wenn man nun versucht, es zu vermeiden, zu positiven Ergebnissen der Geisteswissenschaft zu kommen, wenn man langweilig findet, sich mit den Einzelheiten der Geisteswissenschaft abzugeben, und nur immer und immer beschrieben haben will, wie die Seele des Menschen mystisch wird, wenn man also da auf die Methoden, zum Geistigen zu kommen, sein Hauptaugenmerk richtet, so ist das in Wirklichkeit die größte Versuchung, materialistisch zu werden. Die größte Versuchung, materialistisch zu werden, ist, sich nicht befassen zu wollen mit den konkreten Ergebnissen der Geisteswissenschaft und nur immer und immer zu betonen das mystische Forschen, das mystische Seelenvertiefen, die Methode, in die geistige Welt hineinzukommen.

Sehen Sie, das ist eine paradoxe Sache. Wer das Naturwissen, das Naturforschen beobachtet, wird Spiritualist; wer verschmäht, zu wirklichen geistigen Erkenntnissen zu kommen und nur von Mystik redet, das heißt, wie man es macht, um zu geistigen Erkenntnissen zu kommen, der ist der großen Versuchung ausgesetzt, erst recht ein Materialist zu werden. Solche Dinge muß man heute wissen. Ohne das Wissen solcher Dinge kommt man nicht aus. Denn, sehen Sie, heute gibt es Monistenbünde; da verbreiten die Menschen, die sich als Führer aufspielen in solchen Monistenbünden, eine oberflächliche Weltanschauung. Sie fassen zusammen die äußeren materialistischen Resultate der Naturwissenschaft zu einer oberflächlichen Weltanschauung. Die leuchten den Menschen der heutigen Zeit ein, die sich nicht viel anstrengen wollen, die lieber ins Kino gehen als zu irgend etwas anderem und daher lieber eine Art Kinowissenschaft – denn das ist ja der Materialismus – nehmen, als dasjenige, was innerlich erarbeitet werden muß. Diese Führer der Monistenbünde, die liefern also einen oberflächlichen Materialismus. Gewiß, sie sind Schädlinge, denn sie verbreiten Irrtümer. Es ist nicht gut, daß man sie hochkommen läßt, denn sie verdrehen den Leuten materialistisch die Köpfe. Aber sie sind die weniger Gefährlichen, denn sie sind zum großen Teil ehrlich. Diese Ehrlichkeit schützt sie zwar nicht davor, Irrtümer zu verbreiten, aber immerhin, sie sind meistens schlicht ehrlich, und ihre Irrtümer werden überwunden werden. Sie werden nur eine temporäre Bedeutung haben.

Aber es gibt andere Menschen, die lehnen es ab – systematisch, wissentlich –, zu den konkreten positiven Ergebnissen der Geisteswissenschaft die Menschen zu führen. Ja, sie schüren die heute bestehende, aus einer gewissen Bequemlichkeit heraus bestehende Abneigung der Menschen, sich einzulassen auf positive konkrete Ergebnisse der Geisteswissenschaft. Sie wissen, solche Dinge, wie sie in meiner «Geheimwissenschaft» stehen, die man ein paar Jahre lang studieren muß, wenn man sich hineinfinden will, die sind nicht bequem für den heutigen Menschen, der zwar seinen Sohn auf die Universität schickt oder auf die Hochschule, wenn dieser ein Chemiker werden soll, der aber voraussetzt, wenn er Himmel und Erde erkennen und geistig erobern soll, daß er das im Handumdrehen an einem Abend mindestens machen muß, und der von jedem Vortrag über die übersinnlichen Welten verlangt, daß er ihm die ganze Summe der Weltenweisheit gibt. Konkrete Ergebnisse positiver geistiger Forschung finden die Menschen unbequem. Und diese Neigung der Menschen benützen einzelne in der Gegenwart vorhandene Persönlichkeiten und reden dann den Menschen ein, daß man solche Dinge nicht braucht, daß es nicht nötig ist, sich mit positiven einzelnen konkreten geistigen Tatsachen zu befassen. Sie sagen: Ach, was reden da die Menschen von höheren Hierarchien, die man erst kennenlernen müsse? Was reden die Menschen von Saturn, Sonne, Mond, Erde, Jupiter, Venus, Vulkan und so weiter? Das alles braucht man nicht! – Man erzählt den Menschen: Wenn ihr nur recht euch innerlich vertieft, wenn ihr recht mystisch die Seele macht, dann dringt ihr zu dem Gotte in eurer eigenen Wesenheit vor. – Man erzählt das den Menschen, gibt ihnen so allgemeine Andeutungen über dasjenige, was Beziehung der materiellen Welt zur übersinnlichen Welt ist. Man schürt an die Abneigung der Menschen, in konkrete geistige Welten einzudringen. Und warum tut man das? Weil man scheinbar verbreiten will spirituelle Gesinnung; aber in Wirklichkeit will man etwas anderes: Man will erst recht auf diesem Wege den Materialismus erzeugen. Deshalb sind die Führer der Monistenbünde die am wenigsten schädlichen. Diejenigen, die heute Mystik verbreiten und den Menschen immer von allerlei Mystik reden, die sind oftmals die eigentlichen Pfleger, die raffinierten Pfleger des Materialismus. Sie reden auf die Menschen ein von irgendeinem Wege, der in die geistigen Welten führt, vermeiden es, im Konkreten zu sprechen, reden hauptsächlich in allgemeinen Redensarten und erreichen ganz sicher, daß in der dritten Generation die Welt durchmaterialisiert ist, wenn sie zum Siege gelangen. Der sicherere und raffiniertere Weg in den Materialismus hinein ist heute vielfach, Mystik zu tradieren den Leuten, die es verschmähen, auf positive, geisteswissenschaftliche Resultate einzugehen. Und manches, was heute erscheint auf dem Boden sogenannter geistiger Literatur, das ist viel stärker ein Pfleger des Materialismus als zum Beispiel die Ernst Haeckelschen Bücher.

Solche Dinge sind den Menschen heute unbequem zu hören, weil, indem man so etwas vor die Menschen hinstellt, man in starkem Maße appelliert an ihr Unterscheidungsvermögen. Aber die Menschen möchten heute nicht den Appell empfangen an ihr Unterscheidungsvermögen. Die Menschen möchten viel lieber innerliche seelische Wollust erregt haben mit allerlei mystischem Zeug. Deshalb ist es auch, daß so viel Gegnerschaft erwächst gerade denjenigen Bestrebungen, die es heute ehrlich meinen mit dem geistigen Leben, indem sie es verschmähen, in allgemeinem «Mysteln» an die Menschen heranzukommen. Wer wirkliche Geisteswissenschaft bringt, erfährt Gegnerschaften. Denn es gibt eben zahlreiche Menschen und Menschengemeinschaften in der Gegenwart, die auf keinen Fall möchten, daß wahre geistige Erhebung in die Menschheit kommt, und die die Tatsache benützen, daß, wenn man im allgemeinen dem Menschen mystisch herumredet, man den Materialismus ganz sicher pflegt. Diese Tatsache benützen sie. Deshalb bekämpfen sie bis aufs Messer die ehrlichen Wege, die in die Geisteswissenschaft hineinführen sollen.

Eine reiche Literatur, die es heute gibt, habe ich Ihnen damit gekennzeichnet. Eigentlich stehen heute die Dinge so, daß jeder, der ein mystisches Buch in die Hand nimmt, welcher Art immer es ist, stark an sein eigenes Unterscheidungsvermögen appellieren muß. Das ist sehr notwendig. Daher darf man sich auch nicht beirren lassen davon, daß vieles mystelnde Geschreibsel, das in der Gegenwart erscheint, leicht verständlich ist. Selbstverständlich ist es für den Menschen leicht verständlich, wenn man ihm zum Beispiel sagt: Du brauchst nur in dein Inneres ganz tief hineinzuschauen; dann lebt ein Gott in dir, dein Gott, den du nur findest, indem du deinen eigenen Weg gehst. Kein anderer kann dir diesen Weg vermitteln; denn jeder andere spricht von einem anderen Gotte. – Sie finden es heute in vielen Büchern außerordentlich versucherisch, verführerisch dargestellt.

Diese Dinge, die bitte ich Sie, recht eindringlich sich zu Gemüte zu führen. Denn dasjenige, was durch unsere anthroposophische Bewegung erreicht werden soll, erreichen Sie nur dadurch, daß Sie wenigstens eine kleine Schar sind, welche sich aufringen will zu dem charakterisierten Unterscheidungsvermögen. Es wäre schlimm für die Menschheit, wenn man sich nicht aufraffen würde zu diesem Unterscheidungsvermögen. Man muß schon heute sich stark auf die Füße stellen, wenn man in der heutigen Verwirrung und in dem heutigen Chaos feststehen will. Man kann heute sich oftmals fragen, worin denn eigentlich die Ursachen so vieler Verwirrung in der Menschheit bestehen. Aber man kann sie ja fast greifen, diese Ursachen. Sie liegen in kleinen Tatsachen. Man muß nur diese kleinen Tatsachen richtig beurteilen können.

Ich möchte Ihnen zum Schluß eine kleine Tatsache mitteilen, die mir gerade vor ein paar Stunden vor Augen getreten ist, und die ganz geeignet ist, auf die Seelenstimmung der Menschen in der Gegenwart einiges Licht zu werfen. Mein Leipziger Verleger, Altmann, schrieb mir – ich habe den Brief vor ein paar Stunden erhalten, ich weiß nicht, wie sich sonst die Sache verhält –, daß ein scharfer, angreifender Artikel – das ist ja sicher auch gestattet, nicht wahr! – in einer theosophischen Zeitschrift in Leipzig erschienen ist gegen meine Anthroposophie, ein vernichtender Artikel in demselben Heft, wo abgedruckt sind mein Seelenkalender und mein Aufruf an die Kulturmenschheit, so daß also nebeneinander stehen die Verse des Seelenkalenders «nach Rudolf Steiner», mein «Aufruf an das deutsche Volk und die Kulturwelt» und hinterher ein Angriffsartikel: «Rudolf Steiners Appell an den Instinkt der Mittelmäßigkeit» – zur Charakteristik der gegenwärtigen Anthroposophie.

Sehen Sie, in solchen Dingen zeigt sich immerhin einiges von der Konstitution einer gegenwärtigen Menschenseele. Da tritt es nur in grotesker Form zu Tage. Aber es ist unbequem, in den vielen Gestalten gleich zu sehen, wo es überall vorhanden ist. Mancherlei groteske Widersprüche, die sind nicht etwa nur an solchen etwas unreinlichen Orten vorhanden, sondern sie sind auch im heutigen

Menschheitsleben durchaus vorhanden. Und es ist nötig heute, sich wirklich zur Klarheit, zur, ich möchte sagen, messerscharfen Klarheit durchzuringen, wenn man fest stehen will. Das ist es, worauf es ankommt.

ACHTER VORTRAG

Dornach, 18. Oktober 1919

Wir haben eine ganze Reihe von Betrachtungen angestellt, die sich im wesentlichen damit beschäftigt haben, zu zeigen, wie eine Gesundung unserer sozialen und sonstigen Verhältnisse des menschlichen Zusammenlebens nur herbeigeführt werden kann dadurch, daß von innen heraus die Menschen ergriffen werden von anderen Vorstellungsarten, als diejenigen sind, die gewissermaßen groß geworden sind im Laufe der drei bis vier letzten Jahrhunderte. Unter den Einflüssen, welche sich ganz besonders geltend gemacht haben, um solche Vorstellungsarten, die nicht weiter die Menschen beherrschen dürfen, hervorzubringen, war besonders auch die naturwissenschaftliche Denkungsart. Es ist schwer, ganz unbefangen heute über diese naturwissenschaftliche Denkungsart zu sprechen, aus dem Grunde, weil ja ganz zweifellos die Tatsache vorliegt, daß durch diese naturwissenschaftliche Denkungsart der Menschheit große, gewaltige Fortschritte gefördert worden sind. Man muß sich allerdings darüber klar sein, daß gerade die hierher gehörigen Fortschritte der neueren Zeit solche sind, welche das eigentliche Geistesleben des Menschen heruntergebracht haben. Nach und nach sind die Dinge doch so gekommen, daß vorzugsweise diejenigen Partien des menschlichen Wissens Fortschritte erfahren haben, welche dann verwertet werden konnten in der äußeren Technik. Und auch das übrige Kulturleben hat einen Anstrich bekommen durch diese Tendenz, das menschliche Denken, das menschliche Vorstellen immer hinzuorientieren auf das, wie es verwendet werden kann in der äußeren Technik.

Es würde durchaus falsch sein, wenn man glauben wollte, daß mit dieser Behauptung nur alles dasjenige getroffen sei, was im modernen Geistesleben abhängig ist von der naturwissenschaftlichen Denkungsweise. Das ist hier nicht so gemeint; sondern hier ist gemeint, daß das ganze Denken der modernen Menschheit, insofern nicht alte Vorstellungen, alte Elemente in diesem Denken sich fortgeerbt haben, so geartet ist, wie es nun im Extremen im naturwissenschaftlichen Denken zum Ausdruck gekommen ist und zum Ausdruck kommt. Nicht etwa nur diejenigen Menschen denken heute naturwissenschaftlich, welche direkt von der Naturwissenschaft beeinflußt sind. Man kann sogar etwas paradox sehr richtig sagen: Diejenigen Menschen, die von der Naturwissenschaft direkt beeinflußt sind, die denken am allerwenigsten in dem Sinne, wie es hier gemeint ist. – Es ist nur das, was allgemeine Denkungsweise der Menschen ist, in einer besonders charakteristischen Form in der Naturwissenschaft zum Ausdrucke gekommen, so daß man gewissermaßen an der Naturwissenschaft am besten sieht, wie diese moderne Menschheit denkt. Also von diesen Einflüssen derjenigen Vorstellungsart, die in der Naturwissenschaft ihre besondere charakteristische Offenbarung gefunden hat, davon haben wir wiederholt gesprochen.

Nun möchte ich hinweisen auf eine besondere Eigentümlichkeit, die dadurch unserem Denken, unserem ganzen Vorstellen, überhaupt unserem modernen Seelenleben anhaftet, daß so viel von naturwissenschaftlichen Impulsen in diesem Seelenleben vorhanden ist. Diese Eigentümlichkeit besteht darin, daß wir als moderne Menschen in gewissem Sinne verlernt haben, unbefangen die Dinge zu beobachten. Die Menschen glauben, daß sie unbefangen die Dinge beobachten; sie tun das aber nicht. Schon unsere Schulerziehung ist heute so, daß sie in den Menschen hineinimpft eine ganz große Summe von vorgefaßten Vorstellungen, durch welche die reine Anschauung der Dinge gefärbt wird. Eine reine Anschauung der Dinge haben wir eigentlich gegenwärtig nicht.

Sie können die Frage aufwerfen: Müßte denn nicht das besonders Schädliche dieser Tatsache, daß wir eine reine Anschauung der Dinge nicht haben, sich ganz besonders zeigen gerade im naturwissenschaftlichen Forschen, in der Naturwissenschaft? – Glauben sollte man schon, daß es so ist. Aber wenn man genauer zusieht, so bemerkt man doch darüber etwas anderes noch. Die Wissenschaft rettet sich vor dem Verheerenden und Verderblichen dieses Nicht-ordentlich-sehen-Könnens der Verhältnisse dadurch, daß sie immer mehr und mehr ihre Aufmerksamkeit bloß auf die äußere Sinnenwelt lenkt, auf das, was den äußeren Sinnen gegeben wird. Die äußeren Sinne richten sich nun nicht nach den vorgefaßten Vorstellungen, und so korrigieren sie fortwährend dasjenige, was aus den vorgefaßten Meinungen und Vorstellungen, namentlich aus den vorgefaßten Anschauungen kommt. Da korrigiert die Beobachtung fortwährend dasjenige, was der Mensch aus sich selber heraus in seine Anschauung der Dinge hineinträgt. Deshalb bemerkt man nicht, wenn naturwissenschaftliche Beobachtungen gemacht werden, daß auch da hineingetragen wird alles mögliche von vorgefaßten Anschauungen. Aber es wird trotzdem hineingetragen. Und wer dann im Zusammenhange das nimmt, was naturwissenschaftlich produziert wird, der findet schon, wie in das gesamte naturwissenschaftliche Anschauen hinein eben die vorgefaßten Anschauungen getragen werden.

Aber das besonders Schädliche dieses Nicht-mehr-sehen-Könnens, das äußert sich besonders dann, wenn der gegenwärtige Mensch nachdenken soll über soziale Verhältnisse. Da korrigieren die Tatsachen durchaus nicht dasjenige, was der Mensch an vorgefaßten Meinungen in diese Tatsachen hineinträgt. Und so haben wir es denn nach und nach wirklich dahin gebracht, daß man in bezug auf die sozialen Tatsachen des Lebens schließlich alles behaupten kann, was man behaupten will. Sie finden heute tatsächlich alle möglichen Meinungen vertreten. Sie finden auf der einen Seite die Meinung vertreten, daß die wahre soziale Wirklichkeit nur besteht in den ökonomischen Vorgängen, daß alles geistige Leben nur eine Art Überbau, eine Art Rauch ist, der da aufsteigt oder der errichtet ist über den ökonomischen Tatsachen; das ist das eine Extrem. Das andere Extrem ist dieses: Man redet, da man von wirklichen geistigen Mächten, die in der Welt leben, heute nicht viel Begriff hat, von den herrschenden, abstrakten Ideen, Ideen der Dinge und so weiter, und behauptet: diese Ideen gestalten – vielleicht durch Menschen, aber eben sie gestalten – dasjenige, was äußere ökonomische und sonstige Tatsachen sind.

Sie sehen, es sind die zwei entgegengesetzten Meinungen. Nun handelt es sich darum, zu beweisen die eine Meinung und die andere Meinung. Sie können ganz richtige Beweisgründe, unanfechtbare Beweisgründe heute anführen sowohl für die eine wie für die andere

Meinung, Beweisgründe, die für die eine und für die andere Meinung ganz gleich gut sind. Wenn heute irgendein Mensch auftritt, der behauptet, es sei alles Geschehen tatsächlich vom Geiste aus, von Ideen aus beherrscht, so kann er das beweisen. Und ein anderer kann auftreten und kann sagen: Was du da beweist, das ist die reine Phantasie; in Wirklichkeit sind alle Ideen nur die Spiegelbilder, nur der Überbau desjenigen, was ökonomische Tatsachen sind. – Er kann in der schönsten Weise widerlegen, was der andere sagt; er kann seine Sache beweisen und die andere. Die Beweisgründe sind in beiden Fällen ganz gleich gute.

Das ist eine Erscheinung, die eigentlich viel zuwenig gewürdigt wird innerhalb des Geisteslebens unserer Zeit. Die Menschen sondern sich heute in Parteien oder in Gruppen und vertreten irgendeine Maxime, irgendein Programm. Sie sind überzeugt von dieser Maxime, sie sind überzeugt von diesem Programm und können es beweisen. Die anderen vertreten eine ganz andere Maxime, ein ganz anderes Programm; sie können es auch beweisen, und man kann nicht sagen, daß der eine schlechtere oder der andere bessere Gründe für seine Überzeugung hat. Das ist eine Erscheinung des öffentlichen Lebens, die man wirklich bemerken sollte, denn es ist die allercharakteristischste Erscheinung unserer Zeit. Es führt ja diese Erscheinung schließlich zu den allerantisozialsten Tatsachen und Stimmungen. Denn wenn man von irgendeiner Maxime überzeugt ist und man kennt die guten Gründe für diese Maxime, so hält man denjenigen, der eine andere Überzeugung hat, für einen Dummkopf oder für einen Schurken oder für irgendeinen unehrlichen Menschen. Und der andere, der aber dieselben guten Gründe, der die gleich guten Gründe haben kann, hält wieder den ersteren für einen Dummkopf oder für einen Schurken oder für einen unehrlichen Menschen. Daß man dieses Faktum als solches nicht durchschaut, das ist in einem gewissen Sinne die Tragik der gegenwärtigen Zeit. Nur sind die Menschen heute so gestimmt, daß sie glauben, was heute für die menschliche Seele gilt, das habe immer gegolten. Und sobald man auf diese Erscheinung heute jemanden aufmerksam macht, so kann man mit ziemlicher Sicherheit voraussehen, daß der dann kommt und sagt: Ja, was du da ausführst, daß alle Meinungen nebeneinander sich beweisen, das war immer so in der Entwickelung der Menschheit. – Würden die Menschen nur einigermaßen sich unterrichten wollen über die wirkliche Entwickelung der Menschheit, so würden sie eine solche Behauptung nicht tun; denn es war in Wahrheit nicht immer so; es standen nicht so offen die gut bewiesenen Meinungen und Maximen und Programme einander gegenüber wie heute. Denn man kann heute sehr gut beweisen. Man kann heute, wenn man so gescheit ist wie gewisse Sozialisten der Linken, ganz klipp und klar den Marxismus beweisen, und man kann ziemlich klipp und klar, wenn man nur einen anderen Standpunkt einnehmen will, beweisen, daß der Marxismus ein vollständiger Unsinn ist. Man kann heute eben sehr, sehr gut beweisen; darüber sollte man sich ganz klar sein.

Diese Schulung, beweisen zu können, die wird heute schon den Kindern eingeimpft. Aber darinnen liegt gerade etwas außerordentlich Trauriges für unsere Gegenwart, daß man alles so klipp und klar, so streng beweisen kann und daher so leicht überzeugt sein kann von einer Sache. Denn von allen Arten, überzeugt zu werden von einer Sache, ist die leichteste diese, im heutigen Sinne diese Sache zu beweisen. Es gibt keine leichtere Art, sich eine Überzeugung heute zu erwerben, als diese Überzeugung zu beweisen. Gerade durch dieses Beweisenkönnen haben die Menschen vollständig ein Gefühl, ein rechtes Gefühl davon verloren, daß Überzeugungen im Leben erkämpft und erworben werden müssen, daß Überwindungen notwendig sind, wenn wirklich Überzeugung in der Seele Platz greifen soll.

Woher rührt diese Tatsache, diese so tief in unser ganzes Leben einschneidende Tatsache, daß wir so ungemein leicht beweisen können? Sie rührt davon her, daß wir mit unseren Gedanken gewöhnt sind, so hart nur an der Oberfläche zu denken. Die Menschen denken heute hart an der Oberfläche der Dinge, bemühen sich nicht, sehr tief in die Dinge einzudringen. Und je oberflächlicher man denkt, desto besser kann man beweisen. Das ist außerordentlich wichtig einzusehen. Je dünner die Begriffe sind – und an der Oberfläche der Dinge werden alle Begriffe dünn und abstrakt –, desto besser scheinen diese Begriffe Beweisgründe abzugeben für dasjenige, was man aus ganz anderen Untergründen heraus, aus sehr unbewußten Untergründen heraus glauben und annehmen will, glauben und annehmen will aus Gefühlen, aus Willensrichtungen und dergleichen heraus. Unser ganzes Parteileben sollte einmal von dem Gesichtspunkt studiert und beschrieben werden, der jetzt eben vor Ihnen hier entwickelt worden ist.

Was nun am wenigsten unter dem Einfluß dieser Oberflächenrichtung erreicht werden kann, das ist eine wirkliche Erkenntnis des Menschen. Daher fordern so viele Leute heute, daß nun endlich einmal eine Vertiefung unserer Vorstellung in der Richtung eintreten sollte, daß der Mensch etwas zur Selbsterkenntnis, das heißt, zur Erkenntnis seines Wesens vordringe. In wieviel Schriften und Vorträgen und Belehrungen und Agitationsreden wird heute schon von dieser notwendigen Erkenntnis des Menschen gesprochen! Aber man muß ja erst die Grundlage für eine solche mögliche Menschenerkenntnis herbeiführen! Sie kann nicht von jedem beliebigen Ausgangspunkte aus gewonnen werden. Und was da notwendig ist, um wiederum über die Misere des Beweisens hinauszukommen, das ist, unbefangen sehen zu lernen, die Dinge wirklich einfach sehen zu lernen, wie sie im äußeren Leben sind. Für eine gesunde Empfindung und für eine gesunde Anschauung ist das ganz besonders nötig, daß wir lernen, die Dinge so zu sehen, wie sie sind; denn das ist es, was wir am meisten verlernt haben. Wir beweisen, wie die Dinge sein sollen; aber wir schauen sie nicht in Wirklichkeit an, wie sie sind, weil das Anschauen allerdings unbequemer ist als das Beweisen, daß die Dinge so oder so seien. Man kann zu gewissen Behauptungen, die heute zum Beispiel auf sozialem Gebiete gemacht werden, nur kommen, wenn man beweist. Wenn man sich aber einen unbefangenen Blick für die Wirklichkeit sichert, so kann man nicht zu solchen Behauptungen kommen. Also auf ein wirkliches Anschauen, auf ein wirkliches Sehen der Dinge, wie sie sind, kommt es vor allen Dingen an.

Wenn Sie *Goethes* Naturwissenschaftliche Schriften, auch seine Kunstschriften lesen, so werden Sie sehen, wie er schon in seiner Zeit auf ein unbefangenes Sehen mit aller Kraft hinzuweisen versucht hat. Er hat gesehen, wie die Wissenschaften alle aus zu beweisenden Begriffen heraus arbeiten. Er hat das als etwas befunden, was vor allen Dingen überwunden werden muß, und er wollte vor allen Dingen erreichen, daß man die Phänomene, die Erscheinungen, die Tatsachen in ihrer Urbedeutung wirklich kennenlernt, sie so kennenlernt, wie sie sind. Es hat so wenig genützt, daß der Boden, auf dem Goethe ganz besonders versucht hat, die Tatsachen sprechen zu lassen, der Boden der Farbenlehre, heute noch immer ein solcher ist, auf dem man Goethes Recht, über die Sache mitzusprechen, ganz bestreitet.

Insbesondere aber ist es für die Erkenntnis des Menschen notwendig, zu einem wirklichen Sehen der Tatsachen des Lebens, des subjektiven Lebens zu kommen. Die Menschen reden heute zum Beispiel viel davon, was äußerlich ist für den Menschen, und was innerlich ist. Ich glaube, wenn Sie heute viele Menschen fragen: Du siehst eine rote Farbe, du hörst den oder jenen Ton, du nimmst dies oder jenes in der Außenwelt sonst wahr – ist das Inneres oder Äußeres? –, daß ihnen dann der Betreffende sagt: Was die Sinne wahrnehmen, das ist das Äußere! – Dann weist er auf sein Inneres hin: das sei ein Gegensatz zu dem Äußeren. Nun fragen Sie den Menschen, ob er sich klar ist darüber, was da für ein Gegensatz ist zwischen dem Äußeren und dem Inneren. Er wird Ihnen mit einer ziemlichen Sicherheit sagen: Ja, darüber bin ich mir ganz klar; ich weiß ganz genau: Was die Sinne wahrnehmen, das ist das Äußere, und was da drinnen ist, was dem Menschen selbst angehört, das ist das Innere. – Wenn Sie nun aber weitergehen in Ihrem Fragen und ihm sagen: Sieh einmal, du sagst über das Äußere: das Gras ist grün, der Himmel ist blau, die Sonne geht auf, und so weiter, du sagst, was du beobachtest und zählst es im einzelnen auf, schön. Aber schildere mir auch geradeso im einzelnen, was du im Inneren hast, was du dein Inneres nennst! – Versuchen Sie einmal, bei der Mehrzahl der Menschen heute irgendeine klare Antwort zu bekommen, eine Antwort, bei der man es mit konkreten Tatsachen zu tun hat, durch die Ihnen der Mensch sein Inneres schildert. Er gibt sich der Illusion hin, dieses Innere ganz gut im Gegensatz zu dem Äußeren zu kennen; aber wenn Sie ein wenig in ihn dringen und ihm sagen: Schildere mir einmal das Innere so, wie du mir das Äußere schilderst! – dann werden Sie sehen, daß es mit dieser Erkenntnis des Inneren nicht viel auf sich haben wird. Und wenn der Mensch schon wirklich einmal dazu kommt, dieses Innere zu schildern, so zeigt sich: Es ist nichts anderes als das gespiegelte Äußere, dasjenige, was sich an dem Äußeren entwickelt hat, im Gedächtnis, in der Erinnerung bewahrt höchstens, in der Erinnerung abgeblaßt. Aber es ist nicht viel anderes als das Äußere, was Ihnen der Mensch schildert. Er kann Ihnen schließlich meistens als heutiger Mensch über sein Inneres auch nichts anderes sagen, als daß das Gras grün und der Himmel blau ist; er wird Ihnen höchstens erzählen, daß er beim blauen Himmel das empfindet, beim grünen Gras das empfindet und so weiter, aber einen wirklichen Gegensatz und ein Verhältnis zwischen Äußerem und Innerem wird Ihnen der Mensch heute nicht leicht schildern.

Nun hat das aber eine große Folge. Das hat die Folge, daß die Menschen heute nicht dazu kommen, auch nur äußerlich den Gegensatz des Äußeren und des Inneren in bezug auf den Menschen in irgendeiner richtigen Weise zu fassen. Denn sehen Sie, die Naturwissenschaft bemüht sich von ihrem heutigen Gesichtspunkte aus, die Organe zu untersuchen, welche Träger sein sollen der inneren Vorgänge. Und man wird, wenn man dasjenige, was man da beweist, aber durchaus nicht wirklich sieht, vom heutigen Gesichtspunkte aus ins Auge faßt, sagen: Nun ja, der Tisch ist draußen, drinnen ist das Seelenleben. – Und da weist man auf sein eigenes Innere hin und meint, zum Beispiel gerade in der Naturwissenschaft, das Innere des Schädels, das sei das Innere des Menschen. Man überträgt die Vorstellungen, die unklar am Sehen gewonnen sind, nun auch auf den menschlichen Leib und sagt: Da drinnen irgendwo hinter dem Auge, da ist das Innere (siehe Zeichnung). – Wenn vielleicht auch mancher, wenn er genauere Begriffe fassen will, anfängt, die Dinge ein bißchen zu beknuspern, die da als Begriffe ihm gegeben werden, unbewußt denkt der Mensch doch: Da, an der Spitze meines Fingers, da ist außen, und da drinnen, hinter dem Auge, da ist drinnen. – Aber daß man so sagt, und namentlich daß man für die körperlichen

Organe diese Folgerung zieht, das rührt nur von einem ungenauen Sehen her. Denn in der Tat, alles dasjenige, was Sie berechtigt sind, Ihr Inneres zu nennen, das ist dasjenige, was Sie in der Außenwelt, in der sogenannten Außenwelt erleben. Sie sind fortwährend mit der Außenwelt zusammen, und was Sie scheinbar innerlich erleben, das erleben Sie mit der ganzen weiten Außenwelt.

Tafel 8

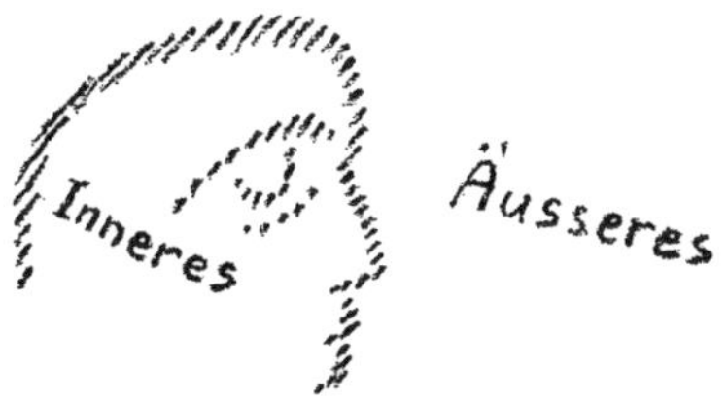

Ich habe in der einen der «Acht Meditationen» – Sie können es dort nachlesen – darauf hingewiesen, wie der Mensch eigentlich, indem er die Außenwelt beobachtet, mit dieser Außenwelt fortwährend zusammenwächst, und daß es ganz unberechtigt ist, mit Bezug auf dasjenige, was wir da an der Außenwelt erleben, zu unterscheiden zwischen dem Äußeren und dem Inneren. Dasjenige, was für unser Bewußtsein in unserem Umkreise ist, das könnten wir in Wahrheit nur als unser Inneres bezeichnen, wenn wir wirklich das aussprechen würden, was wir sehen. Das ist aber gerade unser Inneres. Das ist allerdings eine unangenehme Sache für manche Mystiker, denn die legen sehr großen Wert darauf, daß man sich innerlich vertieft. Aber diese innerliche Vertiefung ist meistens nichts anderes, als daß man gewisse leibliche Vorstellungen der äußeren Welt innerlich nennt und sie sogar zum göttlichen Inneren umtauft und dergleichen. Es sind Lieblingsvorstellungen, die man sich aus der äußeren Welt entlehnt. Dasjenige, was man unbefangen sehen kann und was man gewöhnlich als Äußeres beschreibt, das müßte man eigentlich als Inneres bezeichnen. Der Mensch ist gewissermaßen vor seinem Gesicht in seinem Inneren drinnen. Wir sind ja auch schließlich wirklich viel mehr zu Hause, sagen wir, in dem Augenblicke, wo Sie alle hier sitzen, in diesem Saal, als in Ihrem sogenannten Inneren, insbesondere wenn

Sie das, was da im Hirnschädel drinnen ist hinter dem Auge, als dieses Innere bezeichnen. Denn Sie mögen denken über dieses Innere, wie Sie wollen, außer den paar Begriffen, die wirklich recht spärlich sind, die Sie aus der Anatomie oder Physiologie aufgenommen haben, wissen Sie furchtbar wenig über dasjenige, was da hinter Ihrem Auge oder Ihrem Hirnschädel ist. Und wenn Sie sich fragen: Was ist mir innerlicher, dasjenige, was da in diesem Saale um mich herum ist, oder dasjenige, was hinter meinem Hirnschädel ist? – so werden Sie sich sagen: Innerlicher ist mir ganz zweifellos dasjenige, was im Saale um mich herum ist, als dasjenige, was hinter meinem Hirnschädel ist. – Jedenfalls wird Ihr innerliches Leben in diesem Augenblicke viel mehr durch dasjenige berührt, was ja scheinbar Außenwelt in diesem Saale ist, als durch dasjenige, was in Ihrem Hirnschädel drinnen vorgeht. Das ist Ihnen sehr äußerlich, was in Ihrem Hirnschädel vorgeht, das ist etwas, was gar nicht wirklich in Ihrem Inneren drinnen ist. Und wenn Sie dasjenige, was Sie sehen, sachlich wiedergeben, so müssen Sie sagen: Das Äußere ist eigentlich das Innere, und das Innere, das ist für das menschliche Bewußtsein gar sehr ein Äußeres.

Tafel 8

Nun können Sie sagen: Das sind ausspintisierte Begriffe. – Zunächst ist es nicht so, daß es ausspintisierte Begriffe sind, sondern es sind Begriffe, die herrühren von dem Konstatieren des wirklich Wahrgenommenen gegenüber dem, was theoretisch erwiesen wird, bewiesen wird. Es ist das wirklich Wahrgenommene, wirklich Gesehene. Es ist dasjenige, was dem Bewußtsein unmittelbar vorliegt, und was man als das Richtige ansehen würde, wenn man nur dasjenige konstatieren würde, was wirklich vorliegt dem Bewußtsein, und wenn man sich nicht durch vorgefaßte Anschauungen die Sache konstruierte. Das ist zunächst dasjenige, was gesagt werden muß. Aber die Sache hat eine bedeutsame Folge. Solange Sie den Glauben hegen, daß dasjenige, was da draußen ist, ein Äußeres ist, und was da drinnen ist, ein Inneres ist, so lange können Sie gar nicht zu dem kommen, was ich immer nenne: durch den gesunden Menschenverstand die geisteswissenschaftlichen Tatsachen einsehen; denn die geisteswissenschaftlichen Tatsachen kann man nur einsehen, wenn man zugrunde legt ein unbefangenes Anschauen. Dann kann man sie aber einsehen, kann sie einsehen, lange bevor man irgendwie zu hellseherischen Anschauungen aufsteigt. Aber mit den vertrackten Begriffen des heutigen Alltagslebens ist es natürlich sehr schwierig, dasjenige, was die Wahrheit ist, einzusehen.

Daß wir die Außenwelt – was wir also gewöhnlich Außenwelt nennen – so sehen, wie wir sie sehen, und wie sie auch unser richtig gesehenes und definiertes Innere enthält, das rührt von unseren Sinnen her, das hat zu tun mit der Einrichtung unserer Sinne. Durch die Sinne leben wir in der unmittelbaren Gegenwart. Und wir erleben dasjenige, was in der Gegenwart sich um uns herum abspielt, durch unsere Sinne mit. Unsere Sinne machen uns im wesentlichen zu Miterlebenden der Gegenwart. Aus unseren Sinneswahrnehmungen entstehen aber, während wir an die Außenwelt hingegeben sind, unsere Vorstellungen, die wir dann im Gedächtnis weitertragen. Wir erinnern uns an dasjenige, was wir als Miterlebende der Gegenwart erfahren haben, hinterher. Wir tragen das mit. Und das sind ja im wesentlichen unsere Begriffe. Die Begriffe der Menschen sind Erinnerungsvorstellungen zumeist von dem, was sie sich aus der sogenannten Außenwelt geholt haben. Aber diese Vorstellungen, diese Begriffe und Ideen werden doch durch dieses, was man sonst Inneres nennt, was wir jetzt als das Äußere kennengelernt haben, vermittelt, nicht erzeugt, aber vermittelt. Durch dasjenige – wovon Sie also eigentlich nichts wissen –, was da hinter Ihrem Auge liegt, durch das werden vermittelt Vorstellungen und Begriffe. Gewiß, das ist durchaus der Fall. Diese Vorstellungen und Begriffe werden dadurch vermittelt. Aber, was geht da eigentlich vor in diesem menschlichen Haupte?

Wenn man dasjenige beobachtet, was da eigentlich vorgeht in diesem menschlichen Haupte, dann kann man nicht sagen: Insofern der Mensch denkt, insofern der Mensch vorstellt, ist er ebenso, wie wenn er mit den Sinnen wahrnimmt, ein Miterlebender der Vorgänge der Gegenwart. – Das ist er nämlich als Denker nicht, sondern indem wir denken, wirkt in unserem Haupte nach dasjenige, was wir als Tätigkeit getrieben haben vor der Geburt beziehungsweise vor der Empfängnis. Das heißt, dasjenige, was da drinnen vorgeht (siehe Zeichnung), indem Sie vorstellen, das ist keine Tätigkeit, die Sie ausüben dadurch, daß Sie ein gegenwärtiger Mensch sind, sondern diese Tätigkeit üben Sie dadurch aus, daß nachschwingt die Tätigkeit, die Sie zwischen Tod und neuer Geburt beziehungsweise Empfängnis in der übersinnlichen Welt ausgeführt haben.

Tafel 8

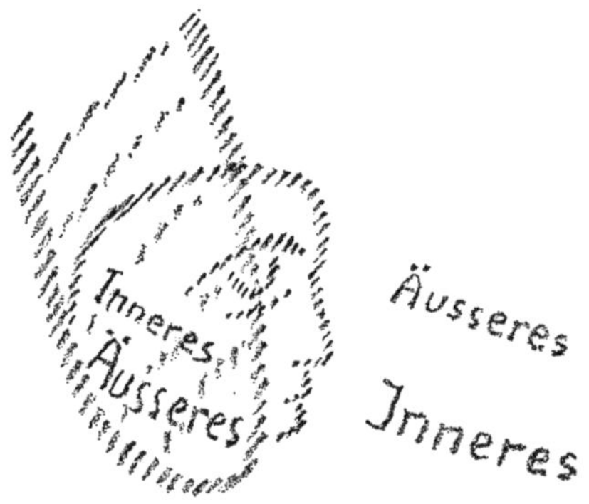

Gegenwartsmensch sind Sie nur dadurch, daß Sie durch Ihre Sinne wahrnehmen; indem Sie die Sinne der Außenwelt öffnen, nehmen Sie die Gegenwart wahr und leben als gegenwärtiger Mensch mit der äußeren Gegenwart. Aber in dem Augenblicke, wo Sie anfangen zu denken, da spielt in Ihren Hirnschädel herein nicht das, was Sie gegenwärtig als Mensch sind, da spielt in Ihren Hirnschädel herein der Nachklang von dem, was Sie waren in der geistigen Welt, in der übersinnlichen Welt vor der Geburt beziehungsweise vor der Empfängnis. Sie können, wenn Sie bildhaft vorstellen wollen, ganz gut so vorstellen, daß Sie sich denken: Ich schlage einen Ton an; dieser Ton klingt noch fort, wenn ich schon lange aufgehört habe, ihn anzuschlagen. Nun stellen Sie sich vor, Sie haben die ganze Zeit über zwischen Ihrem letzten Tode und dieser Geburt irgendwelche Tätigkeit in der geistigen Welt, die ich schematisch so bezeichne (siehe Zeichnung, rot). Diese Tätigkeit schwingt nach; und diese nachschwingende Tätigkeit, die üben Sie aus, indem Sie als gegenwärtiger Mensch denken. Sie üben nicht eine Tätigkeit des gegenwärtigen Menschen aus, indem Sie jetzt denken, sondern es schwingt noch nach die Tätigkeit, die Sie zwischen dem letzten Tode und der jetzigen Geburt in der übersinnlichen Welt ausgeübt haben.

Tafel 8

Nur als sinnlicher Mensch sind Sie Gegenwartsmensch. Als denkender Mensch üben Sie eine Tätigkeit aus, die das Nachschwingen ist desjenigen, was Sie ausgeübt haben vor Ihrer Geburt in der übersinnlichen Welt. Es ist eben einfach nicht wahr, daß wir, indem wir denken, eine Tätigkeit ausüben, die aus der Gegenwart herrührt. Wenn Sie das Gegenwärtige untersuchen naturwissenschaftlich, was da in Ihrem Hirnschädel drinnen ist, so finden Sie natürlich nur Materielles, weil dasjenige, was außer dem Materiellen in Ihrem Hirnschädel drinnen wirkt, ein Vorgeburtliches ist und nur nachschwingt. Der lebendige Beweis für den, der richtig sehen kann, ist die Tatsache, daß der Mensch nicht nur aus der übersinnlichen Welt herauskommt, sondern jetzt noch, indem er hier lebt, nachlebt dasjenige, was er in der übersinnlichen Welt ausgeübt hat.

Wenn Sie sich vorstellen, Sie haben hier in dieser physischen Welt einen starken Schmerz erlebt, der in Ihnen nachklingt, so ist das der Nachklang des nicht mehr in Tatsachen sich verursachenden Schmerzes. So ist Ihr Denken in der Gegenwart der Nachklang, das Nachklingen desjenigen, was Sie in viel intensiverer Weise erlebt haben, bevor Sie konzipiert wurden hier für die sinnliche Welt.

Also nur indem wir sinnlich auffassen, sind wir Gegenwartsmenschen. Wären wir nur Gegenwartsmenschen, so würden wir niemals denken, denn das Denken ist uns nicht beschieden dadurch, daß wir hier in die physische Welt hereingeboren sind, sondern das Denken ist uns beschieden dadurch, daß wir nachschwingen lassen können diejenige Tätigkeit, die wir vor der Geburt beziehungsweise der Empfängnis in der geistigen Welt ausgeübt haben, und daß wir diese Tätigkeit anwenden auf dasjenige, was hier sinnlich um uns sich ausbreitet.

Man wird niemals diese Tatsache verstehen, wenn man von den gewöhnlichen Begriffen «Äußeres» und «Inneres» ausgeht, und man wird am allerwenigsten den wahren Tatbestand verstehen, der sich ausdrückt in der menschlichen Wesenheit, wenn man von jener blöden Mystik ausgeht, die heute so viele Gemüter beherrscht und die redet: Da im Inneren, da ist irgend etwas zu suchen, was menschliches Übersinnliches ist. – Was gesucht werden soll, das ist das Vorgeburtliche: Du sollst nicht in dein Inneres hineinweisen, indem du über die äußere Sinneswelt hinausweisest, du sollst hinweisen auf die Zeit, die du durchlebt hast vor deiner Konzeption und vor deiner Geburt, du sollst aus diesem Gegenwartsmenschen hinausgehen in den Vorgegenwartsmenschen, dann gehst du in das wirkliche Übersinnliche hinein. – Das ist das, worauf es ankommt. Weil man sich nicht zu diesem gesunden Begriff durcharbeiten will, deshalb redet man in Worten, die eigentlich keinen Inhalt haben, von allem möglichen göttlichen Inneren oder dergleichen. Das Innere, das man so sucht im Gegenwartsmenschen, das sollte man suchen in dem, was da war, bevor wir für dieses Leben konzipiert waren.

Und wenn wir handeln, wenn das Wollen in unser Handeln übergeht? Nehmen wir das einfachste Handeln: Wir gehen im Zimmer herum; das ist ein Handeln, nicht wahr? Zunächst sehen wir uns herumgehen. Wie das Wollen mit unserem Gehen zusammenhängt, davon ist kein Bewußtsein beim Menschen vorhanden, ebensowenig wie ein Bewußtsein beim Menschen im gewöhnlichen Leben vorhanden ist von dem, was er im Schlafe erlebt. Der Mensch erlebt sich wohl schlafend. Er sieht äußerlich so, wie er die blaue Farbe oder den Baum oder die Sterne sieht, auch dasjenige, was dieses Fleischesindividuum tut, das da herumgeht. Er beobachtet sich selber. Wie er *will,* davon weiß er nichts. Er weiß nur, daß da einer herumgeht, der er selber ist. Und weil er genötigt ist, bei dem, der da herumgeht, sich selber zu denken, so sagt er: Ich *will* herumgehen. – Aber wie dieses Wollen zusammenhängt mit diesem Herumgehen – es kann gar keine Rede davon sein, daß der Mensch im gewöhnlichen Bewußtsein irgend etwas darüber weiß.

Nun, das ist ja wiederum sehr verwandt mit dem, was man gewöhnlich ein «Äußeres» nennt, und was eigentlich ein «Inneres» ist. Wenn Sie herumgehen, also Ihre Beine bewegen, so sehen Sie, wie Sie die Beine bewegen (siehe Zeichnung Seite 158). Sie sehen da den Kerl herumgehen und konstatieren ja, was er will. Sie sehen diesen äußeren Vorgang. Aber hier können Sie eigentlich noch viel mehr einsehen, daß es eigentlich ein menschliches Inneres ist, denn Sie legen, wenn Sie es auch nicht sehen können, wie das zusammenhängt, Ihren Willen in dieses Herumgehen hinein. Das ist eigentlich ein Stück von ihm, dieses Herumgehen. Das können Sie hier leichter einsehen als bei der Sinneswelt; so daß Sie das, was da Herumgehen ist, leichter ein Inneres nennen können als bei dem Inhalt der Sinneswelt. Bei dem, was vom Wollen ins Handeln geht, sehen Sie es leichter ein, daß das ein Inneres ist.

Selbstverständlich paßt das auch wiederum nicht den Gegenwartsmystikern, die das äußere Handeln für eine äußere Sache erklären und die sagen, man müsse vordringen zum göttlichen Menschen im Inneren, der der eigentlich wahre Mensch ist und so weiter. Aber ebenso wie wir hier (siehe Zeichnung Seite 158, oben) ein Inneres haben in der Sinneswahrnehmung und ein Äußeres im sogenannten Inneren des menschlichen Hauptes, so haben wir diesem Inneren (Zeichnung unten) gegenüber dasjenige, was der Gliedmaßenmensch ist.

Und jetzt kommen wir zu dieser merkwürdigen Vorstellung, die ja mit dem, was man heute beweisen kann, recht schlecht übereinstimmt, die aber merkwürdigerweise, wenn man unbefangen die Sache ansieht, das Richtige ist. Ich glaube allerdings, daß die gegenwärtige

Menschenseelenstimmung so geartet ist – verzeihen Sie, ich muß auf diese Dinge auch zu sprechen kommen –, daß zahlreiche der gegenwärtigen Philisternaturen, und das sind nicht wenige, glauben, daß jene Region des Kosmos, die sich ausbreitet unterhalb ihres Zwerchfells, gerade sehr viel zu tun habe mit ihrem Inneren. Das nennen die Leute etwas, was mit ihrem Inneren etwas zu tun hat. Nun, das ist in Wahrheit für das menschliche Bewußtsein im Menschen das

Tafel 8

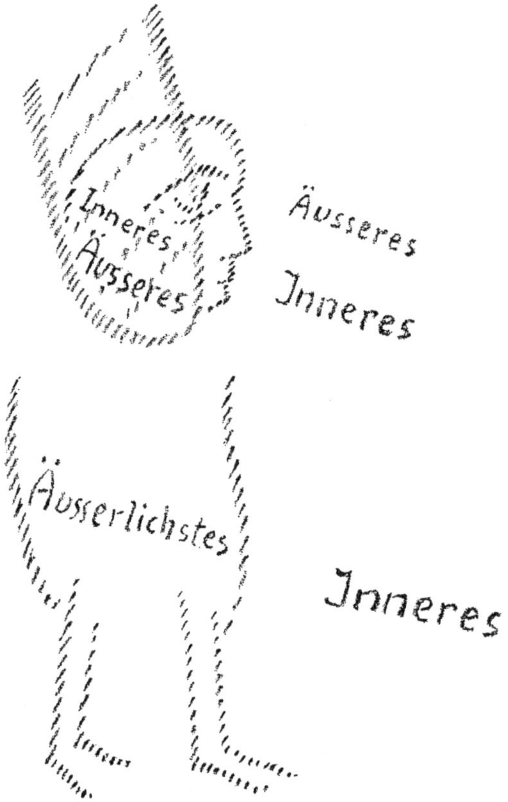

Alleräußerlichste. Wir können sagen, wenn wir dieses (Zeichnung oben) ein Äußeres nennen, so können wir dasjenige, was unterhalb des Zwerchfelles liegt, das Äußerlichste im Menschen nennen (Zeichnung unten). Was unterhalb des Zwerchfelles liegt, was Unterleib des Menschen ist, es ist das Alleralleräußerlichste des Menschen. Jeder Baum, jeder Stein, den wir mit unseren Augen sehen, ist uns innerlich näher als dasjenige, was unser Unterleib ist. Der ist das Alleralleräußerlichste. Unser wahrhaftiges Innere sind die Sinneswahrnehmungen, dasjenige, was wir wahrnehmen als unsere Handlungen. Äußerlich ist schon der Kopfinhalt, und am alleräußerlichsten ist dasjenige, was unterhalb der menschlichen Brust liegt. Das ist das wirkliche Konstatieren desjenigen, was gesehen werden kann. Und es kann gesehen werden.

Sehen Sie, das hat wiederum eine ganz bestimmte Bedeutung. Denken Sie doch nur, seit wir Anthroposophie treiben, sagen wir immer: Wenn der Mensch wachend ist, so ist sein Ich und sein astralischer Leib im physischen und im Ätherleib. – Das ist richtig. Aber wenn der Mensch schläft, vom Einschlafen bis zum Aufwachen, da ist sein Ich und sein astralischer Leib außerhalb des physischen und des Ätherleibes. Ich habe aber öfter schon darauf aufmerksam gemacht, worin dieses Äußere hauptsächlich besteht. Dieses Äußere besteht darin, daß ja das, was sonst vom Ich und vom Astralleib im Kopfe ist, untertaucht in das, was unterhalb des Zwerchfelles ist. Sie können sogar, ich möchte sagen, einen empirischen Beweis davon haben: Sie träumen von den schönsten Schlangen, weil Sie eben aufgewacht sind von Ihrem Aufenthalt in Ihrem eigenen Unterleib, wo Sie die Gedärme wahrgenommen haben. Diese Erinnerung an das Gedärmwahrnehmen träumen Sie als den schönsten Schlangentraum. – So also bekommen Äußeres und Inneres, wenn wir von den menschlichen Verhältnissen aus sprechen, eigentlich erst Hand und Fuß, wenn wir wissen, was im Menschen wirklich Äußeres und Inneres ist.

Aber nur wiederum wenn man sich aneignen kann solche gesehenen Vorstellungen, nicht solche, die man «beweisen» kann, sondern solche gesehenen Vorstellungen, dann bekommt man wiederum die Möglichkeit, durch gesunden Menschenverstand die geisteswissenschaftlichen Errungenschaften zu begreifen. Denn dasjenige, was wir wollen, das entspringt in einer gewissen Weise aus dem Äußerlichsten.

Nun denken Sie einmal, welche gesunde Vorstellung da gerückt werden muß an die Stelle einer recht krankhaften. Der Mensch glaubt nämlich, wenn er etwas *will,* so entspringe das aus seinem Inneren. Es entspringt aus seinem alleräußerlichsten Teile, es entspringt aus demjenigen, worin er bei dem Tagwachen schon ganz und gar nicht drinnen ist, worin er höchstens, wenn er schläft, drinnen ist. Wenn wir etwas wollen, so sind wir gar nicht in uns. Wir sind im Kosmos. Wir vollziehen etwas, was kosmisches Ereignis ist, was gar nicht unser subjektives Ereignis bloß ist.

Ich habe mich, ich möchte sagen, mein ganzes schriftstellerisches Leben hindurch bemüht, der Gegenwart solche Begriffe beizubringen, die von diesem Gesichtspunkte aus gesunde Begriffe sind. Sie können anfangen bei meinen «Einleitungen zu Goethes Naturwissenschaftlichen Schriften», in denen ich versuchte, aus Goethes Weltanschauung heraus gesunde Begriffe an die Stelle der kranken Begriffe der Gegenwart zu setzen, in denen ich darauf aufmerksam gemacht habe, daß man gewisse Dinge, die im Menschen vorgehen, nur dann richtig betrachten kann, wenn man nicht sagt: Das geht ja da drinnen bloß vor, und der Mensch tut es –, sondern wenn man dieses menschliche sogenannte Innere als den Schauplatz für menschliche Handlungen betrachtet, die vom Kosmos aus auf diesem Schauplatz ausgeführt werden, wenn man das sogenannte menschliche Innere als den Schauplatz für Kosmisches betrachtet. Mein ganzes Entwickeln erkenntnistheoretischer Begriffe in meinem Büchlein «Wahrheit und Wissenschaft» klingt zuletzt, auf der letzten und vorletzten Seite, aus in dieses, daß der Mensch ein Schauplatz ist für dasjenige, was eigentlich der Kosmos in ihm tut, und daß er es in Verbindung mit dem Kosmos tut, von außen herein, nicht von innen hinaus tut. Es ist der wichtigste Teil, diese letzte und vorletzte Seite an meinem Schriftchen «Wahrheit und Wissenschaft». Und weil diese zwei Seiten am wichtigsten und bedeutsamsten sind, weil sie am intensivsten hineingreifen in das, was anders werden müßte an dem Vorstellen der Gegenwart, deshalb habe ich dieses Schriftchen, das damals auch meine Doktordissertation war, erst so gestalten können, nachdem die Doktordissertation vorbei war. In der Form, in der es vorgelegt worden ist als Dissertation, fehlten diese letzten zwei Seiten; denn das konnte man der Wissenschaft nicht zumuten, daß aus diesen Dingen die Folgerungen gezogen werden, die eine gewisse Bedeutung haben für das Umgestalten der gesamten Weltanschauung. Dasjenige, was erkenntnistheoretisch vorbereitet, das war verhältnismäßig harmlos in der Dissertation; denn das ist eine objektive philosophische Entwickelung. Aber das, worauf es hinauslief, das konnte erst im späteren Druck hinzugefügt werden. Erst dann, wenn man die Dinge so ansieht, daß man wirklich betreibt dieses genaue Sehen, daß man sich nicht mehr den Illusionen hingibt, die hervorgerufen werden durch vorgefaßte Anschauungen, erst dann ist man in gesunder Weise in der Lage, auch über das Wollen entsprechende Anschauungen zu gewinnen. Denn das, was wir draußen sehen, wenn der «Kerl» oder die «Kerlin» herumgeht, wenn wir uns so selber beobachten beim einfachsten Handeln, wenn wir da unsere Beine vorwärtsbewegen, das ist ja nur die Innenseite unseres Wollens. Die äußerlichste Seite, die für den Kosmos eine Bedeutung hat, die ist ja scheinbar in unserem Inneren verborgen. Aber in unserem Äußerlichsten verborgen ist ja ein Geistiges, das dem allerdings für die Menschen nicht gern genannten Inneren zugrunde liegt. Und was da drinnen vorgeht, das Geistige – selbstverständlich nicht dasjenige, was physisch vorgeht, sondern was als Geistiges parallel geht diesem Physischen –, das ist nun wiederum nicht ein Gegenwärtiges. Gegenwärtig ist dasjenige, was man ja äußerlich an dem Kerl oder der Kerlin beobachtet. Was da innerlich vorgeht, das ist ein anderes, das ist etwas, was jetzt eigentlich nur im Keime erst geschieht, embryonal geschieht. Während Sie herumgehen, oder während Sie eine andere Handlung durch Ihre Gliedmaßen ausführen, geht in Ihrem Äußerlichen etwas vor, was erst eine reale Bedeutung hat nach Ihrem Tode, was ebenso der Vorklang ist von den Vorgängen vom Tode bis zur nächsten Geburt, wie dasjenige, was in Ihrem Denken ist, der Nachklang ist desjenigen, was Sie in der geistigen Welt waren von dem letzten Tode bis zu dieser Geburt beziehungsweise Empfängnis. Dasjenige, was in Ihrem Äußerlichsten, was die Menschen das Innerlichste nennen, mitklingt, das ist der Embryo der Vorgänge, die Sie betreiben zwischen Ihrem nächsten Tode und Ihrer nächsten

Geburt. Derjenige sieht erst das menschliche Wollen, der nun wiederum nicht auf den gegenwärtigen Menschen sieht, sondern der in dem, was im Menschen, scheinbar im Menschen, aber im Äußersten des Menschen lebt, das Korrelat, das Zugehörige sieht zu dem Handeln, und in dem Handeln das Zugehörige sieht desjenigen, was durch die Todespforte hinaustritt, Tätigkeit wird zwischen dem Tod und einer neuen Geburt und sich da auch so ausbildet, daß es wiederum hereinkommen kann und jetzt hier in dem Äußeren weiterschwingt.

Wenn man das menschliche Wollen untersucht und in dem gegenwärtigen Menschen mystisch tief den Urgrund dieses Wollens, den göttlichen Urgrund dieses Wollens suchen will, dann finden gewöhnlich die Wortmystiker, daß sie das nicht just im Bauch tun sollen, denn das ist nicht vornehm genug für die Wortmystiker; ihnen handelt es sich ja nicht um die Wahrheit, sondern um besondere, salbungsvolle Redensarten. Aber wenn man auf die Wahrheit geht, so handelt es sich darum, daß allerdings an demjenigen, was mit Bezug auf die sinnlich-physische Tatsache, nun, sagen wir, das Unappetitlichste ist, ein Korrelat da ist, welches durch die Todespforte hinausgeht in die spätere Welt; da müssen wir den Zukunftsmenschen suchen. Und so gewinnen wir die Beweisstücke aus dem Denken des vorgeburtlichen Menschen und aus dem Wollen des nachtodlichen Menschen, wie ich schon öfter hier und wie ich auch sogar in öffentlichen Vorträgen da oder dort ausgeführt habe. Aber es sind das Wahrheiten, die man sich unbedingt heute zum Bewußtsein bringen muß. Unbedingt muß man sich heute zum Bewußtsein bringen, daß des Menschen Denken etwas ist, was gar nicht durch den Menschen hervorgebracht werden kann, der mit seinem Fleisch und mit seinem Blut und mit seinen Knochen und seinen Nerven in der Gegenwart lebt, sondern was nachklingt aus dem vorgeburtlichen Leben, und daß das Wollen gar nicht etwas ist, was durch den gegenwärtigen Menschen in seiner Totalität hervorgebracht werden kann, sondern daß das Wollen eine Seite hat, die dableibt über den Tod hinaus. Lernt man dasjenige, was im gegenwärtigen Menschen nicht durch den leiblich-fleischlichen Menschen hervorgebracht werden kann, wirklich kennen, so ist in dem Menschen, der vor uns steht, der ewige Mensch, der immer vor uns steht. Aber nicht indem man über das Ewige spekuliert, erlangt man diese Wahrheiten, sondern dadurch, daß man wirklich positiv einzugehen vermag auf das, was Denken auf der einen Seite, Wollen auf der anderen Seite ist. Dadurch gelangt man zu solcher Erkenntnis.

Es ist wirklich notwendig: Will man im Sinne der heutigen Geisteswissenschaft höhere Erkenntnisse treiben, so muß man vor allen Dingen als das Schädlichste betrachten die Wortmystik, die vielfach heute getrieben wird.

Darum ist es so, daß gewisse Dinge, die man heute vom Standpunkte einer ehrlichen Geisteswissenschaft niederzuschreiben hat, hingenommen werden sollten. Und sie werden ja auch vielfach hingenommen. Aber dann, wenn das kommt, um was es sich eigentlich handelt, um das Eingreifen der konkreten Tatsachen des Menschenlebens, dann gehen die Leute nicht mehr mit, denn dann hören sie lieber das Geschwätz der mystelnden Menschen an, die aus Worten heraus eine innere Welt zaubern wollen. Die Gegenwart ist aber in ihrem Leben zu ernst, als daß man sich einem solchen Vergnügen – Mystik ist heute für die meisten Menschen nur ein Vergnügen – hingeben könnte. Dasjenige, was heute zu treiben ist, ist etwas, was den Menschen seelisch so formt, daß er wirklich nur mit diesen angeeigneten Begriffen auch das, was im sozialen Leben lebt, begreifen kann. Soll denn ein Mensch zu sozialen Begriffen kommen, wenn er nicht *sehen* kann, wenn er lernt von der naturwissenschaftlichen Vorstellungsart aus, mit lauter Vorurteilen, Voranschauungen an die Wirklichkeit heranzutreten? Das reinliche Anschauen der Wirklichkeit, wie wir es heute brauchen, ist ja nur zu gewinnen, wenn wir uns frei machen durch geisteswissenschaftliche Ideen von dem Gestrüpp von Vorstellungen, dem wir uns hingeben und das eine letzte, äußerste Konsequenz in manchen mystischen Verirrungen unserer Zeit erfährt. Die mystischen Verirrungen unserer Zeit sind nicht das Zeichen eines ersten Aufschwunges zu Besserem; oftmals sind sie das letzte des Niederganges, des Alleräußersten an Aufbringung von bloßen Worthülsen statt wirklicher Erkenntnisse.

Wirkliche Erkenntnisse liefern so etwas wie: Das Denken ist ein Nachklang des vorgeburtlichen Lebens; das Wollen ist ein Vorklang des nachtodlichen Lebens. – Das sind konkrete Erkenntnisse. Da redet man ganz anders, wenn man von solchen konkreten Dingen spricht, als diejenigen reden, die da sagen: Im zeitlichen Menschen lebt Ewiges, da lebt das göttliche Ich; wenn man sich in dem erlebt, so hat man sich in dem Göttlichen ergriffen, das ist das wahre Ich; das andere ist das unwahre Ich und so weiter. – Mit spielerischen Begriffen kann man den ganzen Tag verwirtschaften. Es kann ein großes Wohlgefühl innerlich erzeugen, aber zu wirklichen Erkenntnissen kommt man nicht damit.

NEUNTER VORTRAG

Dornach, 19. Oktober 1919

In diesen Betrachtungen habe ich Ihnen von den verschiedensten Gesichtspunkten aus davon gesprochen, daß ein Zusammenhang besteht zwischen der Aufnahme geisteswissenschaftlicher Erkenntnis und zwischen dem sozialen Verständnis, welches sich immer mehr und mehr verbreiten soll unter der Menschheit. Es wird Ihnen wahrscheinlich das Bedürfnis entstanden sein, gründlicher noch die Frage aufzuwerfen: Wie ist denn das innere Verhältnis der Beziehungen der Menschen, die wir sozial nennen, zu dem, was als Empfinden in uns sich ausbilden kann dadurch, daß wir allmählich uns einleben in geisteswissenschaftliche Vorstellungen? – Die geisteswissenschaftlichen Vorstellungen zeigen uns ja zunächst ein gewisses inneres Seelengestimmtsein dadurch, daß sie uns begreiflich machen dasjenige, was man im gewöhnlichen Leben zwar erlebt, aber eigentlich als das Unbegreiflichste empfinden muß: das menschliche Schicksal. Dieses menschliche Schicksal wird von einem gewissen Gesichtspunkte aus begreiflich dadurch, daß man das Gesetz von den wiederholten Erdenleben und ihrem Zusammenhange kennenlernt, das Gesetz vom Karma. Man lernt kennen, wie ein Erdenleben, das wir antreten und absolvieren, abhängig ist von unseren früheren Erdenleben. Wir haben ja auch schon gesprochen von den Kräften, die aus einem Erdenleben in das andere herüberspielen, und haben daraus gesehen, wie gewissermaßen die kosmische Technik des Schicksalsgestaltens ist.

Nun empfinden Sie es ja alle, daß heute der Mensch, wenn er keine höheren Erkenntnisse erringt, nur dunkel ahnen kann, wie sein Schicksal durch die Gesetze der aufeinanderfolgenden Erdenleben sich gestaltet. Dasjenige, was wir als das Karma bezeichnen, ist ja etwas, was theoretisch verhältnismäßig leicht heute begriffen werden kann. Sie können das ersehen aus der letzten Auflage meiner «Theosophie», in der ja das betreffende Kapitel über das Karma umgestaltet ist. Aber jenes wirkliche Sehen des Lebens, von dem ich gestern gesprochen habe, jenes einfache, durch Vorurteil und Voranschauung nicht getrübte Anschauen des Lebens, welches sofort enthüllen würde das Schicksalsgesetz, das haben ja heute noch die wenigsten Menschen. Würden die Menschen das, was im Leben vorgeht, tatsächlich so sehen, wie ich gestern von dem einfachen, unvoreingenommenen Sehen gesprochen habe, dann würde der gesunde Menschenverstand von dem Schicksalsgesetz sprechen im Sinne der Geisteswissenschaft. Aber das ist eben für die meisten Menschen heute noch nicht der Fall. Vor allen Dingen ist für die meisten Menschen wegen des mangelnden einfachen Sehens nicht durchsichtig, in welcher Art das Ich-Bewußtsein in der Seele lebt. Es gibt ja sogar heute Philosophen, welche von dem Ich-Bewußtsein so sprechen, als ob dieses Ich-Bewußtsein das Allergewisseste wäre, gewissermaßen das Allerrealste wäre. Man kann sagen, das ist ebenso wahr auf der einen Seite, wie es einseitig, ja fast unrichtig auf der anderen Seite ist. Denn, wie nehmen wir eigentlich unser menschliches Ich wahr?

Sie haben ja gestern in bezug auf das Innenleben erfahren, wie das Gedankenleben eigentlich nur der Abglanz des vorgeburtlichen Lebens ist, wie das Willensleben das Embryonale, das Keimhafte des nachtodlichen Lebens ist, wie also dasjenige, was in unserer Seele spielt, im Grunde genommen durchaus nicht haftet an demjenigen, was uns als Leib umhüllt von der Geburt bis zum Tode, und wie unser außerleibliches, ja außerzeitliches Sein hereinspielt in unser Denken auf der einen Seite, in unser Wollen auf der anderen Seite. Sie wissen aber auch, wie wir auf unser Leben zurückblicken und die Empfindung haben, daß wir den geschlossenen Lebenslauf als Erinnerung hinter uns haben. Wir können sehr leicht als Menschen die Vorstellung bekommen: Wir haben den Lebenslauf bewußt durchmessen und im Gedächtnis aufbewahrt von demjenigen Zeitpunkte an, bis zu dem wir uns zurückerinnern. Es kommt dem Menschen vor, daß, wenn hier (siehe Zeichnung) der Moment der Gegenwart ist, er sich zurückerinnert bis zu dem Moment in der Kindheit, bis zu dem er sich eben erinnert. Sie sehen leicht ein, daß dies ein gewaltiger Irrtum ist. Wenn Sie Ihr Leben zurückverfolgen bis zu dem

Moment, bis zu dem Sie sich in Ihrer Kindheit zurückerinnern, und dies ansehen als eine geschlossene Strömung, so ist das natürlich total falsch, denn Sie nehmen ja bei einer solchen Rückerinnerung in Wirklichkeit zunächst nur wahr die Tagesereignisse des letzten Tages, an dem Sie die Rückschau anstellen; dann ist die Nacht dazwischen, dann wiederum der vorhergehende Tag, dann wiederum die Nacht, in der Sie nichts wahrnehmen, dann wiederum der vorhergehende Tag und so weiter.

Tafel 9

Also es ist eine gewaltige Lebensillusion, wenn Sie einfach übersehen, daß ja diese Rückerinnerung, diese bewußte Rückerinnerung, Ihnen keine geschlossene Strömung gibt, sondern in Wirklichkeit eine fortwährend unterbrochene Strömung gibt, indem ausgespart sind aus dieser Rückerinnerung alle die Zeiten, die Sie verschlafen haben. Also Sie haben nicht eine kontinuierliche Rückerinnerungslinie, sondern eine diskontinuierliche Rückerinnerungslinie, eine fortwährend unterbrochene Rückerinnerungslinie.

Nun möchte ich, damit ich Ihnen die Bedeutung dessen, was ich eigentlich hier sagen will, klarmachen kann, Ihnen ein Bild vermitteln. Nehmen Sie einmal an, Sie haben folgendes Bild: eine weiße Scheibe und innerhalb dieser Scheibe einen dunklen Fleck. Sie können nun fragen: Was nehme ich hier wahr? – Die weiße Scheibe. Da, wo kein Weiß ist, da sehen Sie den schwarzen Fleck. Ich will jetzt nicht darüber diskutieren, ob der schwarze Fleck ein Reales ist oder nur das Fehlen des Weißen. Aber Sie sehen diesen schwarzen Fleck. Sie sehen, dieser schwarze Fleck ist dort, wo kein Weiß ist, in der weißen Scheibe drinnen. Nehmen Sie dieses Bild, so können

Tafel 9

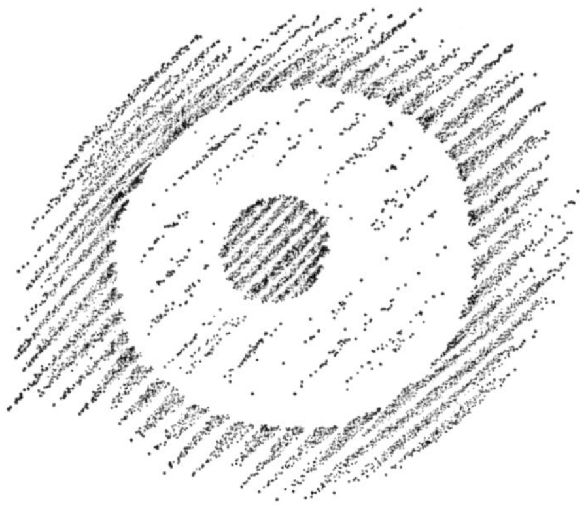

Sie es anwenden auf die Art, wie Sie im gewöhnlichen Leben eigentlich Ihr Ich wahrnehmen. So wenig Sie hier (in der Mitte) etwas wahrnehmen, wo der schwarze Fleck ist, so wenig nehmen Sie eigentlich Ihr Ich wahr. Sie nehmen Ihr Ich gar nicht wahr, sondern Sie nehmen Ihre Erlebnisse wahr, die Sie während Ihrer verschiedenen Tagwachen durchgemacht haben. Und Ihr Ich nehmen Sie überhaupt nicht wahr; bloß dadurch, daß irgendwo, wenn Sie Ihre Erlebnisse überblicken, Ihre Erlebnisse nicht da sind, wie hier im schwarzen Fleck kein Weiß ist, nehmen Sie Ihr Ich wahr. Indem Sie zurückschauen auf Ihr Leben, nehmen Sie die Erlebnisse wahr, und Sie nehmen nicht wahr diese Unterbrechungen. Dafür nehmen Sie Ihr Ich wahr. Es ist also das Fehlen der Tageserlebnisse, das Ihnen in Wirklichkeit die Vorstellung Ihres Ich gibt, das heißt, indem Sie «Ich» sagen, nehmen Sie diejenige Zeit Ihres Lebens wahr, die Sie verschlafen haben.

In der Tat, das Ausgesparte im Leben, wenn Sie zurückblicken, ist die Veranlassung zu Ihrer Ich-Wahrnehmung. Nehmen Sie an, Sie würden gar nicht schlafen, Sie würden immer wachen, dann würden Sie keine Ich-Wahrnehmung beim Rückblick haben. Sie würden sich vorkommen wie ein Wesen, das ichlos schwimmt in den Ereignissen des Weltendaseins.

Es ist außerordentlich bedeutsam, diese Dinge einfach zu sehen. Denn jeder Mensch glaubt, die Wahrnehmung des Ich sei ein Erlebnis. Nein, die Wahrnehmung des Ich ist das jeweilige Loch in den Erlebnissen. Das bitte ich Sie zunächst festzuhalten.

Und nun bitte ich Sie, sich daran zu erinnern, wie ich Ihnen immer und immer wiederum gesagt habe, daß der Mensch nicht nur schläft, wenn er schläft, sondern daß der Mensch auch schläft, wenn er wacht. Der Mensch wacht ja eigentlich nur mit Bezug auf seine Sinnes- und Vorstellungswelt. Nur in seinen Sinneswahrnehmungen und in seinen Vorstellungen ist der Mensch wirklich wach. In bezug auf sein Wollen schläft er. Geradesowenig wie der Mensch hineinsieht in das, was er vollbringt vom Einschlafen bis zum Aufwachen, so wenig sieht er in die inneren Impulse seines Wollens hinein. Ich habe gestern davon gesprochen, wie der «Kerl» oder die «Kerlin» sich anschauen in ihren Handlungen, aber das Wollen nicht sehen. Mit Bezug auf das Wollen schläft der Mensch. Er schläft auch bei Tage, indem er ein wollender Mensch ist. Er wacht nur, indem er ein sinnlich wahrnehmender und verstandesmäßig Begriffe, Vorstellungen bildender Mensch ist. Er ist nur halb wach; für den anderen, für den wollenden Teil seines Wesens schläft der Mensch auch wachend.

Und nun werden Sie begreifen, wie es sich eigentlich mit dem Ich verhält. Das geht gar nicht herein als ein reales Wesen in Ihre Sinneswahrnehmungen und in Ihre Vorstellungen, sondern das bleibt im Wollen unten und schläft da weiter auch vom Aufwachen bis zum Einschlafen. Deshalb können Sie es als ein reales Wesen nie sehen, sondern nur als den ausgesparten Kreis in der Mitte. Sie können das dunkle Gefühl haben, daß Sie ein Ich haben, indem aus dem Wollen heraus Ihnen etwas erklingt von dem, was Sie wie ein Loch in Ihren Seelenerlebnissen haben. Aber die Wahrnehmung des Ich ist eben eine durchaus negative. Das ist außerordentlich wichtig einzusehen. Es ist notwendig, daß jene oberflächliche Ich-Vorstellung, die auch in vielen Philosophien der Neuzeit figuriert, in ihrer Nichtigkeit erkannt werde. Denn erst, wenn man diesen ganzen Tatbestand, den ich hier Ihnen auseinandergesetzt habe, durchschaut, wird man verstehen, innerlich verstehen das Verhältnis von Mensch zu Mensch im Leben.

Ich habe dieses Verhältnis von Mensch zu Mensch im Leben in der neuen Auflage meiner «Philosophie der Freiheit» geschildert in einer jener Erweiterungen, die ich dem Buche in der neuen Auflage eingefügt habe. Wir nehmen nicht nur, wie ich eben jetzt auseinandergesetzt habe, unser eigenes Ich, allerdings negativ, wahr, sondern wir nehmen auch das Ich des anderen Menschen wahr. Wir könnten es nicht wahrnehmen, wenn das Ich in unserem eigenen Bewußtsein wäre. Wäre das Ich in unserem eigenen Bewußtsein, dann wäre das Verhältnis von Mensch zu Mensch ein recht fatales; dann würden wir durch die Welt gehen und nur immer in unserem Bewußtsein innerhalb unserer Sinnes- und Vorstellungswelt Ich, Ich, Ich haben. Wir würden an den anderen Menschen vorbeigehen und sie nur als Schatten empfinden, und würden uns wundern, wenn wir die Hand ausstrecken, daß diese Schatten unsere Hand aufhalten. Wir würden uns das gar nicht erklären können, woher das kommt, daß wir nicht durch einen Menschen durchgreifen können. Das alles würde bewirken die Tatsache, daß wir das Ich substantiell, nicht bloß als Vorstellung eines Negativums in unseren Vorstellungen und in unserem Sinnesleben darinnen hätten. Wir haben es nicht darin. Wir haben es nur in unserem Wollen und in dem Gefühl, das aus dem Wollen ausstrahlt. Da ist das Ich eigentlich darin, aber nicht im Vorstellungs- und nicht im Sinnesleben unmittelbar.

Wenn wir nun den anderen Menschen wahrnehmen, so nehmen wir ihn eigentlich durch unser Wollen wahr. Es ist ja die hirnverbrannte Vorstellung heute gar nicht so selten unter solchen Menschen, die sich als Philosophen dünken, die da sagt: Wenn wir einem Menschen gegenüberstehen, so finden wir so ein Formgebilde: oben sind Haare, dann kommt eine Stirne, dann ist da eine Nase, ein Mund und so weiter. Wir haben uns öfter im Spiegel gesehen; da schauen wir geradeso aus wie der, der vor uns steht. Und da wir ein Ich haben, schließen wir durch Analogie, daß der andere auch ein Ich hat. – Das ist eine hirnverbrannte Vorstellung, ein wirklicher, richtiger Unsinn! Denn wir nehmen das Ich des anderen tatsächlich ebenso wahr wie unser eigenes Ich, wenn auch als Negativum. Und gerade deshalb, weil unser Ich nicht in unserem Bewußtsein, sondern außerhalb unseres Bewußtseins ist, wie das Wollen auch, deshalb können wir uns in das Ich des anderen versetzen. Wäre das Ich in unserem Bewußtsein, so würden wir uns nicht in das Ich des anderen versetzen können und würden ihn nur wie in einem Schattendasein wahrnehmen. Und wie geschieht diese Wahrnehmung des anderen? Da findet etwas wie ein sehr komplizierter Prozeß statt, wenn wir den anderen wahrnehmen. Wir stehen ihm gegenüber: er nimmt gewissermaßen unsere Aufmerksamkeit in Anspruch und schläfert uns für einen ganz kurzen Augenblick ein. Er hypnotisiert uns, er schläfert uns ein für einen Augenblick. Unser Menschheitsgefühl wird dadurch tatsächlich für einen ganz kurzen Augenblick wie in Schlaf versetzt. Wir wehren uns dagegen und machen unsere Persönlichkeit geltend. Das ist nun wie der Pendelausschlag: Schlafen in dem anderen, Aufwachen in uns selbst, wiederum dadurch Schlafen in dem anderen, Aufwachen in uns selbst. Und dieser komplizierte Prozeß des Hin- und Herpendelns zwischen dem Einschlafen in dem anderen und Aufwachen in uns selbst, der findet in uns statt, wenn wir dem anderen gegenüberstehen. Das ist ein Vorgang in unserem Wollen. Wir nehmen ihn nur nicht wahr, weil wir unser Wollen gar nicht wahrnehmen. Aber dieses fortwährende Hin- und Hervibrieren, das findet statt, wie es in meiner «Philosophie der Freiheit» beschrieben ist.

Sehen Sie, in diesem Vibrieren zwischen dem Einschlafen in dem anderen und Aufwachen in uns selbst haben Sie das Urelement, gewissermaßen das Atom des sozialen Zusammenlebens der Menschen. Das ist das Urelement desjenigen, was soziales Leben von Mensch zu Mensch ist. Es ruhen also dieses Urelement und damit auch alle komplizierten Gebilde des sozialen Lebens eigentlich in demjenigen Teile unseres Wesens, der schläft, auch wenn wir wachend sind. Das soziale Leben ist im wesentlichen höchstens ein träumendes Wesen des wachenden Menschen; es ist nicht ein völlig waches Leben, das der Mensch lebt im sozialen Leben. Daher ist das Soziale so schwer für das gewöhnliche Leben faßbar, weil es eigentlich gar nicht ein völlig waches Leben ist, weil es ein träumerisches Leben ist, und weil wir uns eigentlich immer, um uns selbst in uns aufrechtzuerhalten, wehren müssen gegen das soziale Empfinden, gegen das Empfinden in dem anderen.

Nun denken Sie einmal, wie kompliziert das unser Leben macht, daß wir mit den verschiedenen Menschen solche Verhältnisse eingehen, die in einem fortwährenden Einschlafen und Aufwachen bestehen. Der eine Mensch ist so, der andere Mensch ist so. Wir schlafen in ihn hinein. Dieses Hineinschlafen ist so, wie der andere Mensch ist. Wir gehen da im Einschlafen in ihm auf. Erinnern Sie sich nur einmal an folgendes: Denken Sie sich, Sie haben jetzt, meinetwillen in der Zwischenpause oder sonst hier irgendwie im Saale, mit so und so vielen Menschen gesprochen. In die haben Sie sich alle hineingeschlafen, und das ist, nachdem Sie aufwachen aus ihnen, immer wiederum in Ihnen da. Damit nehmen Sie herüber etwas von der Wesenheit dieser Menschen. Das alles vibriert von Mensch zu Mensch, das wellt von Mensch zu Mensch. Es ist im Grunde genommen ein dämmeriges, dunkles Element, das in diesem sozialen Zusammenleben der Menschen waltet. Und das Gegenwartsbewußtsein des Menschen hat nicht viel von diesem sozialen Empfinden, das da dunkel, dämmerig von Mensch zu Mensch wellt und webt.

In unserer Zeit ist es nun so, daß es eben unsere Aufgabe ist als Menschen der Gegenwart – das können Sie aus den verschiedenen Betrachtungen, die wir angestellt haben, ersehen –, uns allmählich aus den alten Blutsverhältnissen heraus aufzuschwingen zu einem Verständnis desjenigen, was so dämmerig, dunkel unter uns sozial webt und wellt. Es ist eine der wichtigsten Aufgaben der Gegenwart, sich Verständnis für dieses Weben und Wellen zu erwerben. Dasjenige, was ich nenne die «Dreigliederung des sozialen Organismus», ist im Grunde genommen nur eine solche Struktur des menschlichen Zusammenlebens, daß der Mensch nach und nach, nach einer Anzahl von Generationen in die Möglichkeit kommen könne, dieses Weben und Wesen von Mensch zu Mensch, das man als das soziale Element bezeichnen kann, wirklich verständnisvoll in sich aufzunehmen. Dieses Verständnis kann nur kommen dadurch, daß selbständig neben das wirtschaftliche Leben treten das rechtliche Leben und das geistige Leben, namentlich daß das geistige Leben in völlig freier Weise den anderen beiden Lebensgebieten gegenübersteht.

Es ist die wichtigste öffentliche Aufgabe der gegenwärtigen und der nächst zukünftigen Menschheit, diese Dreigliederung vorzunehmen, damit die Menschheit überhaupt weiterbestehen könne, damit sie zu wirklich sozialem innerem Erfühlen des Menschenlebens kommen könne. Die Menschheit hat in der neueren Zeit, seit der Mitte des 15. Jahrhunderts, den Gang zu diesem Verständnis angetreten. Schwierig ist es in der Gegenwart nur aus dem Grunde, weil zum erstenmal in der ganzen Menschheitsentwickelung der Erde appelliert wird von den göttlich-geistigen Mächten der Welt an das Bewußtsein der Menschen. Alles, was bisher an Fortschritten bewirkt worden ist, ist mehr oder weniger unbewußt bewirkt worden. Das, was zunächst zu tun ist, ist, daß in bewußter Weise eine soziale Struktur angestrebt werde. Alte soziale Strukturen sind hervorgegangen aus Blutsverbänden, aus der kleinen und großen Familie, aus der Sippe, den Klassen und so weiter. Die haben sich dann erweitert zu Volkszusammenhängen. Heute zappelt die Menschheit, indem sie in einer verlogenen Weise glaubt, sich an solche Zusammenhänge halten zu können, in Volkszusammenhängen, während sie im Grunde genommen längst überwunden hat, was Volkszusammenhänge sind, während längst die Notwendigkeit da ist, zu anderen sozialen Zusammengehörigkeiten zu kommen, als sie die Blutsverwandtschaft durch die Völker darstellt.

Ich habe Ihnen gesagt, daß gewissermaßen die erste Etappe auf diesem Wege zu einem solchen Verständnis, wie es für die Gegenwart und für die nächste Zukunft notwendig ist, diese war, daß sich mit der Reformation heraufentwickelt hat die Herrschaft des ökonomischen Menschen. Ich habe Sie darauf verwiesen, wie in alten Zeiten der Eingeweihte, der Initiierte geherrscht hat, wie dann der Priester geherrscht hat, und wie dann seit der Mitte des 15. Jahrhunderts der ökonomische Mensch zu dem Herrschenden geworden ist. Seit der Reformation mußten diejenigen, die sonst Purpurmantel trugen und Herrscher vorstellten, die Puppen werden der ökonomischen Menschen, wenn sie herrschen wollten. In Wahrheit haben immer mehr und mehr seit der Mitte des 15. Jahrhunderts die ökonomischen Menschen geherrscht, diejenigen Menschen, die die Ökonomie der verschiedenen Territorien der Erde besorgten. Wenn dem

Namen nach andere herrschten, so war das nur eben dem Namen nach, und die Regierungen wurden im Grunde genommen ganz durchdrungen von den ökonomischen Prinzipien. Man redet natürlich nicht gerne davon, daß man alles dasjenige, was man tut seit der Reformation, unter wirtschaftlichem Gesichtspunkte tut. Man redet von Idealen und so weiter. Aber das sind für den Vertreter der wirklichen Geschichte nur Masken. Um nicht gar zu sehr den Schleier zu lüften, wurden auch seit der Reformation noch Kultusminister, Unterrichtsminister, Justizminister und so weiter bestellt. Aber die alle waren eigentlich nur etwas schwächer nuancierte Wirtschaftsminister. Wer auf die Realitäten geht, der kann das schon sehen, höchstens daß sie alte Überlieferungen übertrugen, aber im wesentlichen doch unter wirtschaftlichen Rücksichten.

In dieser Beziehung hat die katholische Kirche eigentlich verstanden, gerade im Zeitalter der Reformation recht zeitgemäß zu sein. Die katholische Kirche hat im Grunde genommen in dem Aufgange des Reformationszeitalters am besten verstanden, den Fortschritt ganz im Sinne des neueren ökonomischen Prinzips zu besorgen. Man braucht ja nur eine Tatsache aus den anderen Tatsachen herauszugreifen. Bis zu dieser Zeit hatte es die Kirche dahin gebracht, nahe aneinanderzurücken höchste geistige Angelegenheiten und trivialste weltliche Angelegenheiten. Man konnte in alten Zeiten Sünden abbüßen durch allerlei Taten. Nach und nach ist es dahin gekommen, daß man Sünden abbüßen konnte dadurch, daß man bezahlte. Und der Papst hat es, schneller eigentlich als die anderen, die weltlichen Mächte, sehr gut verstanden, mit dem Fortschritt der neueren Zeit zu rechnen. Er hat vorausgenommen seine Einkünfte der späteren Zeit aus dem Abbüßen der Sünden. Wenn man die Macht hat, daß einem bezahlt werden die von den Menschen begangenen Sünden dafür, daß sie erlassen werden, so bedeutet das eine ganz gewaltige zukünftige Einnahme. Und wenn diese so gesichert ist, wie etwas gesichert sein kann durch den Glauben der Menschen, dann bedeutet es eine sehr sichere Einnahme. Das größte Bankhaus der Sieneser hat es deshalb als ein sicheres Geschäft angesehen, dem Papst so und so viel von den künftigen Sündenabbüßungen der

Menschheit abzukaufen. Der Papst bezog, während er diese Gelder schon gut verwendete, von einem Sieneser Bankhaus Riesensummen. Und das Bankhaus stellte sich den *Tetzel* an zum Eintreiben dieser Summen. Der zog dann in den Ländern Mitteleuropas herum und trieb die Summen wieder ein für das Sieneser Bankhaus.

Sie sehen, die Kirche hat es außerordentlich gut verstanden, mit den Verhältnissen der neueren Zeit zu rechnen. Das ist auch Geschichte! Diese Geschichte muß durchaus ins Auge gefaßt werden.

Der ökonomische Mensch kam herauf. Die Kirche war da. Aber schließlich ist ja die Verwaltung der geistlichen Angelegenheiten mit Hilfe des Sieneser Bankhauses und seines Eintreibers, seines Agenten, für das eigentlich Geistliche doch nur eine Maske. Und wenn Sie die neuere Geschichte studieren, so werden Sie schon finden, daß es eine tiefe Bedeutung hat, wenn man davon spricht, daß der ökonomische Mensch der herrschende wurde. Der Papst ist nur dadurch ein so starker Herrscher geblieben, daß er im rechten Moment verstanden hat, auch ein ökonomischer Mensch zu werden, daß er sich dem ökonomischen Typus anbequemte.

Ja, der ökonomische Typus herrschte seit der Reformation. Er löste ab den alten Priestertypus. Im 19. Jahrhundert war die allgemeine Menschheit erst so weit, wie die Kirche, die viel besser den Fortschritt verstand, schon zur Zeit der Reformation war. Aber der ökonomische Typus Mensch herrschte nur bis ins 19. Jahrhundert. Im 19. Jahrhundert wurde wiederum ein anderer Typus herrschend. Wenn man davon spricht, daß er herrschend wurde, dieser Typus, so bedeutet das, daß die maßgeblichen Einflüsse in der sozialen Struktur von diesem Typus abhängen. Im 19. Jahrhundert, in dem ersten, zweiten Jahrzehnt des 19. Jahrhunderts wurde dann maßgebend der Wucherer, will sagen: der Bankier. Wenn Sie nämlich eine sachgemäße Definition suchen würden des Bankiers, dann wird die Geschichte außerordentlich brenzlig. Wenn man nämlich aus wirklich sozial-ökonomischen Untergründen heraus eine Definition aufstellt – man vermeidet das sehr gern – des Bankiers, des großen und des kleinen, dann soll man nur ja nicht gleichzeitig suchen nach einer Definition des Wucherers. Denn diese beiden Definitionen werden einander gleichen; sie können nur sich einander gleichen. Aber das ist etwas, was die neuere Menschheit ebenso sorgfältig als ein Geheimnis gehütet hat, wie gewisse Geheimgesellschaften ihre «Zeichen» und «Worte» gehütet haben. Man hat das nicht so unter die allgemeine Menschheit hinausgestreut. Das ist ein Geheimnis im sozialen Leben geblieben.

Der Bankier wurde der Herrschende. Und wenn man untersucht, wie sich die soziale Struktur im Laufe des 19. Jahrhunderts entwickelt hat, dann findet man, daß mit dem ersten, zweiten Jahrzehnt des 19. Jahrhunderts der Bankier, dieser spezielle ökonomische Typus, der nur ökonomisiert mit dem Gelde, es ist, der nun, geradeso wie früher der ökonomische Mensch, im weiteren Umfange auf alles, was als soziale Struktur sich herausstellt, auf alle Gesetze der Länder und so weiter seinen maßgebenden Einfluß ausübt. Es ist sehr wichtig, diese Verhältnisse zu durchschauen, es ist sehr wichtig, zu durchschauen, daß der ökonomische Typus Mensch herrschend wird seit der Reformation, daß der Bankier herrschend wird seit dem Beginne des 19. Jahrhunderts. Und man kann nicht die öffentlichen Angelegenheiten der zivilisierten Welt in der neuesten Zeit verstehen, wenn man nicht in ihnen eine Geschichte der Herrschaft des Bankierwesens sieht. Gegen Ende des 19. Jahrhunderts ist dann das eingetreten, was ich 1908 in meinem Nürnberger Vortragszyklus bereits angeführt habe: In der ersten Hälfte des 19. Jahrhunderts und noch etwas hinein in die zweite Hälfte war individuell der Träger des Geldes der Herrschende; dann aber verwandelte sich dieses Herrscherprinzip so, daß das Geld als solches herrschend wurde. In der ersten Hälfte des 19. Jahrhunderts war aber der einzelne individuelle Mensch als Bankier noch Herrscher. Ich habe das durch ein Beispiel illustriert, wenn Sie sich erinnern. Ich habe Ihnen erzählt, wie der Pariser Rothschild einmal «angepumpt» werden sollte, nun ja, von dem König von Frankreich. Nicht wahr, wenn der Pariser Rothschild von dem König von Frankreich angepumpt werden sollte, so verrät das schon ein bißchen, wer eigentlich der Herrschende ist. Nun, Könige pumpen nicht direkt, nicht wahr. Während der König also seinen Minister hinschickte – «Finanzminister» nennt man ja diese Art von

Wirtschaftsminister –, hatte der Rothschild gerade mit einem Lederhändler zu tun. Der Diener sagte dem abgesandten Minister des Königs von Frankreich, er solle im Vorzimmer warten. Das erschien natürlich wiederum dem Minister des Königs von Frankreich als etwas höchst Ungewöhnliches, daß er warten solle, während der Rothschild mit einem Lederhändler verhandelt. Er soll warten? Er wartet nicht, sondern reißt die Türe auf: Ich komme zu Ihnen im Auftrage des Königs von Frankreich. – Bitte, nehmen Sie sich einen Stuhl –, sagte Rothschild. Das war dem Minister natürlich völlig unbegreiflich. Ja, aber ich bin der Abgesandte des Königs von Frankreich! – Nehmen Sie zwei Stühle und setzen Sie sich!

Sehen Sie, da war noch der einzelne individuelle Bankier der Herrschende. Das ging allmählich über in die Herrschaft der Aktien, der Geldnoten als solcher. Und wir sind ja allmählich hineingesegelt in die Zeit, in der der einzelne Geldbesitzer nicht mehr das Wesentliche ist, sondern das abstrakte, zusammengehäufte Kapital. Es kann einer einmal heute reich sein, morgen arm. Der Mensch selber kugelt hinauf und kugelt hinunter. Die Aktiengesellschaft, die abstrakte – ich habe das dazumal 1908 in Nürnberg ausgeführt –, ist dasjenige, was herrschend geworden ist.

Damit aber ist die menschliche Entwickelung angelangt an einem Extrem, an einem Äußersten. Denn sobald das Geld als solches herrscht, sobald das Geld der eigentlich treibende Motor ist, ist die Zeit erfüllt, in der abgelöst werden muß, ich möchte sagen, die bloße bare Ziffer im Gelde durch Realitäten. Nun ist das Geld das Allergeistigste der Wirtschaft. Es ist dasjenige von der Wirtschaft, was nur geistig erfaßt werden kann. Es hat ja auch nur einen geistigen Wert, das Geld, nur einen Wert in der menschlichen Anerkennung. Essen kann man zwar Brot und Fleisch, aber Geld kann man nicht essen. Man kann wirklich für die Menschen Brauchbares erwerben durch Geld, wenn das Geld anerkannt ist. Es hat bloß einen seelischen, einen geistigen Wert, einen Begriffswert, einen Vorstellungswert. Es ist eben die Zeit erfüllt; es muß eintreten das, daß umschlägt die Entwickelung von dem rein wirtschaftlich Geistigen des Geldes zu dem wirklich im Geiste Erfaßten. Und das, was durch die Dreigliederung als soziales Verständnis gefordert werden soll, das ist dasjenige, was sich unmittelbar anschließen muß an die Herrschaft des allerabstraktesten Wirtschaftlichen, des Geldes. Denn so dunkel, so dämmerig das soziale Verständnis, wie ich geschildert habe, unter den Menschen lebt, so hell muß es eigentlich werden. Denn denken Sie sich einmal, dieses (siehe Zeichnung) wäre ein Menschenleben der Gegenwart von der Geburt bis zum Tode. Die-

Tafel 9

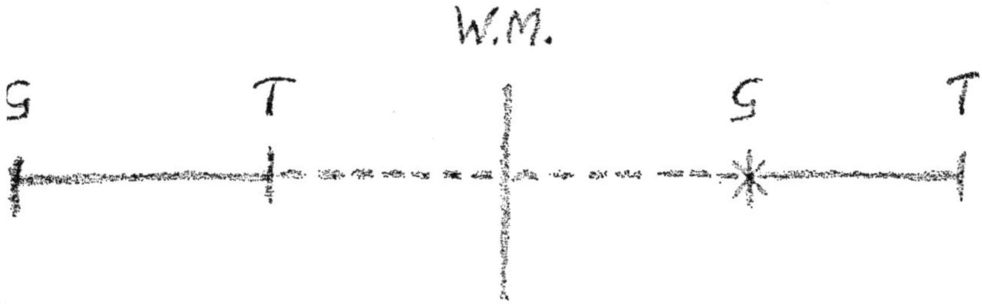

ses Leben würde so durchlebt, daß der Mensch sich soziales Verständnis drinnen erwirbt, daß wirklich das soziale Leben, die soziale Struktur nicht gebaut wäre auf die Geldgeltung, die er hat, sondern auf soziales Verständnis. Dann würde der Mensch durch die Pforte des Todes gehen, durchleben die Zeit bis zur nächsten Geburt und dann wiederum sein Leben von der Geburt bis zum Tode durchleben. Dasjenige, was sich der Mensch hier zwischen Geburt und Tod aneignet an sozialem Verständnis, das liegt ja auch innerlich in ihm. Das geht vor allen Dingen in das schlafende Wollen hinein, von dem ich gestern gesprochen habe; das wird durch die Todespforte getragen. So daß der Mensch sein soziales Verständnis durch die Todespforte trägt bis zur Weltenmitternacht und es dann wiederum durch die Geburt ins nächste Erdenleben hineinträgt.

Was wird nun dieses Verständnis, das man sich durch soziales Verständnis erwirbt, in dem nächsten Erdenleben? – Das ist die große Frage, die heute schon aufgeworfen werden muß. Das wird das Verständnis für das Karma. Das heißt, wir haben im weltgeschichtlichen Verlauf der Menschheitsentwickelung gegenwärtig die Zeitepoche erreicht, in welcher die Menschheit sich soziales Verständnis erwerben muß; denn dieses soziale Verständnis liefert für die nächste Inkarnation das Verständnis für das Karma. Aber es kann sich kein Mensch soziales Verständnis erwerben anders, als daß er sich Verständnis für das Geistige erwirbt.

Sie sehen, wie die Dinge zusammenhängen, Sie sehen, wie das soziale Verständnis hängt an dem geistigen Verständnis, an einer spirituellen Welterfassung und Weltanschauung, und wie davon abhängt dasjenige, was als ein bewußtes Erkennen des Schicksals im Laufe der Menschheitsentwickelung für die Menschen eintreten muß, die dann mit sozialem Verständnis durch die Pforte des Todes gehen, wiedergeboren werden und nach der Wiedergeburt verstehen werden ihr Schicksal.

Das ist es, worauf es ankommt, daß man so recht einsieht, wie die Dinge in der Menschheitsentwickelung im Erdenlauf zusammenhängen. Wir leben in der Epoche der Notwendigkeit des sozialen Verständnisses. Wir werden wiedergeboren werden in der Epoche des Schicksalsverständnisses der einzelnen Menschen. Es ist wahrhaftig nicht aus einem bloßen abstrakten Impuls heraus, daß man heute von der Notwendigkeit des sozialen Verständnisses spricht, sondern es hängt das zusammen mit den innersten Entwickelungsimpulsen der Erdenmenschheit überhaupt.

Das ist dasjenige, was ich Ihnen heute einmal nahelegen wollte, meine lieben Freunde. Wir werden das nächstemal von diesen Dingen weiter sprechen.

Die Vorträge in Zürich – Sie wissen, morgen ist der öffentliche Vortrag in Basel – müssen, weil ein anderer Saal als der zunächst in Aussicht genommene gewählt werden mußte, um zwei Tage verschoben werden, so daß der erste Vortrag am 24. Oktober stattfindet, dann sind Vorträge am 25., 26., 28., 29. und 30. Oktober, und am 31. Oktober ist eine eurythmische Darstellung in Zürich. Dadurch ist es mir natürlich nicht möglich, am nächsten Sonnabend und Sonntag hier vorzutragen, und ich werde daher für diejenigen Freunde, die Zeit und Lust haben, am nächsten Donnerstag um halb acht hier zu erscheinen, am Donnerstag fortsetzen.

ZEHNTER VORTRAG

Dornach, 23. Oktober 1919

Wir haben verschiedenes gesprochen über die Beziehungen zwischen geisteswissenschaftlicher Weltanschauung und sozialer Lebensauffassung. Wir besprechen diese Dinge aus dem Grunde, weil es nötig ist, daß heute von verschiedenen Seiten her eingesehen werde, wie eine durchgreifende Gesundung unseres Lebens und eine wirklich fruchtbare Entwickelung gegen die Zukunft hin nur möglich sind, wenn in die Denkweise, in die Vorstellungen der Menschen geisteswissenschaftliche Anschauungen, geisteswissenschaftliche Ideen einziehen.

Außer dem, was ich neulich gesagt habe mit Bezug auf die Lebensrückschau, gilt ja von dieser Lebensrückschau noch etwas anderes. Ich habe Sie darauf aufmerksam gemacht, daß der Mensch, wenn er auf sein Leben zurückschaut, sich eigentlich bewußt sein müßte, daß er nur diskontinuierliche Glieder seines Lebens mit dem gewöhnlichen Bewußtsein wahrnimmt, und daß zwischen diesen diskontinuierlichen Gliedern, auf die der Mensch zurückschaut, die Schlafzustände sind, die eigentlich herausfallen, hinsichtlich welcher sich der Mensch mit Bezug auf seine Rückschau sogar einer gewissen Täuschung hingibt. Er hält dafür, daß das Leben kontinuierlich ist; aber es ist nicht kontinuierlich. Dieses Leben ist so, daß es uns nur abgerissene Episoden zeigt. Aber aus den geisteswissenschaftlichen Untergründen heraus sollte man sich klar darüber sein, daß dasjenige, was nicht gewahrt wird von der Lebensrückschau, deshalb doch ein Erlebtes ist, geradeso ein Erlebtes, wie dasjenige erlebt ist, was dem gewöhnlichen Bewußtsein einverleibt wird.

Nun, die Erlebnisse, welche die Menschenseele immer durchläuft zwischen dem Einschlafen und Aufwachen, sind nicht einfach zu schildern, aus dem Grunde, weil der Mensch sich von mancherlei frei machen muß, was zu seiner gewöhnlichen Bewußtseinsauffassung gehört, wenn er sich überhaupt nur einen Begriff machen will von den Erlebnissen, die stattfinden zwischen dem Einschlafen und Aufwachen.

Wir leben für das gewöhnliche Leben in Raum und Zeit. Wenn wir vollständig schlafen – vom Standpunkt des gewöhnlichen Bewußtseins jetzt gesprochen –, dann ist es so, daß wir weder in der gewöhnlichen Zeit leben noch in dem gewöhnlichen Raume leben. Wenn erinnert wird an dasjenige, was vorgeht mit uns in der Zeit zwischen dem Einschlafen und Aufwachen, dann ist die Erinnerung selbst eine Art Schattenbild oder, wie man sagt, eine Projektion des im Schlafe Erlebten in den Raum und in die Zeit des wachen Taglebens hinein.

Wollen Sie aber in diese Verhältnisse genauer hineinschauen, dann müssen Sie außerdem noch ins Auge fassen, daß der Schlafzustand nicht etwa bloß die Ruhe gegenüber dem Wachzustand ist. Gerade in dieser Beziehung tritt wiederum einer der Fälle ein, in denen die Menschen mehr aus vorgefaßten Meinungen heraus als aus dem wirklichen Sehen urteilen. Man kann fragen, wenn man das gewöhnliche Wachleben den Normalzustand des Menschen nennt: Wann ist die Ruhe eingetreten? – Die Ruhe ist eigentlich nur in zwei Punkten vorhanden, im Momente des Einschlafens und im Momente des Aufwachens. Einschlafen und Aufwachen sind gewissermaßen Null gegenüber dem wachen Tageszustand. Aber der Schlafzustand ist nicht die Null, der Schlafzustand ist das Entgegengesetzte. Man muß da schon den beliebten Vergleich aus der Arithmetik zu Hilfe nehmen. Sie können zum Beispiel irgendwelches Vermögen haben, sagen wir fünfzig Franken; da haben Sie etwas. Wann haben Sie nichts? Nun, eben wenn Sie nichts haben. Wenn Sie aber fünfzig Franken Schulden haben, dann haben Sie weniger als nichts, dann haben Sie das Negative. So ist das Nichts – im Verhältnis zum Wachen – das Einschlafen und Aufwachen; der Schlafzustand selber ist – im Verhältnis zu dem gewöhnlichen Wachzustande – das Negative. Denn da geschehen, während wir schlafen, die dem Wachen entgegengesetzten Vorgänge, Vorgänge ganz anderer Art, Vorgänge, die vor allen Dingen in ihrer Wirklichkeit nicht den Gesetzen des Raumes und der Zeit unterliegen wie die Vorgänge des wachen Tageslebens.

Aber etwas, das haben Sie schon neulich im Vortrage ahnen können, ist in diesem Schlafzustande eigentlich erst so recht in seinem

Elemente, das ist unser wirkliches Ich. Das Ich lebt ja allerdings in unserem Willen, aber schläft auch da, wie wir wissen. Das wirkliche Ich tritt nicht in unser gewöhnliches Gedankenleben ein. Das wirkliche Ich würden wir gar nicht gewahr werden, wenn wir es nicht als eine Art Negativum wahrnehmen würden. Und indem wir zurückblicken auf unsere Erlebnisse, sagen wir uns nicht: Wir haben erlebt Tage und Nächte –, sondern wir blicken nur auf die Tage zurück. Und statt daß wir uns sagen: Wir blicken auf die Nächte zurück –, sagen wir: «Ich» – fühlen wir uns, empfinden wir uns als Ich.

Solche Wahrheiten müssen die Menschen allmählich durchdringen, sonst werden sie erdrückt von der bloß naturwissenschaftlichen Weltauffassung, die ja auch alles übrige Leben, alle übrige Lebensanschauung bei der Mehrzahl der modernen Menschen ergriffen hat. Man wird sich als Mensch nur vollständig kennenlernen, wenn man sich in jedem Augenblick seines Lebens sagt: Du bist nicht nur ein Mensch in Fleisch und Blut, der ein Bewußtsein hat, wie es den meisten jetzt lebenden Menschen bekannt ist, sondern du bist ein Mensch, der nur aus seinem Leibe herausgeschlüpft ist vom Einschlafen bis zum Aufwachen. Du lebst aber dann unter ganz anderen Verhältnissen als im gewöhnlichen Wachleben, und dann erst, zwischen diesem Einschlafen und Aufwachen, ist dein Ich in seinem eigentlichen Elemente; da kann es sich entfalten, da ist es dasjenige, was es beanspruchen kann: substantiell zu sein. – Während des Tagwachens ist unser Ich nur im Wollen anwesend. Im Denken, im Vorstellen und sogar in einem großen Teil des Fühlens, des Empfindens sind nur Bilder des Ich vorhanden.

Deshalb ist es ein großer Irrtum, wenn von mancher philosophischen Seite behauptet wird, in dem, was der Mensch als sein Ich anspricht, sei eine Realität. Erst wenn der Mensch im höheren Bewußtsein aufwachen würde im Schlafe, würde er gewahr werden sein wirkliches Ich. Oder wenn er durchschauen würde, was der Vorgang des Willens ist, dann würde er im Wollen sein wirkliches Ich erleben.

Diese Dinge müssen aber beim Menschen eigentlich in die Empfindung, in das Gefühl übergehen, wenn sie die richtige Rolle im

Leben spielen sollen. Der Mensch muß gewissermaßen sich sagen können: Du bist ein Wesen, das mit seiner gewöhnlichen Weltenauffassung eigentlich nur seine eine Hälfte wahrnimmt; du bist eingebettet mit der anderen Hälfte dieses Wesens fortdauernd in übersinnliche Erlebnisse, die du nur mit deinem gewöhnlichen Bewußtsein nicht wahrnehmen kannst. – Eine gewisse Ehrfurcht vor den Prinzipien, die schöpferisch hinter dem Menschen stehen, wird der Mensch in richtiger Art nur dann bekommen können, wenn er sich in dieser Weise an das Übersinnliche anknüpfen kann. Deshalb wird in einem materialistischen Zeitalter, wie das unsrige es ist, nicht nur die Anschauung vom Übersinnlichen schwinden, sondern es wird in einem solchen Zeitalter auch schwinden die Ehrfurcht vor den schöpferischen Prinzipien der Welt. Es wird die Ehrfurcht aus den Menschenherzen überhaupt heraus verschwinden. Wenig von Ehrfurcht, wenig von Gefühlen, die das Gemüt wirklich aufschwingen können zum Übersinnlichen, ist in der Gegenwart vorhanden! Und vieles von den Gefühlen, die man versucht, sich noch zu retten, ist ja nichts weiter als eine gewisse Sentimentalität, und Sentimentalität ist zu gleicher Zeit auch unwahr, Sentimentalität ist nie ganz wahr.

Wenn man – auch bei dieser Gelegenheit muß ich das wieder erwähnen – solche Dinge verstandes- und gefühlsmäßig in sein Bewußtsein aufnimmt, dann tritt einem doch vor das Seelenauge die Tatsache, daß das menschliche und das Weltenleben etwas von dem Charakter eines großen Mysteriums haben. Und ohne diese Anschauung, daß das Leben und die Weltenordnung ein Mysterium seien, läßt sich eigentlich ein wirklicher Fortschritt in der Entwickelung der Menschheit nicht denken. Solche Zeitalter wie das unsrige, in denen kein Mensch eigentlich mehr daran glauben will, daß das Leben Geheimnisse enthält, solche Zeiten können im Grunde nur Episoden sein. Sie können dazu da sein, daß die Menschen sich für eine Weile abschnüren von ihren eigentlichen Urgründen und gerade durch die Reaktion gegen dieses Abschnüren um so mehr wiederum vordringen zu einem wirklichen Erfühlen des Lebensmysteriums. Aber dieses Lebensmysterium kann weder aus Sentimentalität noch aus der Abstraktion heraus sich dem Menschen offenbaren. Es kann sich nur offenbaren, wenn der Mensch geneigt ist, konkret auf die Tatsachen der übersinnlichen Welt einzugehen. Und es wird etwas von einem Anfange eines solchen Eingehens auf übersinnliche Tatsachen sein, wenn man wirklich eine Art heiligen Gefühles entwickeln kann gegenüber dem Hineingehen in den Schlafzustand und ein heiliges Gefühl entwickeln kann mit Bezug auf das Zurückschauen in diesen Schlafzustand, in dem man, man darf es, ohne eigentlich bildlich zu sprechen, so charakterisieren: war in den Wohnungen der Götter.

Man muß sich schließlich nur darüber klar sein, wieweit die gegenwärtige Lebensauffassung von dieser Idee entfernt ist, wie gedankenlos die gegenwärtige Menschheit diese andere Seite des Lebens erblickt. Wie soll aber durchschaut werden dasjenige, was jenseits von Geburt und Tod liegt, wenn nicht durchschaut wird dasjenige, was jenseits von Einschlafen und Aufwachen liegt? – Jenseits von Geburt und Tod liegt ja dasjenige im Menschen, was auch da ist zwischen Geburt und Tod; nur ist es zwischen Geburt und Tod hinter der leiblichen Hülle verborgen. Aber würde weniger egoistische Religiosität da sein und mehr altruistische Religiosität – ich habe schon davon gesprochen –, so würde in dem, was der Mensch von der Geburt an durchlebt, gesehen werden die Fortsetzung des vorgeburtlichen oder vor der Empfängnis liegenden Lebens in der geistigen Welt. Dann würden uns aber die Erscheinungen am Menschenleben als Wunder erscheinen, denen gegenüber wir fortwährend das Bedürfnis haben, sie zu enträtseln. Wir würden die Sehnsucht haben, durch die menschliche Entwickelung hindurch die Offenbarung desjenigen zu schauen, was sich gestaltet, verkörpert aus übersinnlichen Welten heraus in die sinnliche Welt hinein. Und im Grunde liegt es heute schon so, daß wir auch das nachtodliche Leben nur in der richtigen Weise verstehen können, wenn wir auf das vorgeburtliche Leben hinschauen.

Sehen Sie, es gibt Lebensgeheimnisse. Eine Anzahl von Lebensgeheimnissen muß in unserer Zeit wegen der Entwickelungsforderungen der Menschheit offenbar werden. Der Mensch kann nicht zur

Bewußtheit über sein vollständiges Menschenwesen kommen, wenn er nicht erweitert die Anschauung von sich selbst auf das vorgeburtliche und nachtodliche Leben. Denn wir wissen eben nur von einem Teil von unserem Wesen, wenn wir nicht das Hereinscheinen des Vorgeburtlichen und Nachtodlichen in dieses leibliche Dasein uns offenbaren lassen. Es ist heute noch außerordentlich schwierig, vor Menschen, wenn sie nicht gerade schon etwas vorgebildet sind durch Anthroposophie, von diesen Dingen zu reden; denn entweder ist das allerhöchste Interesse da, über diese Dinge nicht die Wahrheit unter die Menschen kommen zu lassen, oder es ist kein rechtes Verständnis da. Sie brauchen sich ja nur im Leben umzusehen, dann werden Sie finden, daß um das vorgeburtliche Leben sich die gebräuchlichen Weltanschauungen heute sehr, sehr wenig kümmern. Um das Nachtodliche kümmern sie sich aus Egoismus heraus, weil sie verlangen, nicht mit ihrem physischen Leibe zugrunde zu gehen. Und auf diesen Egoismus rechnen die Religionsbekenntnisse, indem sie im Grunde genommen nur sprechen von dem nachtodlichen Leben, nicht von dem vorgeburtlichen Leben.

Nun ist die Sache aber nicht bloß so, sondern es ist heute deshalb noch schwierig, über diese Dinge zu sprechen, weil es ja ein Dogma der katholischen Kirche ist, nicht an ein vorgeburtliches Leben zu glauben, ein Dogma, das auch andere christliche Bekenntnisse angenommen haben. So daß so ziemlich die meisten christlichen Bekenntnisse heute es als eine Ketzerei ansehen, von dem vorgeburtlichen Leben zu sprechen. Es ist aber etwas außerordentlich tief in die geistige Entwickelung der Menschheit Eingreifendes, wenn man dogmatisch verwehrt, auf das vorgeburtliche Leben hinzuschauen. Man kann sich wirklich kaum denken – wobei ich nicht von bewußten Dingen immer spreche, sondern mehr von unbewußten der Menschheitsentwickelung –, daß durch etwas es mehr gelingen könnte, den Menschen in Illusionen einzuwiegen über seine eigentliche Wesenheit, als wenn man ihm Anschauungen vorenthält über das vorgeburtliche Leben. Denn die ganze Lebensanschauung über den Menschen wird dadurch verfälscht, daß man den Menschen vortäuscht das Irrtümliche, mit der bloßen Entstehung aus Vater und

Mutter sei der Mensch überhaupt auf die Erde hingestellt. Die Kirche hat sich damit ein ungeheures Machtmittel geschaffen, daß sie den Menschen die Einsicht in das vorgeburtliche Leben vorenthalten hat. Deshalb wird die Kirche als solche in der furchtbarsten Weise kämpfen gegen alle jene Lehren, welche sich über das vorgeburtliche Leben ergehen. Die Kirche wird das nicht vertragen. Darüber sollte man sich auch keinen Illusionen hingeben; aber auch darüber nicht, daß das Leben einfach nicht zu verstehen ist, wenn man auf das vorgeburtliche Leben keine Rücksicht nimmt.

Aber etwas wird Ihnen daraus folgen, was Sie eigentlich tief und gründlich beachten sollten. Bedenken Sie doch: es lag also im Interesse der Kirchenbekenntnisse, dem Menschen wichtige Aufklärung über sich selbst vorzuenthalten. Die Kirchenbekenntnisse haben es geradezu zu ihrer Mission gemacht, dem Menschen wichtigste Wahrheiten über sich selbst vorzuenthalten. Diese kirchlichen Bekenntnisse haben damit ihr Mittel gefunden, die Menschen einzuhüllen in Dumpfheit, in Illusion. Und es ist heute notwendig, in diesem Punkte sich keinen Täuschungen hinzugeben, nicht aus irgendeiner Nachsicht heraus kompromisseln zu wollen mit allerlei kirchenbekenntlichen Anschauungen. Es läßt sich damit nicht kompromisseln. Und beachtet sollte werden, daß es nichts fruchtet, wenn Sie irgendwo geltend machen: Die Anthroposophie beschäftigt sich ja mit dem Christus, sie ist nicht atheistisch, sie ist auch nicht pantheistisch und so weiter. – Das wird Ihnen nie etwas helfen, denn die Kirchenbekenntnisse werden sich nicht darüber ärgern, daß Sie sich *nicht* mit dem Christus befassen, daran liegt ihnen nicht viel, aber sie werden sich gerade darüber ärgern, *daß* Sie sich mit dem Christus befassen. Denn es liegt ihnen daran, daß sie das Monopol haben, allein über Christus etwas zu sagen. In diesen Dingen darf man keine innere Nachsicht üben, sonst wird man immer versucht sein, die wichtigsten Dinge des Lebens in Dämmerung und Nebel und Illusion zu hüllen. Die Menschheit hat es gegenwärtig notwendig, den geistigen Erkenntnissen entgegenzugehen. Den geistigen Erkenntnissen widerstreben aber am meisten die dogmatischen Kirchenbekenntnisse, namentlich jene dogmatischen Kirchenbekenntnisse, die sich im Abendlande allmählich herausgebildet haben. Die Kirche als solche kann eigentlich nicht feindlich sein den geisteswissenschaftlichen Erkenntnissen; das ist ganz unmöglich, denn die Kirche als solche sollte es eigentlich nur zu tun haben mit dem Fühlen des Menschen, mit den Zeremonien, mit dem Kultus, aber nicht mit dem Gedankenleben. Der gebildete Orientale begreift die abendländischen Kirchenbekenntnisse überhaupt nicht, denn der gebildete Orientale weiß genau: er ist gebunden an den äußeren Kultus; denjenigen Zeremonien sich hinzugeben, denen man sich in seinem Bekenntnisse hingibt, das obliegt ihm. Denken kann er, was er will. Im orientalischen Bekenntnisse weiß man noch etwas von Gedankenfreiheit. Diese Gedankenfreiheit ist den Europäern ganz und gar verlorengegangen. Sie sind erzogen in Gedankenknechtung, ganz besonders seit dem 8. oder 9. nachchristlichen Jahrhundert. Deshalb wird es den Menschen der abendländischen Kultur so schwer, sich hineinzufinden in die Dinge, die ich neulich angeführt habe: daß das Beweisen irgendeiner Meinung leicht ist. Man kann die eine Meinung beweisen und kann ihr Gegenteil beweisen. Denn daß man etwas beweisen kann, das ist kein Beweis für die Wahrheit desjenigen, was man behauptet. Um zur Wahrheit zu kommen, muß man in viel tiefere Schichten des Erlebens hineingehen, als diejenigen sind, in denen unsere gewöhnlichen Beweise liegen. Aber das Erleben haben gewisse Kirchenbekenntnisse nicht an die Oberfläche heraufbringen wollen; deshalb haben sie den Menschen getrennt von solchen Wahrheiten wie diese: Da stehst du, o Mensch! Indem dein Organismus sich von Kleinkind auf entwickelt, entwickelt sich in dir nach und nach dasjenige, was du durchlebt hast im vorgeburtlichen Leben.

Und was entwickelt sich denn hauptsächlich aus dem vorgeburtlichen Leben heraus im einzelnen menschlichen Leben zwischen Geburt und Tod?

Nun, wir unterscheiden im Menschen ein individuelles Leben und ein soziales Leben. Ohne daß Sie diese zwei Pole des menschlichen Erlebens auseinanderhalten, können Sie überhaupt zu keinem Begriff vom Menschen kommen: Individuelles Leben – dasjenige, was wir gewissermaßen als unser urpersönlichstes Eigentumserlebnis an jedem

Tage, in jeder Stunde haben; soziales Leben – dasjenige, was wir nicht haben könnten, wenn wir nicht fortwährend in Gedankenaustausch, in sonstigen Verkehr mit anderen Menschen treten würden. Individuales und Soziales spielen in das menschliche Leben herein. Alles, was in uns individuell ist, ist im Grunde die Nachwirkung des vorgeburtlichen Lebens. Alles, was wir im sozialen Leben entwickeln, ist der Keim zu dem nachtodlichen Leben. Wir haben sogar neulich gesehen, daß es der Keim zu dem Karma ist. So daß wir sagen können: Im Menschen ist Individuelles und Soziales. Das Individuelle ist die Nachwirkung des Vorgeburtlichen. Das Soziale ist das Keimhafte des Nachtodlichen.

Tafel 10 Der erste Teil dieser Wahrheit, daß das Individuelle gewissermaßen die Nachwirkung ist des vorgeburtlichen Lebens, der kann ganz besonders ersehen werden, wenn man Menschen mit besonderen Begabungen studiert. Sagen wir einmal, weil es gut ist, in solchen Fällen auf das Radikale zu sehen, man studiere menschliche Genies. Woher kommt die geniale Kraft, das Genie? Das Genie bringt sich der Mensch durch seine Geburt in dieses Leben herein. Es ist immer das Ergebnis des vorgeburtlichen Lebens. Und da begreiflicherweise das vorgeburtliche Leben besonders in der Kindheit zum Ausdrucke kommt – später paßt sich der Mensch dem Leben zwischen Geburt und Tod an, aber in der Kindheit kommt alles das heraus, was der Mensch vor der Geburt erlebt hat –, deshalb zeigt sich beim Genie das Kindliche während des ganzen Lebens. Es ist geradezu die Eigenschaft des Genies, das Kindhafte durch das ganze Leben zu bewahren. Und es gehört sogar zum Genie, bis in die spätesten Tage sich die Jugendlichkeit, Kindlichkeit zu erhalten, weil alles Genie zusammenhängt mit dem vorgeburtlichen Leben. Aber nicht nur das Genie, alle Begabungen, alles dasjenige, wodurch ein Mensch eine Individualität ist, hängt mit dem vorgeburtlichen Leben zusammen. Wenn man dem Menschen daher das Dogma gibt, es gebe kein vorgeburtliches Leben, es gebe keine Präexistenz, was tut man denn implicite damit? Man verbreitet die Lehre: Es gibt keinen Grund für besondere individuelle Begabungen. – Sie wissen, daß die eigentlichen Kirchenbekenntnisse, wenn sie ganz aufrichtig und ehrlich sind, sich dazu bekennen: Es gibt keine Gründe für persönliche Begabungen. – Es geht ja nicht an, die persönlichen Begabungen selber abzuleugnen; aber man leugnet ihre Gründe ab, dann kann man die persönlichen Begabungen für ziemlich bedeutungslos halten.

Damit hängt es zusammen, daß aus den Kirchenbekenntnissen heraus, wie sie durch Jahrhunderte gewaltet haben, eine Erziehung der europäischen Menschheit hervorgegangen ist, die letzten Endes zu dem modernen Menschennivellement geführt hat. Was sind heute im Grunde den Menschen individuelle Begabungen? Und was würden individuelle Begabungen sein, wenn die gewöhnliche sozialistische Lehre durchgeführt würde? In diesen Dingen kommt es darauf an, weniger auf den äußeren Namen einer Sache zu sehen als auf die inneren Zusammenhänge. Wer auf der einen Seite ein dogmengläubiger Katholik ist und auf der anderen Seite ein Hasser sozialdemokratischer Lehren, der ist in einer sehr merkwürdigen Inkonsequenz drinnen. Er ist in derselben Inkonsequenz drinnen wie einer, der sagt: Ich habe im Jahre 1875 einen kleinen Jungen kennengelernt, den habe ich sehr gern, habe ihn heute noch sehr gern, diesen kleinen Jungen. – Aber nun sagt man ihm: Aber sieh einmal, aus dem kleinen Jungen von 1875 ist der Kerl geworden, der jetzt als Sozialdemokrat vor dir steht. – Ja –, so wird dann geantwortet –, den kleinen Jungen von 1875, den habe ich in seinem Leben von damals auch heute noch gern, aber den, der da aus ihm geworden ist, den mag ich nicht, den hasse ich. – Die Sozialdemokratie ist aber aus dem Katholizismus geworden! Der Katholizismus ist nur der kleine Junge, der sich ausgewachsen hat zur Sozialdemokratie. Weder möchte die letztere sich das eingestehen, noch möchte der erstere das zugestehen, aber nur aus dem Grunde, weil die Menschen im äußerlich Sozialen keine Lebendigkeit sehen wollen, sondern eigentlich nur etwas sehen wollen wie aus Papiermaché. Wenn man etwas aus Papiermaché macht, dann bleibt es steif und behält seine Form, solange es sich hält; aber dasjenige, was im sozialen Leben drinnensteht, das wächst und lebt eben und es kann ja daneben auch konserviert werden. Aber da muß man zwischen Täuschung und Wirklichkeit unterscheiden. Sehen Sie, zwischen Täuschung und Wirklichkeit unterscheiden Sie, wenn Sie etwa zu folgender Idee sich aufschwingen. 8. Jahrhundert: Katholizismus; 20. Jahrhundert: Aus dem wirklichen Katholizismus des 8. Jahrhunderts ist die Sozialdemokratie geworden! Und dasjenige, was daneben als Katholizismus da ist, das ist nicht der wirkliche Katholizismus vom 8. Jahrhundert, sondern dessen Imitation, das ist der nachgemachte Katholizismus; denn der wirkliche Katholizismus ist mittlerweile zur Sozialdemokratie ausgewachsen.

Das ist im allgemeinen nicht anerkannt, weil eben die Menschen sich nicht bequemen wollen, Wirklichkeiten zu sehen, sondern weil sie sich Illusionen, Täuschungen hinstellen vor die Wirklichkeiten. Und das können sie ja leicht tun. Denn man gibt einfach dem, was längst nicht mehr es selbst ist, denselben Namen. Aber wenn man heute dem, was von Rom aus in Europa vertreten wird – ich muß es umschreiben –, in demselben Sinne den Namen Katholizismus gibt, wie dem, was im 8. Jahrhundert von Rom aus vertreten worden ist, so ist das gerade so, wie wenn ich von einem sechzigjährigen alten Mann sage: Das ist ja das achtjährige Kerlchen! – Es war einmal das achtjährige Kerlchen, aber heute ist es nicht mehr das achtjährige Kerlchen.

Ich mache Sie hier auf etwas aufmerksam, was nötig ist zu beachten, weil auch das soziale Leben als etwas Lebendiges und nicht als etwas Unlebendiges, Totes angesehen werden darf. Und ehe nicht solche Dinge durchschaut werden, wird die gegenwärtige Menschheit nicht aufsteigen zu einem Verständnis des wirklich sozialen Lebens. Das soziale Leben hat in solchen Sphären seine Wurzeln, die wir heute gewöhnlich mit unseren veräußerlichten Namen in keiner Sprache mehr fassen, am ehesten noch in den orientalischen Sprachen, schon wenig in den europäischen Sprachen, am wenigsten in der englischen oder amerikanischen Sprache, die ja sehr weit entfernt ist von der Wirklichkeit. Also unsere Sprachen sind Hindernisse für das Verständnis des Sozialen. Daher wird die Menschheit nur zum Verständnis des Sozialen aufrücken, wenn sie sich emanzipiert von dem bloßen Sprachverständnis. Aber es wird sehr stark heute perhorresziert alles dasjenige, was über das bloße Sprachverständnis hinausgeht. Und was man am allerhäufigsten findet, ist heute, daß einem, wenn irgend etwas erklärt werden soll, irgendeine Worterklärung zunächst vorgesetzt wird. Aber es ist ja ganz gleichgültig, wie man eine Sache benennt, welches Wort man dafür anwendet; es handelt sich darum, daß man vor allen Dingen den Menschen zur Sache hinführt und nicht zum Worte. Also wir müssen vor allen Dingen überwinden das Gebundensein in den Sprachen, wenn wir zum sozialen Verständnis vordringen wollen. Aber das Gebundensein in den Sprachen wird ja nur überwunden, wenn die größten Vorurteile unserer Zeit überwunden werden. In den Schreckensjahren, die wir durchgemacht haben, hallte es durch die Welt: Freiheit den einzelnen Nationen! – und die kleinsten Nationen wollen heute sich eigene soziale Strukturen schaffen. Eine Leidenschaft, ein Paroxysmus des Nationalen ist über die Menschheit gekommen, und der ist für das soziale Leben der Erde gerade so schädlich wie der Materialismus für das Gedankenleben. Und ebenso wie der Mensch aus dem Materialismus sich herausarbeiten muß zur Freiheit und zur Geistigkeit, so muß sich die Menschheit herausarbeiten aus allem Nationalismus, in welcher Form immer er auftreten mag, zum allgemeinen Menschtum. Ohne das ist nicht vorwärtszukommen.

In den Sprachen aber werden wir nicht die Möglichkeit finden, ganz herauszukommen aus dem Nationalismus, wenn diese Sprachen sich nicht anlehnen an tiefere Ausdrucksformen für das Geistige. Sehen Sie, ich möchte diese Betrachtungen mehr oder weniger mit einem Bilde beschließen. Wenn Sie nachdenken über dieses Bild, das ich gebrauchen werde, werden Sie auf mancherlei kommen können, was Ihnen gerade für das Verständnis der gegenwärtigen Zeit wichtig sein kann. Schauen Sie sich heute irgendein Schriftstück an. Diese kleinen Teufel, die auf dem weißen Papier stehen, man nennt diese kleinen Teufel Buchstaben, die man so nebeneinandersetzt. Sie haben groteske Formen und in ihrem Nebeneinander bedeuten sie dann die Laute unserer Sprachen. Das geht zurück auf andere ausdrucksvollere Schriftformen. Und wenn wir das ganz weit zurückverfolgen, dann kommen wir zu den Schriftformen, sagen wir, wie sie die Ägypter gehabt haben, oder wie das ursprüngliche Sanskrit war, das mehr oder weniger ganz in seinen Formen aus dem Schlangencharakter sich herausentwickelt hat. Die Sanskritzeichen sind umgewandelte Schlangenformen mit allerlei daran. Die ägyptischen Schriftformen waren noch gemalte, gezeichnete Schriftformen, waren noch Bilder, waren in ihren ältesten Zeiten sogar die Imagination für dasjenige, was dargestellt wurde. Die Schrift war unmittelbar aus dem Geistigen heraus. Dann wurde die Schrift immer abstrakter und abstrakter, bis sie zu dem wurde, was schon mehr oder weniger schlimm genug war: zu unserer gewöhnlichen Schrift, die nur noch dadurch, daß man ihre Formen lernt, zusammenhängt mit dem, was sie darstellt.

Dann kam etwas noch Fürchterlicheres, die Stenographie, die nun völlig der Tod des ganzen Systems ist, welches sich da entwickelt hat aus der alten Bilderschrift heraus. Diese absteigende Entwickelung muß wiederum einem Aufstieg weichen; wir müssen wiederum zu einer Entwickelung zurückkommen, welche uns herausführt aus alldem, in das wir namentlich mit der Schrift hineingetrieben worden sind. Und damit wurde versucht, einen Anfang zu machen. Hier auf diesem Dornacher Hügel steht er. Was auch Mannigfaltiges fehlt an dem Dornacher Bau, was auch Mannigfaltiges unvollkommen ist, er ist in seinen Formen etwas, was ausdrückt in jetziger Art die übersinnliche Wesenheit, zu der der Mensch heute hinsehen soll. Er ist, möchte ich sagen, auch als eine Welthieroglyphe gemeint. Wenn Sie seine einzelnen Formen wirklich studieren, werden Sie in ihnen lesen können viel mehr, als Sie durch Beschreibungen des Geistigen aufnehmen können, wenigstens ist das beabsichtigt. Beabsichtigt ist, in ihm eine Weltenschrift zu verwirklichen. Aus der Kunst ist die Schrift hervorgegangen, zur Kunst muß die Schrift wieder zurückkehren. Sie muß über den Symbolismus hinauskommen, unmittelbar das Geistige in sich leben lassen, indem sie in neuer Art wiederum zur Hieroglyphe wird.

Was hier steht auf diesem Hügel, wird nur dann richtig begriffen werden, wenn man sich sagt: Es liegen mancherlei Menschheitsforderungen in der gegenwärtigen Zeit vor, die eine Antwort haben sollen. Es ist im Grunde genommen das Wort der Sprache heute durchaus nicht hinreichend, um darauf Antwort zu geben. Eine solche Antwort ist versucht mit den Formen dieses Baues. Vieles ist an ihm unvollkommen; aber der Versuch mit einer solchen Antwort ist durch diesen Bau gemacht worden. Und wenn man ihn von diesem Gesichtspunkte aus anschauen wird, dann wird man ihn in der richtigen Weise anschauen.

Das ist dasjenige, was ich Ihnen heute zu den vorigen Betrachtungen noch hinzufügen wollte.

ELFTER VORTRAG

Dornach, 1. November 1919

Wenn jetzt in dieser Zeit gerade von geisteswissenschaftlicher Seite her auch über soziale Fragen gesprochen wird, so beruht das ja, wie ich Ihnen übrigens von den verschiedensten Gesichtspunkten aus schon dargestellt habe, wahrhaftig nicht auf irgendeiner subjektiven Maxime, auf irgendeinem subjektiven Antriebe, sondern es beruht auf der Beobachtung der Entwickelung der Menschheit, auf der Beobachtung desjenigen, was die Entwickelungskräfte der Menschheit gerade für unsere Zeit enthalten, wozu sie uns in der Gegenwart und für die nächste Zukunft besonders auffordern.

Es muß schon gesagt werden, daß die tieferen Impulse desjenigen zu enthüllen, was eigentlich für die gegenwärtige Menschheitsentwickelung in Betracht kommt, eine etwas unbequeme Sache ist; denn man ist in der Gegenwart nicht allzu geneigt, auf die Dinge, auf die es ankommt, einzugehen, sie mit wirklichstem, tiefstem Ernste zu betrachten. Aber unsere Zeit erfordert gegenüber den Angelegenheiten der Menschheit einen wirklichen, gründlichen Ernst. Sie erfordert namentlich das Sich-Freimachen von ganz bestimmten Vorurteilen und namentlich von Vorempfindungen. Ich möchte Ihnen nun heute einige Gesichtspunkte angeben, die Sie in die Lage versetzen, die Dinge, über die wir oft gesprochen haben, von einem tieferen Gesichtspunkte aus zu betrachten. Da werden wir schon wieder eben den Blick richten müssen über einen etwas größeren Menschheitszusammenhang.

Wir unterscheiden ja denjenigen Zeitraum, in dem wir als in unserer kosmischen Gegenwart leben, so von den anderen Zeiträumen, daß wir ihn in der Mitte des 15. Jahrhunderts beginnen lassen, und wir nennen diesen Zeitraum, wie Sie wissen, den fünften nachatlantischen Zeitraum. Wir trennen ihn ab von demjenigen Zeitraume, der damals sein Ende gefunden hat und begonnen hat im 8. vorchristlichen Jahrhunderte, den wir den griechisch-lateinischen Zeitraum nennen, nach den Bevölkerungen, die seine Kultur getragen haben. Und dann, was voranging, das bezeichnen wir als den ägyptisch-chaldäischen Zeitraum.

Wenn man nun den ägyptisch-chaldäischen Zeitraum ins Auge faßt, ins Seelenauge selbstverständlich, dann findet man schon, daß die gewöhnliche Geschichtsbetrachtung gar sehr versagt. Man kommt, selbst wenn man die erschlossenen chaldäischen und ägyptischen Überlieferungen ins Auge faßt, mit der äußerlichen Geschichte nicht sehr weit zurück in der Entwickelungsgeschichte der Menschheit. Aber verstehen kann man dasjenige, was für die Gegenwart bedeutsam ist, doch auch nur, wenn man gerade diesen dritten nachatlantischen Zeitraum aus seinen besonderen Eigentümlichkeiten heraus richtig versteht.

Nun wissen Sie ja vor allen Dingen eines. In der gewöhnlichen Geschichte wird dasjenige, was als Kultur, als Zivilisation unter den Menschen war über die damals bekannte Welt hin, als das Heidnische bezeichnet. Wie eine Oase setzt sich in diese heidnische Kultur hinein, was das Jüdisch-Hebräische ist, das als Vorbereitung des Christentums aufgefaßt werden muß. Aber wenn wir absehen von dem, was von ganz anderer Natur als die übrige damalige Kultur als Judentum sich hineinsetzt in das Vorchristliche, so können wir den Blick richten auf das über die Zivilisation hingehende Heidentum. Was ist das Eigentümliche dieser alten heidnischen Kultur? Das Eigentümliche dieser alten heidnischen Kultur ist, daß sie vorzugsweise eine Kultur der Weisheit ist, eine Kultur des Hineinschauens in die Dinge und Vorgänge der Welt. Wenn auch dasjenige, was der alte Heide wiedergab von seinem Wissen über die Welt, herausgeströmt war aus den alten Mysterien, für die heutige «gescheite» Welt einen mythischen Charakter, einen Bildcharakter hat, so muß doch gesagt werden, daß alles dasjenige, was an solchen Bildern auf die Nachwelt gekommen ist, entstammt tiefen Einblicken in das Wesen der Dinge und Vorgänge.

Man braucht nur sich zu erinnern übersinnlicher Weistümer, die wir versuchten aus den verschiedenen Gebieten dieser alten Zeit für die Gegenwart bloßzulegen, und man wird schon sehen, daß man es zu tun hat mit einer Urweisheit, die den Grund alles Denkens, alles

Empfindens, alles Fühlens der alten Völker bildet. Ein gewisser Nachklang dieser Urweisheit, eine Tradition, die diese Urweisheit in sich schloß, war ja für gewisse Geheimgesellschaften auch in einer gedeihlichen Form bis zum Ende des 18. Jahrhunderts, auch noch bis zum Anfang des 19. Jahrhunderts vorhanden. Im 19. Jahrhundert ist das mehr oder weniger versiegt, und dasjenige, was geblieben ist, ist in den Dienst einzelner Gruppen, namentlich einzelner Nationalitäten gestellt worden. Und es kann heute dasjenige, was in den gewöhnlichen Geheimgesellschaften vorhanden ist, nicht mehr ein ersprießliches, mit Echtheit überliefertes altes heidnisches Weisheitsgut genannt werden.

Dieses heidnische Weisheitsgut, es hat eine bestimmte Eigenschaft, die man nie aus dem Auge verlieren darf, wenn man verstehen will, um was es sich eigentlich handelt. Es hat eine Eigenschaft, derentwegen gerade sich hineinstellen mußte wie eine Oase in diesen Strom der alten heidnischen Weisheit die kleinere Strömung, das Judentum, das dann das Christentum vorbereitete.

Wenn man die alte heidnische Kultur richtig erkennt, so findet man überall, daß sie hehre, große Weistümer, ungeheuer tief in das Wesen der Dinge Hineinschürfendes enthält; aber diese heidnischen Weistümer, sie enthalten keinen eigentlich sittlichen Antrieb für das menschliche Handeln. Man brauchte gewissermaßen diese sittlichen Antriebe für das menschliche Handeln nicht; denn ungleich demjenigen, was heute als Wissen, als Erkenntnis unter den Menschen figuriert, war diese alte heidnische Weisheit etwas, was dem Menschen wirklich das Gefühl und die Empfindung gab, daß er drinnensteht im ganzen Kosmos. Der Mensch, der hier auf der Erde stand und herumwandelte, fühlte sich nicht nur zusammengesetzt aus den Stoffen und Kräften, die außer ihm im irdischen Leben, die im mineralischen, im tierischen, im pflanzlichen Reiche vorhanden sind. Der Mensch fühlte, wie die Kräfte in ihn hereinspielten, die in den Sternen und in den Sonnen kreisten und so weiter. Der Mensch fühlte sich als ein Glied des ganzen Kosmos und er fühlte nicht etwa nur abstrakt, wie er ein Glied des ganzen Kosmos sei, sondern er bekam Anhaltspunkte aus seinen Mysterien heraus, wie er zum Handeln, zu seinem ganzen Verhalten vorzuschreiten habe im Sinne des Sternenlaufes. Was alte Sternenweisheit war, war ja keineswegs jene rechnerische Astrologie, welche heute die Menschen für etwas Bedeutsames halten, sondern es war jene alte Sternenweisheit etwas, was von den Leitern der alten heidnischen Mysterien so gefaßt wurde, daß da von diesen Mysterien herauskommen konnten wirkliche Antriebe für das Handeln, für das Verhalten des einzelnen Menschen. Der Mensch wußte sich gewissermaßen geborgen im Kosmos, nicht nur durch eine allgemeine Weisheit, sondern was er vom Morgen bis zum Abend an einem Tag des Jahres zu tun hatte, das lasen ihm ab und gaben ihm als Direktiven diejenigen, die er anerkannte als die Initiierten in den Mysterien. Aber es war aus alldem, was da die Initiierten aus den Mysterien ablasen, für die chaldäische, für die ägyptische Weisheit nicht zu gewinnen irgendein moralischer Antrieb für die Menschheit. Der eigentlich moralische Antrieb für die Menschheit wurde erst durch das Judentum vorbereitet, dann durch das Christentum weiter ausgebildet.

Und die Frage muß entstehen: Woher kommt es denn, daß die gloriose alte heidnische Weisheit, die zum Beispiel ja noch in dem Griechentum eine künstlerische und eine philosophische Blüte schönster Art trug, keinen moralischen Impuls in sich hatte?

Würden wir allerdings weiter zurückgehen hinter das 3. Jahrtausend der vorchristlichen Zeit, so würden wir finden, daß mit dem Weisheitsimpuls zugleich ein moralischer Impuls kommt, und daß das durchaus so ist, wie ich es hier schon auseinandergesetzt habe: daß in dem Weisheitsimpuls zugleich dasjenige enthalten war, was die alten Menschen als ihre Moral, als ihr Ethos brauchten. Aber ein besonderes Ethos, ein besonderer moralischer Impuls, wie er dann mit dem Christentum kam, war der heidnischen Weisheit als solcher nicht eigen. Warum? Aus dem Grunde, weil für die Jahrtausende, die unmittelbar dem Christentum vorangingen, diese heidnische Weisheit von einer Stelle weit in Asien drüben inspiriert war, aber inspiriert von einer sehr merkwürdigen Wesenheit, von der im 3. vorchristlichen Jahrtausend wirklich in Asien drüben, weit im Osten inkarnierten Wesenheit des Luzifer.

Und zu dem mancherlei, das wir kennengelernt haben über die Menschheitsentwickelung, ist es notwendig, daß wir auch die Erkenntnis hinzufügen, daß es ebenso, wie es gegeben hat die Inkarnation von Golgatha, die Inkarnation des Christus in dem Menschen Jesus von Nazareth, auch gegeben hat eine wirkliche Inkarnation des Luzifer im 3. vorchristlichen Jahrtausend in Asien. Und ein großer Teil der alten Kultur ist eben inspiriert von der Seite her, die nur bezeichnet werden kann als eine irdische Inkarnation Luzifers in einem Menschen, der in Fleisch und Blut gelebt hat. Es wurde ja sogar das Christentum, das Mysterium von Golgatha, als es unter den Menschen sich abspielte, zuerst so gefaßt, wie die Menschen es fassen konnten durch dasjenige, was sie aus der alten luziferischen Weisheit bekommen konnten. Auch die Einseitigkeit der aber sonst außerordentlich tiefsinnigen Gnosis rührt davon her, daß eben über die alte Welt diese Luziferinkarnation ging. Man versteht nicht richtig die volle Bedeutung des Mysteriums von Golgatha, wenn man nicht weiß, daß ihm – nicht ganz dreitausend Jahre – vorangegangen ist eine Luziferinkarnation.

Um zu dieser Luziferinspiration dasjenige hinzuzufügen, was diese Luziferinspiration aus der Einseitigkeit herausholt, kam die Christus-Inkarnation. Und damit kam dasjenige, was nun den menschheitlichen Erziehungsimpuls bildet für die Entwickelung der europäischen Zivilisation und ihres amerikanischen Anhanges. Aber seit der Mitte des 15. Jahrhunderts, seit in der Menschheitsentwickelung entstanden ist der Antrieb vorzugsweise zur Individualitäts-, zur Persönlichkeitsentwickelung, liegen in dieser Entwickelung auch die Kräfte, die eine neue Inkarnation eines übersinnlichen Wesens wiederum vorbereiten. Und ebenso wie es gegeben hat eine fleischliche Inkarnation Luzifers, wie es gegeben hat eine fleischliche Inkarnation des Christus, so wird es, ehe auch nur ein Teil des dritten Jahrtausends der nachchristlichen Zeit abgelaufen sein wird, geben im Westen eine wirkliche Inkarnation Ahrimans: Ahriman im Fleische. Dieser Inkarnation Ahrimans im Fleische kann nicht etwa die Erdenmenschheit entgehen. Die wird kommen. Es handelt sich nur darum, daß die Erdenmenschheit ihre richtige Stellung finden muß zu dieser ahrimanischen Erdeninkarnation.

In alledem, was auf diese Art vorgeht, wenn sich solche Inkarnationen vorbereiten, muß hingesehen werden auf dasjenige, was nach und nach in der Menschheitsentwickelung hinführt zu solchen Inkarnationen. Solch eine Wesenheit wie Ahriman, die sich eine gewisse Zeit nach der unsrigen hier auf der Erde in der westlichen Welt inkarnieren will, bereitet ihre Inkarnation vor. Eine solche Wesenheit wie Ahriman, der auf der Erde inkarniert werden will, lenkt gewisse Kräfte in der menschlichen Entwickelung so, daß sie dieser Wesenheit zu ihrem ganz besonderen Vorteil gereichen. Und schlimm wäre es, wenn die Menschen schlafend dahinleben würden und gewisse Erscheinungen, die im Menschenleben vor sich gehen, nicht so nehmen würden, daß sie in ihnen erkennen können eine Vorbereitung für die fleischliche Inkarnation des Ahriman. Nur dadurch werden die Menschen die rechte Stellung finden, daß sie erkennen: In dieser oder jener Tatsachenreihe, die der menschheitlichen Entwickelung angehört, muß man erkennen, wie Ahriman vorbereitet sein irdisches Dasein. Und heute ist es an der Zeit, daß einzelne Menschen wissen, welche von den Vorgängen, die um sie herum sich abspielen, Machinationen Ahrimans sind, die – ihm zum Vorteil – seine demnächstige irdische Inkarnation womöglich vorbereiten.

Am günstigsten würde es ja zweifellos für Ahriman sein, wenn er es dahin brächte, daß die weitaus größte Anzahl der Menschen keine Ahnung hätte von dem, was eigentlich zur Begünstigung seines Daseins hinführen könnte; wenn die weitaus größte Anzahl von Menschen so dahinleben würde, daß diese Vorbereitungen für die Ahrimaninkarnation abliefen, aber die Menschen sie für etwas Fortschrittliches, Gutes, der Menschheitsentwickelung Angemessenes hielten. Wenn sich gewissermaßen Ahriman in eine schlafende Menschheit hereinschleichen könnte, dann würde ihm das am allerangenehmsten sein. Deshalb müssen diejenigen Ereignisse aufgezeigt werden, in denen Ahriman arbeitet für seine künftige Inkarnation.

Sehen Sie, eine derjenigen Entwickelungstatsachen, in denen, ich möchte sagen, deutlich zu vernehmen ist der Impuls des Ahriman, das ist die Verbreitung des Glaubens unter der Menschheit, daß man durch jene mechanisch-mathematische Erfassung des Weltenalls, welche durch den Galileismus, Kopernikanismus und so weiter gekommen ist, wirklich verstehen könne dasjenige, was da draußen im Kosmos sich abspielt. Deshalb muß ja so streng von anthroposophisch orientierter Geisteswissenschaft betont werden, daß man Geist und Seele suchen muß im Kosmos, nicht bloß dasjenige, was der Galileismus, der Kopernikanismus suchen als Mathematik, Mechanik, wie wenn die Welt eine große Maschine wäre. Es würde eine Verführung durch Ahriman sein, wenn die Menschen stehenbleiben dabei, nur die Umlaufzeiten der Gestirne zu berechnen, nur Astrophysik zu studieren, um hinter die stofflichen Zusammensetzungen der Himmelskörper zu kommen, worauf die Menschen heute so stolz sind. Aber es würde schlimm sein, wenn nicht entgegengehalten würde diesem Galileismus, diesem Kopernikanismus dasjenige, was man wissen kann über die Durchseelung des Kosmos, über die Durchgeistigung des Kosmos. Das ist es, was Ahriman aber zugunsten seiner irdischen Inkarnation ganz besonders vermeiden möchte. Er möchte gewissermaßen die Menschen so stark in der Dumpfheit erhalten, daß sie nur das Mathematische der Astronomie begreifen. Daher verführt er viele Menschen dazu, ihre bekannte Abneigung gegen das Wissen vom Geist und der Seele des Weltenalls geltend zu machen. Aber das ist nur eine von den verführerischen Kräften, die gewissermaßen Ahriman in die Seele der Menschen hineingießt.

Eine andere von diesen verführerischen Kräften des Ahriman – er arbeitet, möchte ich sagen, in entsprechender Weise mit den Luziferkräften zusammen – hängt ja natürlich für seine Inkarnation zusammen mit dem Bestreben, unter den Menschen nach Möglichkeit die bereits sehr verbreitete Stimmung zu erhalten, daß es für das öffentliche Leben genügt, wenn dafür gesorgt wird, daß die Menschen wirtschaftlich zufriedengestellt werden. Man berührt dabei einen Punkt, den der moderne Mensch oftmals nicht gern zugibt. Sehen Sie, für eine wirkliche Erkenntnis des Geistes und der Seele bietet ja eigentlich die heutige offizielle Wissenschaft gar nichts mehr; denn die Methoden, welche man in den heutigen öffentlichen Wissenschaften hat, taugen nur dazu, die äußere Natur, auch vom Menschen nur die äußere Natur aufzufassen. Aber denken Sie sich nur, wie verächtlich eigentlich so ein

Durchschnittsbürger der Gegenwart hinblickt auf alles dasjenige, was ihm idealistisch vorkommt, was ihm wie ein Weg, auf irgendeine Art wie ein Weg ins Geistige hinein vorkommt! Er fragt doch im Grunde genommen immer wiederum: Ja, was bringt das ein? Was trägt das für irdische Güter? – Er läßt seine Söhne im Gymnasium ausbilden, ist vielleicht selber im Gymnasium oder in einer anderen Anstalt ausgebildet, er läßt sie an einer Universität oder an einer anderen Hochschule ausbilden. Allein, all das dient eigentlich nur dazu, um die Grundlagen für einen Beruf abzugeben, das heißt, um im Leben die materiellen Güter zu schaffen, die sie ernähren.

Überblicken Sie einmal das, was berührt wird, wenn man gerade diese Frage ins Auge faßt. Wie viele Menschen bewerten heute eigentlich gar nicht mehr den Geist um des Geistes willen, die Seele um der Seele willen! Solche Menschen nehmen nur das auf, was ihnen vom öffentlichen Erkenntnisleben als nützlich gepriesen wird. Da muß man sich eine sehr wichtige, geheimnisvolle Tatsache der heutigen Menschheit schon eigentlich zum Bewußtsein bringen. So ein richtiger Durchschnittsbürger der Gegenwart, der von morgens bis abends vielleicht ganz fleißig in seinem Kontor ist, dann die bekannten «Abendformalitäten» durchmacht, der will sich durchaus nicht herbeilassen, solche «Allotria» mitzumachen, wie sie etwa in der anthroposophisch orientierten Geisteswissenschaft vorgebracht werden. Es erscheint ihm als etwas Unnötiges; denn er denkt: Das kann man doch nicht essen. – Und schließlich: alles dasjenige, was wirklich nützlich ist an Erkenntnis, das soll doch – wenn auch die Menschen es sich nicht immer gestehen, aber es ist im öffentlichen Leben so – eine Vorbereitung dazu sein, um die Essensmöglichkeiten herbeizuführen.

Ja, es ist ein merkwürdiger Irrtum, dem sich eben gerade auf diesem Gebiet die Menschen der Gegenwart hingeben. Sie glauben, den Geist könne man doch nicht essen. Aber sehen Sie, die Menschen, die dies sagen, sind gerade diejenigen, die den Geist essen! Denn in demselben Maße, in dem man es ablehnt, irgend etwas Geistiges in sich aufzunehmen, das als Geistiges aufgenommen werden würde, in demselben Maße verzehrt man mit jedem Bissen, den man materiell durch den Mund in den Magen führt, das Geistige und befördert es auf einen anderen Weg, als es gehen sollte zum Heile der Menschheit.

Ich glaube, daß viele Europäer sich etwas auf ihre Zivilisation zugute tun werden dann, wenn sie sagen können: Wir sind doch keine Menschenfresser! – Aber Seelenfresser und Geistesfresser, das sind die Europäer mit ihrem amerikanischen Anhang! Das geistlos verzehrte Materielle bedeutet ein Hingeleiten des Geistes auf einen Abweg. Es ist schwierig, diese Dinge heute der Menschheit zu sagen. Denn erfassen Sie nur einmal richtig, in welcher Weise eigentlich vieles von der heutigen Kultur charakterisiert werden muß, wenn man diese Tatsache weiß. Und den Menschen in einem solchen seelen- und geistesfresserischen Zustande zu erhalten, das ist einer der Impulse des Ahriman, um seine Inkarnation zu befördern. Je mehr es gelingen würde, die Menschen aufzurütteln, daß sie nicht bloß wirtschaften im materiellen Sinne, sondern ebenso wie das Wirtschaftsleben auch das selbständige freie Geistesleben, das den wirklichen Geist hat, als ein Glied des sozialen Organismus betrachten, in demselben Maße würden die Menschen die Inkarnation Ahrimans so erwarten, daß sie eine menschheitsgemäße Stellung zu dieser Inkarnation würden einnehmen können.

Eine andere Strömung in unserem jetzigen Leben, die Ahriman benötigt, um seine eigene Inkarnation zu befördern, das ist diejenige, die heute so deutlich hervortritt in dem sogenannten nationalen Prinzip. Alles dasjenige, was die Menschen spalten kann in Menschengruppen, was sie entfernt von dem gegenseitigen Verständnis über die Erde hin, was sie auseinanderbringt, das fördert zu gleicher Zeit Ahrimans Impulse. Und man sollte eigentlich Ahrimans Stimme entnehmen aus dem, was heute so vielfach als ein neues Ideal über die Erde hin gesprochen wird: Befreiung der Völker, selbst der kleinsten, und so weiter. Die Zeiten sind vorüber, in denen das Blut entscheidet. Und konserviert man ein solches Altes, dann fördert man dasjenige, was Ahriman gefördert haben will.

Ebenso fördert man dasjenige, was Ahriman gefördert haben will, wenn man dasjenige nicht energisch zurückweist, was ich ja hier schon öfter charakterisiert habe, indem ich Ihnen gezeigt habe: Heute gibt es

Menschen mit den verschiedensten Parteimeinungen und Parteilebensauffassungen. Man kann davon die eine so gut beweisen wie die andere. Sie können ebensogut beweisen dasjenige, was irgendeine sozialistische Partei vertritt, wie das, was eine antisozialistische Partei vertritt, mit gleich guten Gründen, die dann die Menschen in Anspruch nehmen. Werden die Menschen nicht einsehen, daß diese Beweisart so weit an der Oberfläche des Daseins liegt, daß man eben das Nein und das Ja zugleich beweisen kann mit unserer gegenwärtigen Intelligenz, die für die Naturwissenschaft sehr brauchbar ist, die aber für eine andere Erkenntnis unbrauchbar ist, werden die Menschen nicht einsehen, daß diese Intelligenz, die unserer Wissenschaft so große Dienste leistet, an der Oberfläche liegt, dann werden sie diese Intelligenz anwenden auf dasjenige, was soziales Leben ist, auf dasjenige, was geistiges Leben ist. Dann werden sie das Entgegengesetzte beweisen, der eine dieses, der andere jenes, die eine Gruppe dieses, die andere Gruppe jenes; und da man beides beweisen kann, so werden die Menschen übergehen zu Haß und Erbitterung, die wir ja genügend in unserer Zeit finden. Das alles sind wiederum Dinge, die Ahriman fördern will zur Förderung seiner eigenen Erdeninkarnation.

Und was ganz besonders Ahriman dienen wird zur Förderung seiner Erdeninkarnation, das ist die einseitige Auffassung des Evangeliums selbst. Sie wissen ja, wie nötig geworden ist in unserer Zeit die Vertiefung der Evangelien im geisteswissenschaftlichen Sinne. Sie wissen aber auch, wie sehr heute noch die Gesinnung über die Erde hin verbreitet ist, man solle die Evangelien nicht geistig vertiefen, man solle sich nicht darauf einlassen, dies oder jenes aus einer wirklichen Erkenntnis des Geistes, des Kosmos über die Evangelien zu sagen. «Schlicht hinnehmen» solle man die Evangelien, so sie hinnehmen, wie sie sich heute den Menschen darbieten. Ich will gar nicht davon sprechen, daß sich die wahren Evangelien gar nicht darbieten; denn das, was heute die Menschen aus den Ursprachen als Übersetzungen der Evangelien haben, sind nicht die Evangelien. Aber darauf will ich gar nicht eingehen; sondern ich will nur die tieferliegende Tatsache vor Sie hinstellen, die darin besteht, daß man nicht zu einer wirklichen Christus-Auffassung kommen kann, wenn man sich nur, wie es die meisten Bekenntnisse und Sekten heute wollen, schlicht, das heißt bequem, in die Evangelien hineinfinden will. Man ist in der Zeit, als das Mysterium von Golgatha sich abgespielt hat, und einige Jahrhunderte nachher, zu einer Auffassung des realen Christus gekommen, weil man dasjenige, was überliefert war, fassen konnte mit Hilfe der heidnisch-luziferischen Weisheit. Diese heidnisch-luziferische Weisheit ist zurückgegangen, und dasjenige, was heute die Menschen aus Bekenntnissen und Sekten heraus in den Evangelien finden, das führt sie nicht zum realen Christus, den wir suchen durch unsere Geisteswissenschaft, sondern das führt sie nur zu einer Illusion oder höchstens zu einer Halluzination, zu einer seelischen oder vergeistigten Halluzination von dem Christus.

Man kann nicht durch die Evangelien zu dem wirklichen Christus kommen, wenn man diese Evangelien nicht geisteswissenschaftlich durchdringt. Man kann durch die Evangelien nur bis zu einer Halluzination der weltgeschichtlichen Erscheinung des Christus kommen. Das hat sich übrigens gründlich auch gezeigt in der Theologie der neuesten Zeit. Warum liebt es denn diese Theologie der neuesten Zeit so sehr, von dem «schlichten Mann aus Nazareth» zu sprechen und den Christus eigentlich nur als den Jesus von Nazareth aufzufassen, der etwas hinausragt über die anderen geschichtlichen Größen? Weil man verloren hat die Möglichkeit, zum realen Christus zu kommen, und weil dasjenige, was die Menschen aus den Evangelien gewonnen haben, lediglich bis zu einer Halluzination, bis zu etwas Illusionsartigem kommt; sie können nicht wirklich ergreifen die Realität des Christus durch die Evangelien, sondern nur eine halluzinatorische oder illusorische Vorstellung. Das haben die Menschen auch erfaßt. Denken Sie, wie viele Theologen davon reden, daß Paulus vor Damaskus «nur eine Vision» gehabt habe. Sie kommen darauf, daß eigentlich durch ihre Betrachtung der Evangelien nur eine Halluzination, eine Vision zu gewinnen ist. Das ist nicht etwas Falsches, aber eben eigentlich nur ein inneres Erleben, das in keinem Zusammenhang steht mit der Realität des Christus-Wesens. Ich nenne das nicht halluzinatorisch mit dem Nebengeschmack, daß es unwahr ist, sondern ich will nur charakterisieren, daß die Christus-Wesenheit in derselben Art erfaßt wird, wie eine Halluzination innerlich erfaßt wird. Wenn nun die Menschen dabei stehenbleiben würden, nicht zu dem wirklichen Christus vorzudringen, sondern nur vorzudringen zu der Halluzination des Christus, dann würde Ahriman am meisten seine Zwecke gefördert finden.

(Zu Halluzinationen läuft das Wirken der Evangelien auch aus, wenn nur *ein* Evangelium auf die Menschen wirkt.) Man hat gegen dieses Prinzip, die Evangelien einzeln zu nehmen, gearbeitet, indem man vier Evangelien von vier verschiedenen Gesichtspunkten aus hingestellt hat, und da geht es doch nicht an, diese vier Evangelien, die, wie wir ja oft gesehen haben, sich äußerlich widersprechen, nun einzeln wörtlich, wortwörtlich zu nehmen. Aber es ist eine große Gefahr, ein einzelnes Evangelium wortwörtlich zu nehmen. Was Sie bei den Sekten erleben, die auf das Johannes- oder auf das Lukas-Evangelium schwören als auf seinen wortwörtlichen Inhalt, ist eine Art Wahnidee-Bildung, eine Art Dämmerung, Umdämmerung des Bewußtseins. Bei umdämmerten Bewußtseinen, die sich gerade durch die Evangelien, die man nicht geistig vertieft, herausbilden würden, würden sich Menschen ergeben, die am besten dazu dienen würden, daß Ahriman seine Inkarnation vorbereiten könnte, so daß die Menschen ganz in seinem Sinn zu ihm einstmals stehen würden.

Sehen Sie, wiederum eine unbequeme Wahrheit für die Menschen der Gegenwart! Da leben die Menschen in ihren Konfessionen und sagen: Wir brauchen nicht irgend etwas wie eine Anthroposophie, denn wir bleiben bei dem schlichten Evangelium. – Aus Bescheidenheit – sagen die Leute – bleiben sie bei dem schlichten Evangelium. – In Wahrheit ist es die furchtbarste Anmaßung, die nur zu denken ist. Und diese Anmaßung besteht darin, daß man scheinbar das Evangelium wortwörtlich nimmt, aber sich hermacht über das, was erarbeitet ist als Weisheitsgut, um es zu beurteilen mit dem, was man durch die Geburt mitbekommen hat und was aus dem Blute herauswirbelt an Ideen. Die «schlichtesten» Menschen sind meistens die hochmütigsten, gerade auf religiösen Gebieten, auf Bekenntnisgebieten. Aber was dabei in Betracht kommt, das ist, daß diejenigen am meisten die Inkarnation des Ahriman vorbereiten, die vor den Menschen immer wiederum predigen: Ihr braucht nichts weiter, als im Evangelium zu lesen!

Und merkwürdig, die zwei Parteien, wenn sie auch sehr, sehr verschieden voneinander sind, arbeiten sich in die Hände: diejenigen, die ich früher bezeichnet habe als Seelenfresser, Geistfresser, und diejenigen, welche in der letztcharakterisierten Weise durch das bloße Aufgehen im Wörtlichen der Evangelien die Inkarnation des Ahriman fördern. Die beiden arbeiten sich furchtbar in die Hände. Denn würde nichts sich geltend machen als die Weltanschauung der Seelen- und Geistfresser auf der einen Seite, der Bekenntnischristen, die nicht auf die Tiefen des Evangeliums eingehen wollen, auf der anderen Seite, dann würde Ahriman alle Menschen zu «Ahrimanianern» machen können auf der Erde! Dasjenige, was heute vielfach im positiven Christentum der äußeren Welt verbreitet wird, das ist eine Vorbereitung für die Inkarnation des Ahriman. Und aus gar manchem, was mit der Anmaßung auftritt, die Vertretung der rechtgläubigen Kirche zu sein, sollte man heute eigentlich hören eine Vorbereitung des Werkes des Ahriman.

Denn die Dinge sind heute nicht so, wie die Menschen sie wortwörtlich sagen. Die Menschen leben heute, wie ich oftmals auseinandergesetzt habe, eben viel zu sehr in Worten. Wir haben gar sehr nötig, von den Worten weg in die Dinge einzudringen. Heute ist es wirklich so, daß das Wort gewissermaßen die Menschen von dem wirklichen Wesen der Dinge trennt. Und am meisten trennen sich die Menschen von dem wirklichen Wesen, wenn sie die alten Urkunden, zu denen auch die Evangelien gehören, so nehmen wollen, wie es heute oftmals angedeutet wird im sogenannten «schlichten Verständnis». Viel schlichter ist dasjenige, was wirklich in den Geist der Dinge hineindringen und auch die Evangelien selber vom Gesichtspunkte des Geistes aus verstehen will.

Ich habe gesagt: Zusammenwirken werden Ahriman und Luzifer ja immer. Es handelt sich nur darum, welcher von beiden gewissermaßen für das Bewußtsein der Menschen die Übermacht in einem bestimmten Zeitalter erhält. Es war eine stark luziferische Kultur, die der Zeit nach bis über das Mysterium von Golgatha hinüberreichte, von der Inkarnation des Luzifer in China im 3. vorchristlichen Jahrtausend ab. Von da strahlte vieles aus, was besonders stark wirkte bis in die ersten christlichen Jahrhunderte herein, was aber auch noch in unserer Zeit wirkt.

Nun ist es aber in unserer Zeit jetzt so, daß gewissermaßen Luzifers Spuren mehr unsichtbar werden, weil bevorsteht eine Inkarnation des Ahriman im 3. Jahrtausend, und Ahrimans Wirken in solchen Dingen, wie ich sie Ihnen heute angeführt habe, besonders deutlich seinen Spuren nach wahrnehmbar ist. Ahriman hat gewissermaßen mit Luzifer einen Vertrag geschlossen, den ich so bezeichnen möchte: Ich, Ahriman, finde es für mich besonders günstig – so sagte Ahriman zu Luzifer –, die Konservenbüchsen in Anspruch zu nehmen; dir überlasse ich den Magen, wenn du es mir nur überläßt, die Mägen in Dämmerung zu wiegen, respektive die Bewußtseine der Menschen in bezug auf den Magen in Dämmerung zu wiegen.

Sie müssen nur richtig verstehen, was ich damit meine. In Dämmerung über den Magen sind diejenigen Menschen, die ich eben als Seelenfresser und als Geistesfresser bezeichnet habe; denn sie führen direkt der luziferischen Strömung dasjenige zu, was sie ihrem Magen zuführen, wenn sie nicht in ihrer Menschheit Spirituelles tragen. Durch den Magen geht das ungeistig Gegessene und Getrunkene zu Luzifer hin!

Und mit den Konservenbüchsen, was meine ich denn eigentlich damit? Mit den Konservenbüchsen meine ich die Bibliotheken und ähnliches, wo diejenigen Wissenschaften aufbewahrt sind, die man zwar treibt, die man aber nicht eigentlich mit seinem wirklichen Interesse verfolgt, die nicht bei den Menschen leben, sondern in den Büchern, die in den Bibliotheken stehen. Sehen Sie sich diese Wissenschaft an, die abseits von den Menschen getrieben wird! Viele Bücher stehen überall in den Bibliotheken. Jeder Student muß schon anfangen, wenn er das Doktorat macht, eine gelehrte Abhandlung zu machen; dann werden diese in möglichst viele Bibliotheken hineingestellt. Dann kommt wiederum eine gelehrte Abhandlung, wenn der Betreffende in irgendeine Stellung hineinrücken will. Aber auch sonst schreiben und schreiben und schreiben die Menschen heute. Aber gelesen wird das wenigste von dem, was heute geschrieben wird. Nur dann, wenn die Menschen sich vorbereiten müssen für dieses oder jenes, dann zitieren sie das, was da in den Bibliotheken drinnen modert, konserviert ist. Diese «Konservenbüchsen der Weisheit», das ist dasjenige, was besonders ein gutes Förderungsmittel für Ahriman ist.

Die Art, wie das getrieben wird, aber auch vieles andere, was ähnlich ist, was eigentlich nur in die Welt gesetzt wird, aber einen Sinn nur hätte, wenn sich die Menschen dafür interessieren würden, für das sie sich aber eigentlich nicht interessieren, sondern das eigentlich nur in einer von den Menschen getrennten Weise vorhanden ist, findet sich auf allen Gebieten. Bedenken Sie doch nur einmal, man könnte ja, wenn man dazu veranlagt wäre, verzweifeln! Da hat man zum Beispiel einen Prozeß, da muß man sich einen Advokaten nehmen. Dieser Advokat führt den Prozeß. Dann kommen die Zeiten, wo man mit dem Advokaten verhandeln muß; es häufen sich immer mehr und mehr die Papiere. Die hat er in einer Mappe. Aber wenn man dann mit ihm redet, so hat er keine Ahnung von dem Zusammenhang, er weiß nichts, er schlägt auf und auf und es kommt nichts dabei heraus. Er hat keinen Zusammenhang mit seinen Akten. Da ist eine Aktenmappe, da ist die nächste Aktenmappe. Die Akten wachsen. Aber das Interesse ist ganz und gar nicht vorhanden. Es ist zum Verzweifeln, wenn man mit den Fachleuten, die so irgendwie die Dinge machen, wirklich zu tun hat. Sie sind ganz und gar außer Verbindung mit dem, worum es sich handelt, wissen nichts davon in Wirklichkeit, denn alles steht in den Akten. Das sind die kleinen Konservenbüchsen, die Bibliotheken sind die großen Konservenbüchsen von Geist und Seele. Da wird alles konserviert. Aber die Menschen wollen es nicht mit sich vereinigen, wollen es nicht mit ihrem Interesse durchdringen. Und schließlich entsteht gerade daraus ja auch jene Stimmung in der neueren Zeit, welche gar nicht hineinlassen möchte in das Weltanschauungsbekenntnis dasjenige, ja, wozu schon etwas Kopf notwendig ist. Es ist ja etwas Kopf notwendig, um etwas zu verstehen. Die Menschen möchten das Bekenntnis, die Weltanschauung bloß auf das Herz zurückführen. Gewiß muß es auf das Herz zurückgeführt werden; aber die Art, wie die Menschen gegenwärtig oftmals über das religiöse Bekenntnis sprechen, kommt mir vor wie dasjenige, was mit einem Sprichwort getroffen werden soll, das viel in der Gegend angewendet wurde, wo ich meine Jugend verlebt habe. Da wurde gesagt: «Des mit der Liab, des is a ganz besundere Sach. Wama sie kaft, so kaft ma eigentli nur das Heaz, und in Kobf griag ma umasunst drauf.» Also mit der Liebe sei es eine ganz besondere Sache: Wenn man sie kaufe, so kaufe man nur das Herz, und den Kopf bekomme man umsonst als Zugabe dazu! – So ungefähr, sehen Sie, soll ja auch die Stimmung sein für dasjenige, was die Menschen heute gern als Inhalt ihrer Weltanschauung aufnehmen. Sie möchten alles ohne Anstrengung des Kopfes aufnehmen, durch das Herz, wie sie sagen, das allerdings ohne den Kopf nicht schlägt, aber durch das man gut aufnehmen kann, wenn man eigentlich den Magen meint. Und dann soll dasjenige, was eigentlich in der Menschheit geleistet werden soll durch den Kopf, das soll umsonst drauf sein, das soll insbesondere in den allerwichtigsten Dingen des Lebens umsonst drauf sein.

Alle diese Dinge, sie sind sehr wichtig zu beachten, und es ist sehr wichtig, sie zu beachten. Denn man sieht, wenn man sie beachtet, wie großen Ernst man aufwenden muß gegenüber dem gegenwärtigen Menschenleben und wie es notwendig ist, zu lernen selbst von den Illusionen, die von den Evangelien ausgehen können, zu lernen von der Art, wie die Menschen gegenwärtig die Illusionen lieben. Mit der Art von Wissen, das die Menschen heute oftmals anstreben, ist nicht Wahrheit zu erreichen. Die Menschen finden es heute sehr sicher, wenn sie mit Zahlen rechnen, statistisch die Dinge der Welt zu beweisen. Mit der Statistik und mit den Zahlen hat Ahriman ein ganz besonders leichtes Spiel; denn er ist ganz besonders froh, wenn ein Gelehrter heute der Menschheit klarmacht, auf dem Balkan muß es so und so aussehen, denn da leben zum Beispiel in Mazedonien so und so viele Griechen, so und so viele Serben, so und so viele Bulgaren. Gegen Zahlen läßt sich nichts machen, denn die Menschen glauben an Zahlen. Und Ahriman macht mit den Zahlen, an die die Menschen glauben, seine Rechnung in dem Sinne, wie ich es Ihnen heute erklärt habe.

Nur kommt man nachher dahinter, wie «sicher» diese Zahlen sind. Zahlen beweisen ganz bestimmt etwas für den Menschen; aber wenn man nicht stehenbleibt bei dem, was in den Büchern steht, wo mit Zahlen bewiesen wird, sondern genauer nachsieht, so merkt man oftmals: ja, in diesen Statistiken, sagen wir zum Beispiel den mazedonischen, da ist angeführt ein Vater, der ist Grieche, ein Sohn, der ist Serbe und ein anderer Sohn, der ist Bulgare; also steht der Vater bei den Griechen, der eine Sohn bei den Bulgaren, der andere bei den Serben. Wie das zugeht, daß in derselben Familie der eine ein Grieche ist, der andere ein Serbe, der andere ein Bulgare, und wie das in die Zahlen hineingeht, das zu durchschauen wäre dasjenige, was wirklich zur Wahrheit führt, nicht das Aufnehmen der Zahlen, womit sich die Menschen heute so befriedigen. Die Zahlen sind es, durch welche die Menschen in einer Richtung verführt werden, durch die Ahriman am besten seine Rechnung findet für seine künftige Inkarnation im 3. Jahrtausend.

Davon wollen wir dann morgen weitersprechen.

ZWÖLFTER VORTRAG

Dornach, 2. November 1919

Die gestrigen Betrachtungen werden Ihnen gezeigt haben, daß wir, um hineinzusehen in das eigentliche Getriebe des Menschenwerdens und Menschenwesens, gar sehr ins Seelenauge fassen müssen die Wirksamkeit der luziferischen Macht, der Christus-Macht, der ahrimanischen Macht. Es handelt sich darum, daß diese Mächte ja gewiß auch im bisherigen Verlauf der Weltenentwickelung gewirkt haben. Aber sie haben gewirkt in Sphären, die es nicht notwendig machten, daß der Mensch ein deutliches Bewußtsein habe von der Art und Weise der Wirksamkeit dieser Mächte. Das ist gerade der Sinn unseres fünften nachatlantischen Zeitraumes, daß der Mensch immer mehr und mehr ein Bewußtsein empfange von dem, was eigentlich durch ihn im Erdendasein durchwirkt. Es würde auch im Grunde heute schon notwendig sein, viel, viel mehr von den Lebensgeheimnissen der Menschheit zu enthüllen, wenn die Menschheit geneigter wäre, die Dinge sachlicher und objektiver aufzunehmen. Aber ohne gewisse Erkenntnisse gerade nach der Richtung hin, die gestern gezeigt worden ist, wird die Menschheit weder im sozialen noch im innerlichen Leben zunächst vorwärtskommen können. Denn bedenken Sie nur einmal etwas, was zusammenhängt mit unseren durch Monate hindurch gepflogenen sozialen Betrachtungen. Die zielen darauf hin, den Nachweis zu führen von der Notwendigkeit, das geistige Leben neben dem Rechts- oder Staatsleben von dem bloß wirtschaftlichen Leben abzusondern. Vor allen Dingen zielen sie darauf hin, Verhältnisse über die Welt hin zu schaffen, oder wenigstens – mehr können wir ja zunächst nicht tun – Verhältnisse über die Welt hin als die richtigen zu betrachten, welche ein selbständiges Geistesleben begründen, ein Geistesleben, das nicht abhängig ist von den anderen Strukturen des sozialen Lebens, wie unser gegenwärtiges Geistesleben, das ganz drinnensteckt im Wirtschaftsleben auf der einen Seite und im politischen Staatsleben auf der anderen Seite. Entweder wird die heutige zivilisierte Menschheit sich dazu bequemen müssen, ein solches selbständiges Geistesleben hinzunehmen, oder die gegenwärtige Zivilisation muß ihrem Untergang entgegengehen und aus den asiatischen Kulturen muß sich etwas Zukünftiges für die Menschheit ergeben.

Wer heute noch nicht glaubt, daß die Dinge so ernst liegen, der fördert auch in einer gewissen Richtung dasjenige, was Vorbereitung ist für die ahrimanische Zukunftsinkarnation. Es ist ja heute schon im Grunde genommen aus den Außendingen, aus den äußeren Tatsachen des menschlichen Lebens manches, was in bezug auf diese Wahrheit Aufschluß geben könnte, zu erkennen. Die ahrimanische Inkarnation wird dann ganz besonders gefördert werden, wenn man es ablehnt, ein selbständiges freies Geistesleben zu begründen, und das Geistesleben weiter drinnenstecken läßt in dem Wirtschaftskreislauf oder in dem Staatsleben. Denn diejenige Macht, welche das weitaus größte Interesse hat an einer solchen weiteren Verquickung des Geisteslebens mit dem Wirtschaftsleben und mit dem Rechtsleben, das ist eben die ahrimanische Macht. Die ahrimanische Macht wird das freie Geistesleben wie eine Art von Finsternis empfinden. Und das Interesse der Menschen an diesem freien Geistesleben wird diese ahrimanische Macht empfinden wie ein sie brennendes Feuer, ein seelisches Feuer, aber ein sie stark brennendes Feuer. Daher obliegt es geradezu dem Menschen, um die richtige Stellung, das richtige Verhältnis zur ahrimanischen Inkarnation in der nächsten Zukunft zu finden, dieses freie Geistesleben zu begründen. Aber es ist heute noch eine starke Neigung vorhanden, gerade die Tatsachen, von denen gestern gesprochen worden ist, zu verhüllen. Die weitaus größte Menge der Menschen verhüllt diese Dinge, weil sie einfach nicht hinschauen will auf das Wahre, auf das in den Dingen Wirkliche, weil sie sich täuschen lassen will durch Worte, die abseits liegen von den Wirklichkeiten. Manchmal ist dieses Streben, nur ja nicht heranzukommen an die Wirklichkeiten, ein sogenanntes ehrliches, ein gut gemeintes.

Beachten Sie nur einmal so etwas wie den jetzt veröffentlichten Brief von *Romain Rolland,* in welchem Romain Rolland ausspricht, wie man nicht mehr sich blenden lassen solle durch dasjenige, was früher auf seiten der heutigen siegenden Mächte gesagt worden ist von Gerechtigkeit, von der Vertretung des Rechtes und so weiter. Er ist darauf gekommen, sich in solcher Weise auszusprechen, durch die Behandlung, welche Rußland erfährt von seiten der Ententemächte. Er sagt: Ganz gleichgültig, ob man es zu tun hat mit Königstümern, mit Republiken, dasjenige, was da gesprochen wird von Recht und Gerechtigkeit, ist ja doch nur eine Phrase, es handelt sich ja selbstverständlich doch nur um Macht.

Nun kann man sagen: Solch ein scheinbares Daraufkommen auf Wirklichkeiten wird sich doch immer wieder und wiederum bloß blenden lassen wollen; denn die Blendung ist bei Romain Rolland heute ebenso groß wie sie früher war; die Täuschung ist nicht geringer geworden. Die Täuschung würde erst dann geringer werden, wenn solche Menschen überhaupt über die Phrasen hinauskämen, wenn sie sehen würden, daß alles das nichts bedeutet, was sie in solcher Weise ersehnen, solange sie nicht wirklich begreifen, daß der alte Einheitsstaat als solcher, ganz gleichgültig welche Verfassung, welche Struktur er hat, ob er Demokratie oder Republik oder Monarchie oder irgend etwas ist, wenn er Einheitsstaat ist, wenn er nicht dreigeteilt ist, der Weg ist zur ahrimanischen Inkarnation. Und daher sind das alles nur Deklamationen, auch dieser neuerliche «Weltrundschreibebrief» von Romain Rolland. Die Menschen fassen nicht die Wirklichkeit, denn die Wirklichkeit kann man heute nur fassen, wenn man einsieht, wie die Dinge durch geistige Erkenntnis vertieft werden müssen. Und man muß in dieser Richtung wirklich gründlich in das Wesen der Dinge untertauchen.

Sie kennen gewiß ein Wort oder eine Reihe von Worten, die viel in der Welt wiederholt werden: «Im Urbeginne war das Wort, und das Wort war bei Gott, und ein Gott war das Wort.» Versuchen Sie einmal sich zurechtzulegen, ob die Menschen diese drei Zeilen wirklich ernst nehmen. Sie sprechen sie, aber sie sprechen sie vielfach als Phrase. Das mag Ihnen schon aus dem folgenden hervorgehen. Die meisten Menschen legen ja keinen besonderen Wert darauf, daß diese Zeilen ausgesprochen werden im Imperfektum:

Im Urbeginn *war* das Wort
und das Wort *war* bei Gott
und ein Gott *war* das Wort,

wobei «Wort» zu gleicher Zeit die ältere, griechische Bedeutung haben muß. Es ist nicht das Wort, wie es heute verstanden wird von den Menschen, das bloße Laut-Wort, es ist das innerliche Geistige. Aber auch von diesem wird ja das Imperfektum gebraucht: «Im Urbeginne *war* das Wort, und das Wort *war* bei Gott, und ein Gott *war* das Wort». Also müßte man sagen: Da im Urbeginn das Wort *war*, ist es jetzt nicht mehr. – Sonst würde es heißen: *Jetzt* ist das Wort. Und das Wort *ist* nicht bei Gott, es *war* bei Gott. Und es *war* ein Gott das Wort. Es *ist* also jetzt nicht mehr. – Es *ist* auch nicht mehr. Das steht ja im Johannes-Evangelium selber; denn was würde es denn sonst für eine Bedeutung haben, daß da steht «Und das Wort ist Fleisch geworden und hat unter uns gewohnet»? Es wird ja erzählt, was in der Weiterentwickelung des Wortes liegt. Und mit dem «Worte» ist auch alles dasjenige gemeint, was der Mensch durch seine Anstrengungen, durch seine Intelligenz als intellektuelle Weisheit gewinnen kann. Wir müssen uns klar darüber sein, daß alles, was der Mensch durch das gewinnen kann, was hier mit dem Worte «Wort» wiedergegeben wird, nicht dasjenige ist, was gesucht werden soll durch den Menschen der Gegenwart und der nächsten Zukunft. Wollte man ein Gegenwärtiges ansprechen, dann müßte man eigentlich sagen: Es suche der Mensch den Geist, der sich im Worte offenbart. Denn der Geist *ist* bei Gott. Und der Geist *ist* ein Gott.

Vorzurücken hat die Menschheit von dem Worte zum Geiste, zu der Anschauung und Erkenntnis des Geistes. Indem ich Sie erinnere an so etwas wie die ersten Worte des Johannes-Evangeliums, können Sie sehen, wie wenig die Menschen der Gegenwart geneigt sind, diese Dinge wirklich ernst zu nehmen, wirklich über eine Willkürinterpretation der Dinge hinauszugehen. Es ist ja die reine Willkürinterpretation, die heute sehr häufig gerade für die ernstesten Dinge angenommen wird. Es handelt sich darum, zu erkennen, daß auch im Menschen selbst dasjenige, was die Intelligenz bedeutet, etwas hingerückt werden sollte und beleuchtet werden sollte durch dasjenige, was im geistigen Schauen sich offenbart, wobei es ja nicht immer auf geistiges Schauen ankommt, sondern auf Verständnis des geistig Geschauten. Denn ich habe es ja immer wiederum betont: Nicht etwa bloß der Hellseher kann heute einsehen die Wahrheit desjenigen, was hellsichtig erfahren wird, sondern jeder Mensch, weil für das geistige, das spirituelle Element des Menschen durchaus die Reife vorliegt, wenn die Menschen sich nur entschließen wollten, ihre Arbeitskraft wirklich zu gebrauchen, wenn sie nicht zu bequem wären dazu. Aber um zu diesen Dingen aufzusteigen, so daß der Mensch den entsprechenden Grad wirklich einnimmt, der ihm heute zugemessen ist, handelt es sich darum, solche Dinge wie diejenigen, in die die gestrige Betrachtung ausgeklungen ist, durchaus ernst zu nehmen. Ich habe Sie gestern aufmerksam darauf gemacht durch ein triviales Beispiel, wie leicht man durch die Zahl getäuscht werden kann. Aber herrscht denn nicht heute geradezu ein Aberglaube der Menschheit gegenüber der Zahl? Was gezählt werden kann in irgendeiner Weise, das gilt in der Wissenschaft. In der Naturwissenschaft liebt man das Wägen, das Zählen. In der sozialen Wissenschaft liebt man die Statistik, die auch nur ein Wägen und Zählen ist. Und wie schwer wird sich die Menschheit dazu entschließen, anzuerkennen, daß alles, alles, was uns überliefert wird von der Außenwelt durch Maß und Zahl, Täuschung ist.

Sehen Sie, was heißt messen? Messen heißt, mit einem Maße irgend etwas vergleichen. Eine Linie kann ich messen, wenn ich sie mit einer kleinen Linie eins, zwei, drei und so weiter vergleiche. Wenn man so mißt, gleichgültig ob man Längen oder Flächen oder Gewichte mißt, bleibt ganz weg das Qualitative. Die Zahl drei ist immer dieselbe Zahl, ob Sie mit ihr abzählen Schafe oder Menschen oder Staatsmänner, die Zahl drei bleibt immer dieselbe; es kommt nicht auf das Qualitative an, es kommt nur auf das Quantum an. Und das ist gerade das Wesentliche bei Maß und Zahl, daß es nicht auf das Qualitative ankommt. Aber dadurch wird alles, was uns durch Maß und Zahl überliefert wird, zu einem Blendwerk, und dies müssen wir ernst nehmen, daß in dem Augenblicke, wo wir die Welt betreten, welche gemessen und gewogen werden kann, das heißt die Welt des Raumes und die Welt der Zeit, wie sie uns gegeben sind, wir herantreten an die Welt der Täuschung, an die Welt, die eine bloße Fata Morgana ist, solange wir sie so betrachten, als ob sie eine Wirklichkeit wäre. Das ist ja eigentlich das Ideal des gegenwärtigen Denkens, über alle

Dinge der räumlichen und zeitlichen Außenwelt das zu erfahren, was sie im Raum und in der Zeit bedeuten, während in Wahrheit dasjenige, was die Dinge im Raum und in der Zeit bedeuten, eben nur ihre Außenseite ist, und wir gerade über Raum und Zeit hinweg in das Tiefere eindringen müssen, wenn wir zur Wahrheit, zur Wesenheit kommen wollen. Es wird also eine Zukunft kommen müssen, durch die sich der Mensch sagt: Ja, ich kann mit meiner Intelligenz die natürliche Außenwelt erfassen. Ich kann mit meiner Intelligenz so die Außenwelt erfassen, wie es zum Beispiel als Ideal heute vorschwebt der Naturwissenschaft. Aber diese Anschauung, die ich dadurch gewinne, ist die rein ahrimanische. – Das heißt nicht, man soll diese Naturwissenschaft verwerfen, man soll diese Naturwissenschaft nicht haben; aber man soll sich bewußt werden, daß man durch diese Naturwissenschaft bloß das ahrimanische Blendwerk erlangt. Warum denn? Warum soll man trotzdem diese Naturwissenschaft haben, trotzdem man durch sie nur das ahrimanische Blendwerk erlangt? Weil der Mensch in der Erdenentwickelung auf dem absteigenden Ast seiner Entwickelung ist. Er ist ein Wesen, das bereits im Niedergang ist. Wenn Sie unter den fünf nachatlantischen Zeiträumen den

Tafel 11

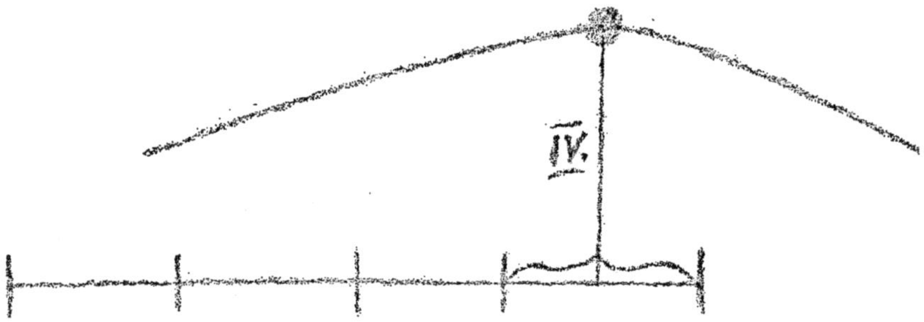

vierten nehmen, den griechisch-lateinischen, so kann man sagen: Da war der Mensch in bezug auf seine Erkenntnis verhältnismäßig im höchsten Punkte. Jetzt aber ist der Mensch bereits wiederum im Niedergang. Und während der Mensch im Niedergang ist – ich habe das von verschiedenen Gesichtspunkten her erläutert –, würde er, das bereits wiederum leiblich schwach werdende Wesen, es nicht vertragen, die Welt so wahrzunehmen, wie sie noch der Grieche wahrgenommen hat.

Das, sehen Sie, sagt keine «äußerliche Geschichte»! Was würden dazu die braven heutigen Historiker sagen, die Griechenland geradeso tradieren, als wenn sie irgendeine Gegend ihrer Zeitgenossen tradieren würden, weil sie nicht wissen, daß die Griechen aus anderen Augen in die Natur geschaut haben als die heutigen Menschen, daß sie aus anderen Ohren hinaus gehört haben in die Welt als die heutigen Menschen. Die heutigen Menschen – das sagen Ihnen die Historiker nicht – würden fortwährend Kopfschmerz oder Migräne haben, wenn sie dasjenige sehen und hören würden in der Außenwelt, was die Griechen gesehen und gehört haben. Ein viel intensiveres Außenleben der Sinneswelt hatten die Griechen. Wir sind bereits in bezug auf die Auffassung der Außenwelt abgestorben. Uns muß, damit wir es vertragen können, eine bloße Fata Morgana der Außenwelt vorgeführt werden. Und es wird uns eine bloße Fata Morgana der Außenwelt vorgeführt. Und am meisten ist dasjenige eine bloße Fata Morgana, was wir nicht bloß sehen mit unseren Sinnen, sondern was wir durch unsere Wissenschaft in unseren Vorstellungen über diese Außenwelt träumen. Die größten Träumer über die Außenwelt sind heute eigentlich diejenigen, die glauben, die Realistischen im Denken zu sein. *Darwin* oder *John Stuart Mill,* das sind richtige Träumer. Diejenigen, die glauben, gerade ganz realistisch zu sein, das sind die Träumer.

Aber wir können auch nicht uns ganz verlassen auf unser Inneres. Viele sind unter Ihnen, die könnten aus dem Verlaufe der Bewegung, die durch die Theosophische Gesellschaft gegangen ist, insofern diese Theosophische Gesellschaft eben die Theosophical Society ist, erkennen, wie das bloße Verfolgen des Inneren, wenn es so gemacht wird, wie es heute viele Menschen anstreben, auch nicht zu irgend etwas führt, wozu der Mensch heute geführt werden soll, wozu er sich selbst führen soll. Denn da wird vielfach angestrebt, daß der Mensch nicht in Freiheit durch seinen selbsteigenen Entschluß über das gewöhnliche Leben hinaus zu einer höheren Anschauung komme, sondern es wird vielfach gerade appelliert an den unfreien Teil des Menschen. Es werden allerlei halluzinatorische, allerlei Illusionsfähigkeiten in Anspruch genommen.

Der Mensch sollte sich aber sagen: So wie die äußere Wissenschaft ein Ahrimanisches wird, so wird die höhere Entwickelung des Inneren des Menschen einfach ein Luziferisches, wenn er dieses Innere so, wie er damit geboren ist, mystisch vertieft. – In jedem Menschen, der sich heute ohne jene Selbsterziehung, von der die Rede ist in dem Buche «Wie erlangt man Erkenntnisse der höheren Welten?», in die Hand nimmt, um das, was schon in ihm liegt, mystisch zu vertiefen, wacht auf das Luziferische, wird das Luziferische besonders mächtig. Aber das wird Ihnen ja bezeugen, daß in jedem Menschen heute, wenn er überhaupt nur anfängt nachzugrübeln über das Innere, das Luziferische auftritt. Dieses Luziferische ist heute eigentlich furchtbar mächtig in der gegenwärtigen Menschheit. Es prägt sich dieses Luziferische heute aus in einem Egoismus, den die meisten Menschen bei sich gar nicht bemerken. Denken Sie nur, wie oft trifft man heute Menschen an, die, wenn sie irgend etwas getan haben, zufrieden sind, wenn sie, wie sie oftmals sagen, die Sache so verrichtet haben, daß sie sich keinen Vorwurf zu machen haben, daß sie nach bestem Wissen und Gewissen die Sache gemacht haben. Das ist ein rein luziferischer Gesichtspunkt, der geltend gemacht wird. Denn es kommt bei dem, was wir im Leben tun, gar nicht darauf an, ob wir uns einen Vorwurf zu machen brauchen oder keinen Vorwurf zu machen brauchen, sondern es kommt darauf an, daß wir die Dinge objektiv, ganz abgesehen von uns objektiv erfassen, daß wir die Welt durchschauen, daß wir aus objektivem Tatsachenverlauf heraus die Dinge vollziehen. Und die meisten Menschen streben heute nicht nach einer objektiven Durchdringung der Sache, nach einem Erkennen, wie die Sachen aus dem weltgeschichtlichen Werden heraus zu geschehen haben.

Deshalb müssen wir gerade auf dem Boden der Geisteswissenschaft betonen, wie die Dinge objektiv sind: Daß also Ahriman seine Inkarnation vorbereitet, woran man erkennt, wie er sie vorbereitet, wie man sich als Mensch dazu zu stellen hat! Bei solchen Fragen kommt es wirklich nicht darauf an, daß wir uns sagen: Wir tun das oder jenes, damit wir uns keine Vorwürfe zu machen brauchen –, sondern wir müssen die objektiven Sachen erkennen lernen. Wir müssen dasjenige erkennen lernen, was in der Welt wirkt, und uns danach verhalten um der Welt willen.

Das alles aber zielt eigentlich darauf hin, daß der gegenwärtige Mensch sich nur dann richtig beurteilt, wenn er sagt, er schwebe eigentlich immer zwischen zwei Extremen, zwischen dem Ahrimanischen auf der einen Seite, das ihm ein äußerliches Blendwerk vorlegt, und zwischen dem Luziferischen im Inneren, das ihm die Neigung einimpft zu Illusionen, zu Halluzinationen und so weiter. Heute lebt der Mensch seine ahrimanischen Neigungen aus in der Wissenschaft, seine luziferischen in der Religion. Und im Künstlerischen pendeln die Menschen zwischen dem einen und dem anderen hin und her. In der letzten Zeit gab es solche Künstler, die mehr luziferische Neigungen hatten, andere waren solche, die mehr ahrimanische Neigungen hatten. Diejenigen, die mehr luziferische Neigungen hatten, sie wurden Expressionisten; die, welche mehr ahrimanische Neigungen hatten, wurden Impressionisten. Und zwischen alledem pendeln dann diejenigen, die eigentlich weder das eine noch das andere sein wollen, weder das Luziferische richtig beurteilen noch das Ahrimanische richtig beurteilen, sondern beides meiden wollen. Nur ja nicht Ahriman! – *Das* darf ich nicht tun, *das* will ich nicht tun, denn da komme ich ins Ahrimanische hinein. – *Das* darf ich nicht tun, *das* will ich nicht tun, da komm ich in das Luziferische! – Und man will «ganz brav» sein, weder in das Ahrimanische noch in das Luziferische hineinkommen.

Ja, darum handelt es sich nicht, sondern es handelt sich darum, Ahrimanisches und Luziferisches zu betrachten wie zwei Waagschalen, die beide da sein müssen. Und den Waagebalken, der im Gleichgewichtszustande zwischen beiden ist, müssen *wir* darstellen. Das ist dasjenige, um was es sich handelt.

Und wie können wir uns zu einer solchen Sache erziehen? Indem wir das, was in uns ahrimanisch auftritt, sehr stark mit einem luziferischen Elemente durchdringen. Was tritt ahrimanisch auf im heutigen Menschen? Die Erkenntnis der Außenwelt. Das Allerahrimanischeste ist das materielle Erkennen der Außenwelt, denn diese ist nur ein bloßes Blendwerk. Können wir uns aber dafür begeistern, entwickeln wir Interesse dafür, interessiert es uns furchtbar, was da für ein Blendwerk entsteht aus Chemie, aus Physik, aus Astronomie und so weiter, dann bringen wir etwas, was eigentlich dem Ahriman gehören soll, durch unser eigenes luziferisches Interesse von Ahriman los.

Gerade das möchten die Menschen nicht. Den Menschen ist das sehr langweilig. Und viele, die eigentlich das äußere materielle Wissen fliehen, die verkennen ihre Aufgabe und bereiten dem Ahriman die allerbeste Inkarnation im Erdendasein. Und was in dem Inneren der heutigen Menschen aufquillt, das hat wiederum einen sehr stark luziferischen Charakter. Wie können wir nach dieser Seite uns richtig erziehen? Indem wir gerade mit unserem eigenen Ahrimanischen in uns hineingehen, das heißt versuchen, alle Illusionen über unser eigenes Innere zu vermeiden, und indem wir uns so nehmen, wie wir sonst die Außenwelt nehmen, also uns selber so betrachten, wie wir sonst die Außenwelt betrachten. Der heutige Mensch muß eigentlich erleben, wie er gar sehr nötig hat, sich zu so etwas erst zu erziehen. Wer einen gewissen Beobachtungssinn für solche Dinge hat, der trifft heute sehr häufig die folgende Tatsache im Leben an.

Ein Mensch kommt zu ihm und erzählt ihm, worüber er entrüstet ist bei dem Menschen A, bei dem Menschen B, bei dem Menschen C, bei unzähligen Menschen. Er schildert sehr genau, wie er entrüstet ist über dies und jenes bei dem Menschen A, bei dem Menschen B, bei dem Menschen C, und so weiter. Keine Ahnung hat er, daß alles, was er erzählt, seine eigenen Eigenschaften sind! Keine Ahnung haben die Menschen davon! Diese Eigenart der Menschen war nie so verbreitet wie in der Gegenwart. Und diejenigen, die glauben, daß es bei ihnen nicht so sei, bei denen ist es am allermeisten so. Es handelt sich darum, daß tatsächlich mit ahrimanischer Kaltblütigkeit, mit ahrimanischer Nüchternheit der Mensch sich heute seinem eigenen Inneren nahen sollte. Hitzig ist es immer noch genug, auch wenn es noch etwas abgekühlt wird, dieses eigene Innere der Menschen! Man braucht sich gar nicht zu fürchten, daß es zu stark abgekühlt wird.

Und es ist schon so, daß die heutige Menschheit notwendig hat, um eine richtige Stellung zur künftigen Ahrimaninkarnation zu gewinnen, über das Innere objektiver zu werden, in das Äußere viel, viel Subjektives, aber nicht Phantasiegebilde, sondern Interesse, Aufmerksamkeit, Hingabe hineinzubringen, insbesondere aber auch Interesse, Hingabe an die Dinge des Lebens, des unmittelbaren Lebens.

Sehen Sie, sehr gut fördert man den Weg, den Ahriman nehmen will, um seine Inkarnation so günstig wie möglich zu gestalten, wenn man das oder jenes nach seiner Erziehung oder nach seinen sonstigen Lebensverhältnissen in bezug auf das äußere Leben langweilig findet. Denken Sie nur, wie viele Menschen heute dies oder jenes langweilig finden. Ich habe zum Beispiel unzählige Menschen kennengelernt, die finden es langweilig, sagen wir, sich mit den Usancen von Banken oder der Börse bekanntzumachen oder einfache und doppelte Buchführung zu betrachten. Dies ist aber nie richtig, irgend etwas absolut langweilig zu finden. Irgend etwas langweilig finden, heißt nur, den Punkt noch nicht gefunden zu haben, wo es brennend interessant ist; jedes trockene Kassenbuch kann, wenn man den Punkt findet, von dem aus es brennend interessant ist, genau ebenso interessant sein, wie die «Jungfrau von Orleans» von Schiller oder der «Hamlet» von Shakespeare oder irgend etwas, zum Beispiel die «Sixtinische Madonna» von Raffael. Es handelt sich nur darum, den Punkt zu finden, von dem aus alles im Leben interessant ist.

Von dem, was ich eben gesagt habe, könnten Sie vielleicht denken, die Sache sei doch recht paradox. Sie ist es aber nicht. Der heutige Mensch nur ist paradox in seinem Verhältnis zur Wahrheit. Der heutige Mensch hat es vielmehr nötig, recht, recht stark vorauszusetzen, daß *er* etwas nicht kann, nicht daß die Welt das Betreffende nicht kann. Und nichts bereitet Ahriman den Weg für seine künftige Inkarnation besser vor, als dies oder jenes langweilig zu finden, sich zu gut zu finden für das eine oder andere, nicht mitmachen zu wollen das eine oder das andere. Es handelt sich eben überall darum, den Punkt zu finden, von dem aus das eine oder das andere eben interessant ist. Das, worum es sich heute handelt, ist nicht, daß wir subjektiv ablehnen oder akzeptieren die Dinge, sondern daß wir objektiv erkennen, inwiefern in dem einen oder in dem anderen Ahrimanisches oder Luziferisches ist, so daß der Waagebalken nach der einen oder anderen Seite zu stark ausschlagen kann. Etwas interessant finden, bedeutet ja noch nicht, es berechtigt zu finden, sondern es bedeutet nur, daß man eine innere Kraft entwickelt, um sich zusammenzuschließen mit dem Betreffenden und es gerade in das richtige Fahrwasser zu bringen.

Sie wissen – es ist jetzt schon lange her –, da hat eine Anzahl von Freunden sich Mathematikbücher gekauft. Da hatte sich ein gewisses «theosophisches Sportprinzip» eingeschlichen. Man hat sich vielfach die Lübsenschen Bücher für Mathematik gekauft. Die meisten haben sie dann nach einiger Zeit in ihre Bibliotheken gestellt, denn das mathematische Wissen ist nicht sehr stark aufgetaucht. Ich will selbstverständlich damit nicht sagen, daß Sie jetzt gleich wieder darangehen sollen, solche Dinge zu machen; das mute ich Ihnen nicht zu, ich will Sie nicht wiederum gerade zu dem mahnen. Aber etwas in Angriff zu nehmen, was einen zunächst gar nicht interessiert, um gerade die Möglichkeit zu finden, von irgendeinem Punkte aus zu einem neuen Verständnis des Weltendaseins zu kommen, das ist von einer ungeheueren Bedeutung. Und heute hat der Mensch so etwas schon notwendig. Denn solche Dinge sind ernst und gewichtig zu nehmen, wie die, die ich Ihnen in diesen Betrachtungen nahebringen wollte: auf welche Weise Luzifer und Ahriman eingreifen neben dem Christus-Impuls in die Entwickelung der Menschheit.

Sehen Sie, wäre die luziferische Weisheit nicht gewesen, so hätte man nicht durch die Gnosis der ersten Jahrhunderte ein Verständnis errungen für das Mysterium von Golgatha. Denn als die luziferische Weisheit in die Dekadenz kam, da kam allmählich auch das Verständnis für das Mysterium von Golgatha in Abnahme. Und heute? Ja, wo soll man es denn suchen, dieses Verständnis für das Mysterium von Golgatha? Daß man es nicht finden kann durch die äußere ahrimanische Wissenschaft, das geht denjenigen Menschen auf, die die äußere ahrimanische Wissenschaft etwas durchschauen. Nehmen Sie eine solche Persönlichkeit wie den Kardinal *Newman,* der eine große Bedeutung hat für die religiöse Entwickelung in der zweiten Hälfte des 19. Jahrhunderts. Bei seiner Einkleidung als Kardinal in Rom hat er die Worte ausgesprochen, er sehe kein Heil für die religiöse Entwickelung der Menschheit, es sei denn, es käme eine neue Offenbarung! – Aber dabei ist es geblieben. Er hat keine besondere Neigung gezeigt, etwas von dem zu empfangen, was als neues Geistesleben aus den geistigen Welten jetzt in die Menschheit hereindringen kann. Es blieb beim bloßen Abstraktum!

Die Menschheit braucht eine neue Offenbarung. Das können wir auf allen Gebieten sehen. Da werden heute Diskussionen gepflogen, in denen gesagt wird, daß die moralische Verfassung der Menschheit in den letzten vier bis fünf Jahren Schaden genommen hat. Daraus wird dann gefolgert, man müsse nun wiederum den konfessionellen Religionsunterricht intensiver in die Schulen einführen. Demgegenüber kann man nicht oft genug betonen: Der war ja da, der konfessionelle Religionsunterricht, und die heutigen Zeiten sind ja gerade unter seinem Einfluß gekommen. Wenn jetzt wiederum das Alte eingeführt werden soll, dasjenige, was die Konfessionen heraufgetragen haben, dann können wir ja den ganzen Prozeß noch einmal anfangen. Dann werden wir ja in einiger Zeit wiederum da sein, wo man 1914 war, wenn man die alten Einrichtungen wieder erneut pflegt. Man sollte gar sehr sehen, daß schon im Unterbewußtsein der Menschen etwas ganz anderes da ist an Sehnsuchten, als dasjenige, was sich an der Oberfläche äußert.

Als wir in Stuttgart die Waldorfschule gründeten, da waren wir ja genötigt, den Religionsunterricht so einzurichten, daß er von den entsprechenden Pfarrern erteilt wird. Wir sondern die Stunde für den Religionsunterricht aus, der katholische Pfarrer erteilt für die Katholiken, der evangelische Pfarrer für die Evangelischen den Religionsunterricht. Nun will ich nicht davon sprechen, welche Schwierigkeiten von seiten der Pfarrer gekommen sind. Das ist ein Kapitel für sich. Aber ich will davon sprechen, daß gleich aufgetaucht ist die Sehnsucht, man solle nun auch einen Religionsunterricht außerhalb des konfessionellen erteilen. Zunächst dachte ich, die Teilnahme werde sehr unbedeutend werden gegenüber der am konfessionellen Unterricht. Trotzdem nun in Stuttgart bald keine Kanzel mehr sein wird, von der aus nicht gewettert wird über die anthroposophische Bewegung, haben sich eine große Anzahl Kinder, viel mehr, jedenfalls fünfmal so viel als wir erwarten konnten, für eine Art anthroposophischen Religionsunterricht gemeldet, der in zwei Abteilungen erteilt werden muß. Das ist etwas, was uns subjektiv gar nicht angenehm zu sein braucht, denn es kann uns natürlich den Strick drehen. Aber davon will ich heute nicht sprechen. Ich wollte nur zeigen, daß in den Menschen tatsächlich die Sehnsucht vorhanden ist nach einem Vorwärts, daß die Menschen aber schlafen und nicht sehen, wie Gewalten niederhalten dieses Menschheitssehnen. Und dann fehlt zumeist doch der Mut, wirklich dieses Menschheitssehnen an die Oberfläche des Lebens zu tragen.

Aber bedenken Sie, was eine solche Einsicht wirken könnte, wie die von der künftigen menschlichen Inkarnation des Ahriman, der sie vorbereitet gerade durch solche Dinge, wie ich sie gestern und heute geschildert habe. Es ist notwendig, daß wir uns über diese Dinge objektiv unterrichten, damit wir die richtige Stellung gewinnen können zu alldem, was rings um uns vorgeht an Vorbereitungen für die künftige Ahrimaninkarnation. Nur wenn Sie reichlich und reiflich überlegen, was wir über solche ahrimanische Strömungen in diesen zwei Betrachtungen gesagt haben, dann werden Sie den Ernst der Sache ins Auge fassen können.

DREIZEHNTER VORTRAG

Dornach, 9. November 1919

Ein Vortrag, wie ich ihn morgen in Basel halten werde, soll natürlich aus sich selbst für alle verständlich sein. Allein es kann doch immer noch, ich möchte sagen, ein besonderes Verständnis hinzutreten bei denjenigen, die in der anthroposophischen Bewegung mit der Sache verbunden sind. Und so will ich denn heute einiges auseinandersetzen, das dazu dienen kann, nicht etwa eine notwendige Grundlage zu geben, sondern sich zu vertiefen gerade innerhalb des Kreises derjenigen Wahrheiten, die jetzt von anthroposophischer Seite zur Menschheit gesprochen werden müssen. Ich erinnere Sie daran, daß wir ja des öfteren auseinandergesetzt haben, wie im Menschen nach zwei Polen hin gewissermaßen die Kräfte organisiert sind. Man versteht den Menschen am besten, man kommt am besten zu einer Art Selbsterkenntnis des Menschen, wenn man diese beiden Pole, den Willenspol und den Pol der Intelligenz, ins Seelenauge faßt.

Der Mensch ist ein Willenswesen und ein intelligentes Wesen. Zwischen beiden liegt ja allerdings für die Zeit zwischen Geburt und Tod das Gemüts- und Gefühlselement. Dieses Gemüts- und Gefühlselement ist die verbindende Brücke zwischen der Intelligenz und dem Willen. Sie wissen ja auch, wie sich die Kräfte mehr oder weniger auseinanderteilen dann, wenn der Mensch ankommt bei dem, was man die Schwelle in die geistige Welt hinein nennt.

Was wir aber heute besonders betrachten wollen, das ist das Verhältnis, in dem der Mensch auf der einen Seite als intelligentes Wesen steht zu der umliegenden Welt, zu der Welt überhaupt, und dann das andere Verhältnis, das der Mensch hat zur Welt dadurch, daß er ein Willenswesen ist. Gehen wir zunächst auf das letztere ein. Sie wissen, der Mensch entwickelt in seinem Leben zwischen Geburt und Tod als impulsierende Kraft seiner Handlungen, seines ganzen Tuns, die Willenskraft. Diese Willenskraft ist natürlich in ihren Äußerungen durch den menschlichen Organismus etwas sehr Kompliziertes. Allein alles dasjenige, was im Menschen willensartig ist, hat in einer gewissen Beziehung eine Ähnlichkeit, eine starke Ähnlichkeit, die bis zur Gleichheit geht, mit ganz bestimmten Naturkräften. So daß man schon sprechen kann von einem innigen Verhältnis der menschlichen Willenskräfte zu den Naturkräften.

Nun wissen Sie aber auch aus früheren Betrachtungen, daß der Mensch in bezug auf alles dasjenige, was seinen Willen angeht, auch während er wacht, in einer Art von Schlafzustand ist. Der Mensch hat zwar in seinem Bewußtsein die Vorstellungen für das, was er will. Allein, wie das zustande kommt, daß eine bestimmte Vorstellung willensmäßig sich ausdrückt, davon weiß ja der Mensch nichts. Er weiß nicht, wie der Zusammenhang ist zwischen der Vorstellung: Ich bewege meinen Arm – und dem ganzen Vorgang, der dann zur Armbewegung führt. Das geht durchaus im Unterbewußten vor sich, und wir können sagen: Der eigentliche Willensvorgang ist für den Menschen nicht bewußter als alles dasjenige, was während des Schlafes abläuft. Aber indem wir die Frage aufwerfen nach dem Zusammenhang des menschlichen Willens mit der uns umgebenden Welt, müssen wir sogleich auf etwas eingehen, was für das Bewußtsein der Gegenwart, das sich nach und nach im Laufe der letzten drei, vier, fünf Jahrhunderte herausgebildet hat, eigentlich etwas Paradoxes ist. Die Menschen denken zumeist – ich habe das schon einmal hier erwähnt –, der Erdenlauf wäre derselbe auch dann, wenn die Menschen gar nicht dabei wären. So ein richtiger Naturforscher der Gegenwart beschreibt, sagen wir, aus der Geologie, aus physikalischen Vorgängen heraus den Erdenlauf; und er hat, wenn er es auch nicht ausspricht, doch eigentlich im Sinn, daß vom Anbeginne des Erdendaseins bis zum hypothetischen Ende des Erdendaseins alles so verlaufen könnte, wie es verlaufen würde auch dann, wenn die Erde nicht von Menschen bevölkert wäre. Warum denken das die Menschen, die heute im Sinne der naturwissenschaftlichen Vorstellungsart denken? Sie denken es, weil sie glauben, wenn also zum Beispiel etwas vor sich geht, sagen wir im Reiche des Mineralischen oder des Pflanzlichen auf der Erde am 9. November 1919, es sei das ursächlich bedingt durch dasjenige, was diesem 9. November 1919 vorangegangen ist im mineralischen Reiche. Die Menschen denken: Da ist das mineralische Reich, das läuft ab (siehe Zeichnung), und das, was also hier im mineralischen Reich geschieht, das sei die Wirkung desjenigen, was irgendwie vorangegangen ist. Aus der mineralischen Ursache entsteht die mineralische Wirkung.

Tafel 12

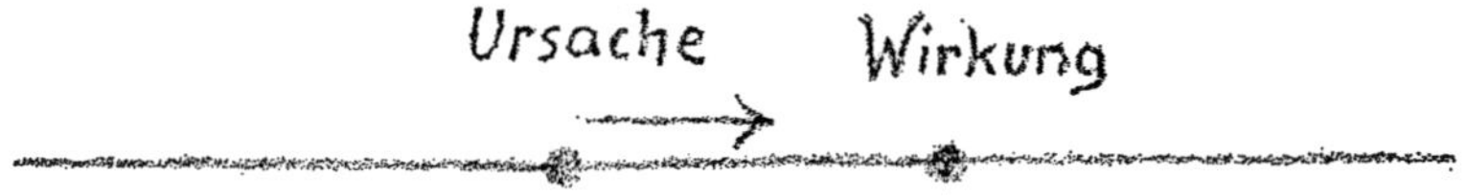

So denken ja die Menschen. Sie bemerken, daß die Menschen so denken, wenn Sie irgendein Geologiebuch aufschlagen. Da wird Ihnen beschrieben, sagen wir, dasjenige, was nun in unserer Gegenwart vor sich geht so, daß es dargestellt wird als die Wirkung der Eiszeit oder irgendeiner vorangegangenen Epoche. Aber man faßt unter den Ursachen nur das zusammen, was auch wiederum im Mineralischen vor sich gegangen ist. Man sieht ab davon, daß der Mensch die Erde bevölkert. Man denkt sich, auch wenn der Mensch nicht da wäre, dann wäre alles ebenso verlaufen außerhalb des Menschen, wie es eben sich darstellt in der äußeren Wirklichkeit, bei der aber der Mensch allerdings immer dabei war. Sehen Sie, hier ist etwas zugrunde liegend, was nun wirklich hinweist auf die Erde als eine Ganzheit, das heißt als eine solche Ganzheit, daß nichts im Erdenlaufe geschehen kann, ohne daß der Mensch selbst mit unter den wirkenden Ursachen ist. Ich will Ihnen ein Beispiel anführen.

Sie wissen alle, unserer gegenwärtigen Zeit – wenn wir diese Gegenwart so fassen, daß sie alles dasjenige in sich schließt, was sich seit der großen atlantischen Katastrophe zugetragen hat – ging voran ein Zeitalter, das wir das atlantische nennen. Die Kontinente Europa und Afrika in ihrer gegenwärtigen Form waren damals nicht vorhanden, ebenso nicht das heutige Amerika in seiner gegenwärtigen Form. Es war ein Hauptkontinent damals auf der Erde, die sogenannte Atlantis, ein Gebiet, das sich da ausdehnte, wo heute der Atlantische Ozean ist. Sie wissen auch, daß in einem bestimmten Zeitpunkte dieser atlantischen Entwickelung eine bestimmte Art von über die ganze damalige zivilisierte Welt sich ausbreitender Unmoralität eintrat. Die Menschen konnten die Naturkräfte der damaligen Zeit in ausgiebigerem Maße benützen, als das später der Fall war. Und sie benützten sie über weite Gebiete hin in einem unmoralischen Sinne. So daß wir zurückblicken können auf ein Zeitalter der Unmoral. Dann trat die atlantische Katastrophe ein. Der richtige Geologe, der wird ganz selbstverständlich diese atlantische Katastrophe zurückführen auf mineralische Vorgänge: Es hat sich eben ein Teil des Erdbodens gesenkt, der andere gehoben. Es wird dem Menschen, der im Sinne der heutigen Naturwissenschaft denkt, nicht einfallen zu sagen, dasjenige, was die Menschen getan haben, das habe mitgewirkt unter den Ursachen, die in Betracht kommen. – Und es *hat* mitgewirkt. Es hat so mitgewirkt, daß in der Tat die atlantische Katastrophe die Wirkung desjenigen war, was die Menschen auf dem Erdenball getan haben.

Man findet nicht bloß äußere, mineralisch-natürliche Ursachen, sondern man muß für solche großen Ereignisse, die katastrophenähnlich hereinbrechen über das Erdendasein, Ursachen dazu suchen, die innerhalb des menschlichen Tuns und Treibens selber liegen. Der Mensch gehört eben durchaus zu den Kräften, die innerhalb der Ursachenreihe des irdischen Daseins aufzuzählen sind. Das ist aber nicht nur in bezug auf solche großen Ereignisse der Fall, sondern das ist der Fall auch für alles dasjenige, was fortwährend geschieht. Nur bleibt eben der eigentliche Zusammenhang zwischen den Ereignissen des Kosmos, die sich auf der Erde auswirken, also den tellurischen, den irdischen Ereignissen, und dem, was in dem Menschen vorgeht, zunächst verborgen. Und mit Bezug darauf ist im Grunde genommen unsere ganze Naturwissenschaft nichts anderes als eine große, umfassende Illusion. Denn Sie können nicht, wenn Sie auf die wahren Ursachen zurückgehen wollen, dasjenige studieren, was zum Beispiel außen in der mineralischen, in der pflanzlichen, in der tierischen Welt vor sich geht, wenn Sie bloß stehenbleiben beim Auffinden der Ursachen in der mineralischen, in der pflanzlichen, in der tierischen Welt.

Ich möchte Ihnen, was da in Betracht kommt, in der folgenden Weise darstellen. Gehen wir gewissermaßen von entgegengesetzter

Seite an das heran, was wir heute betrachten wollen. Wenn im Erdenumkreise, den ich schematisch aufzeichnen will (siehe Zeichnung) – hier wäre der Erdenmittelpunkt –, etwas geschieht im mineralischen, im pflanzlichen, im tierischen Reiche, so kann man die Ursache suchen. Die Ursache möchte ich andeuten, indem ich sage: Für dasjenige, was vorgeht, sind da Punkte, in denen die Ursachen sich befinden. – Das seien überall Punkte, in denen die Ursachen sich befinden (siehe Zeichnung). Sie können sich versinnlichen das, was

Tafel 12

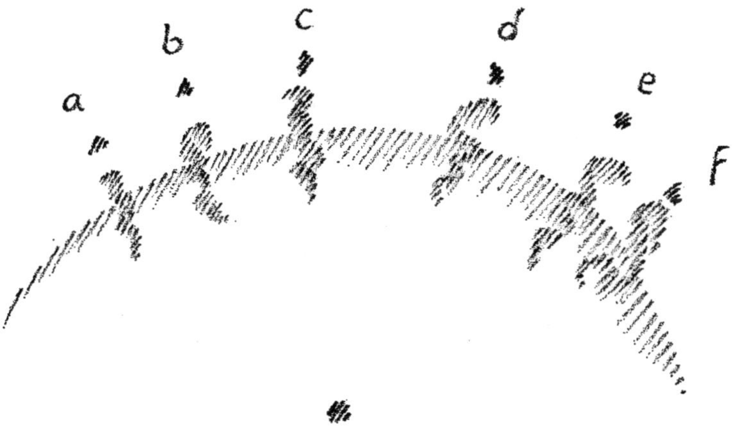

ich meine, wenn Sie etwa an das Folgende denken. Wenn Sie nach Italien kommen in die Gegend um Neapel herum, da finden Sie über weite Strecken hin die Möglichkeit, daß der Boden, wenn Sie ein Stück Papier anzünden, anfängt zu rauchen. Es werden Dämpfe aus der Erde herausgetrieben, bloß dadurch, daß Sie ein Stück Papier anzünden. Es fängt unter Ihnen der Boden an zu rauchen. Da müssen Sie sich sagen: In dem physikalischen Vorgang, der sich abspielt durch das angezündete Papier, liegt dasjenige, was die Dämpfe herauftreibt. – Der physikalische Vorgang ist ja in diesem Falle der, daß Sie, indem Sie das Papier anzünden, die Luft verdünnen. Dadurch, daß eine dünnere Luftmasse entsteht, drängen die in der Erde befindlichen Dämpfe nach oben. Sie werden nur niedergedrückt durch den gewöhnlichen normalen Luftdruck, der verringert wird dadurch, daß man das Papier anzündet. Wenn ich nur solche Wirkungen darstellen wollte – solche aus der Erde aufsteigende Dämpfe –, die also rein mineralischer Wesenheit sind, könnte ich daher sagen: Hier wurde ein Papier angezündet, hier und hier und so weiter (siehe die Punkte); das will ich Ihnen nur zur Versinnbildlichung sagen. Das zeigt Ihnen, daß die Ursache für das Aufsteigen der Dämpfe nicht unterhalb des Erdbodens, sondern oben liegt. Nun sollen diese Punkte a, b, c, d, e, f nicht solche angezündeten Papiere darstellen, sondern sie sollen in unserem heutigen Falle etwas anderes darstellen. Zunächst stellen Sie sich vor, daß die Punkte an und für sich keine Bedeutung haben, daß aber das ganze System der Punkte eine Bedeutung habe. Stellen Sie sich nicht angezündete Papiere vor, sondern etwas anderes, was ich augenblicklich noch nicht bezeichnen will; ich werde es gleich nachher bezeichnen. Etwas anderes sei da als wirkende Ursache oberhalb des Erdbodens. Und diese verschieden wirkenden Ursachen wirken nicht jede für sich, sondern sie wirken zusammen. Und nun denken Sie sich, es seien nicht bloß sechs Punkte da, sondern es seien da, ich will sagen, eintausendfünfhundert Millionen Punkte, die alle zusammenwirken. Ich hätte also da gezeichnet eintausendfünfhundert Millionen Punkte, die da alle zusammenwirken, die eine Gesamtwirkung ergeben. Diese eintausendfünfhundert Millionen Punkte sind wirklich da. Denn Sie haben alle in sich dasjenige, was man den Schwerpunkt Ihrer eigenen physischen Person nennen kann. Dieser Schwerpunkt ist beim wachenden Menschen etwas höher gelegen, er liegt unterhalb des Zwerchfelles, beim schlafenden Menschen ist er etwas tiefer gelegen, aber er ist da. Es seien also eintausendfünfhundert Millionen solcher Schwerpunkte da über die Erde hin. Diese geben eine Gesamtwirkung. Und was von dieser Gesamtwirkung ausgeht, das gibt die wirkliche Ursache für das, was zum großen Teil im mineralischen, im pflanzlichen und tierischen Reiche auf der Erde vor sich geht. Was Sie also um sich sehen an Luftwirkungen, an Wasserwirkungen, was Sie sehen an anderen mineralischen Vorkommnissen, das wird nur dann, wenn man eine falsche Wissenschaft zugrunde legt, auf mineralische Ursachen zurückgeführt; das liegt in Wirklichkeit seiner wahren Ursache nach im Inneren der Menschen.

Sehen Sie, das ist eine Wahrheit, von der heute noch die wenigsten Menschen überhaupt etwas ahnen. Die wenigsten Menschen wissen, daß im Mineral-, im tierischen, im pflanzlichen Reiche Vorgänge vor sich gehen, weil in Wahrheit im Inneren der Menschenorganismen die Ursachen für diese Vorgänge liegen, nicht für das gesamte Wirken im mineralischen, tierischen und pflanzlichen Reiche, sondern für einen großen Teil der Wirkungen. Die auf der Erde herumwandelnde Menschheit trägt in sich eigentlich die Ursache für dasjenige, was geschieht. So daß eigentlich Mineralogie, Botanik, Zoologie nicht getrieben werden können ohne Anthropologie, ohne beim Menschen anzufragen. Die Wissenschaft spricht Ihnen von chemischen, von physikalischen, mechanischen Kräften. Innig verwandt sind diese physischen, chemischen, mechanischen Kräfte mit der menschlichen Willenskraft, mit derjenigen menschlichen Willenskraft, die eigentlich im Schwerpunkt des Menschen konzentriert ist. Wenn man von der Erde redet und will die Wahrheit treffen, muß man nicht von irgendeiner abstrakten Erde sprechen, wie es die Geologen tun, sondern man muß von der Erde so sprechen, daß man die Menschheit zu der Erde hinzurechnet. Das sind die Wahrheiten, die sich enthüllen jenseits der Schwelle. Alles dasjenige, was diesseits der Schwelle gewußt werden kann, gehört eigentlich in das Reich der Erkenntnisillusionen, gehört nicht in das Reich der Erkenntniswahrheiten.

Nun entsteht die Frage: Welcher Zusammenhang ist denn nun eigentlich für die heutige Menschheit – und von ihr reden wir ja zunächst – zwischen den Willenskräften des Menschen, die in seinem Schwerpunkt konzentriert sind, und zwischen den äußerlichen physikalischen und chemischen Kräften? – Bei dem normalen Leben äußert sich diese Beziehung nur in den menschlichen Stoffwechselvorgängen. Wenn der Mensch in sich aufnimmt die Stoffe der Außenwelt, so ist es eigentlich sein Wille, der diese Stoffe verdaut, verarbeitet. Und wenn nichts anderes wirken würde als dieser Wille, dann würde dasjenige, was von außen aufgenommen wird in den Menschen, bloß zersetzt werden. Der menschliche Wille hat die Kraft, alle übrigen

Stoffe und Kräfte zu zersetzen, aufzulösen, und der Zusammenhang zwischen dem Menschen und der übrigen mineralischen, pflanzlichen und tierischen Natur ist heute ein solcher, daß sein Wille zusammenhängt mit den auflösenden Kräften unseres Planeten, mit den zerstörenden Kräften unseres Planeten.

Wir leben allerdings von dieser Zerstörung; aber eine Zerstörung ist es! Wir könnten nicht leben, wenn wir diese Zerstörung nicht bewirken würden. Das ist durchaus festzuhalten. Und was Ihnen von mancher Seite geschildert wird als unberechtigte magische Wirkungen, beruht im wesentlichen darauf, daß gewisse Menschen eben auch lernen, ihren Willen unrechtmäßigerweise so zu gebrauchen, daß sie mit den Zerstörungen normalerweise nicht bloß innerhalb der menschlichen Natur bleiben, sondern sie über den Menschen hinaus unnormalerweise ausdehnen und bewußt die im Willen verankerten Zerstörungskräfte anwenden. Das ist selbstverständlich etwas, was eigentlich niemals gelehrt werden dürfte!

Wir hängen durch unseren Willen eben durchaus mit den Untergangskräften unseres Erdenplaneten zusammen. Und würden wir als Menschen der Gegenwart nichts anderes haben als Willenskräfte, dann würde unsere Erde durch uns Menschen, durch die Menschheit dazu verurteilt sein, bloß zerstört zu werden. Wir müßten dann einer Erdenzukunft entgegensehen, die wahrhaftig kein sehr erhebendes Bild ergeben würde und die darin bestehen würde, daß die Erde sich allmählich auflöste und in den Weltenraum zerstreut würde. So sind wir mit Bezug auf den einen Pol beschaffen.

Der Mensch ist ein Doppelwesen. Das eine Glied seines Wesens hängt zusammen mit den zerstörenden Kräften des Planeten; das andere Glied seines Wesens ist ja, wie wir erwähnt haben, sein intelligenter Teil, der durch die Brücke des Gemüts verbunden ist mit dem Willen. Aber diese Intelligenz des Menschen kommt mit Bezug auf unseren Erdenplaneten sehr wenig in Betracht, insofern wir im Wachzustande sind. Wir vermögen ein rechtes Verhältnis zum Erdendasein durch unsere Intelligenz während unseres Wachens nicht eigentlich herzustellen. Was ich Ihnen hier für den Willen gezeigt habe, das ist durchaus etwas, was, wenn es auch den Menschen nicht bewußt ist, durch die Menschheit geschieht, während die Menschen wachen. Wenn Sie hinausgehen und irgendwo einen verwitterten Fels anschauen und sich nach den wahren Ursachen der Felsenverwitterung fragen, dann müssen Sie in das Innere, in das organische Innere der Menschen selber schauen. So paradox das für die heutige Menschheit klingt, es ist so! Aber die Erde würde, wie ich schon gesagt habe, eine traurige Zukunft haben, wenn nicht der andere Pol der Menschen da wäre, der aufbauende. Geradeso wie die Ursachen für alles Zerstörende im menschlichen Willen liegen, der im Schwerpunkt des Menschen konzentriert ist, so liegen die aufbauenden Kräfte in derjenigen Sphäre, die die Menschen betreten während ihres Schlafes. Vom Einschlafen bis zum Aufwachen ist der Mensch mit seinem Ich und seinem astralischen Leib in einem Zustande, den wir gewöhnlich dadurch bezeichnen, daß wir figürlich sagen: Das Ich und der astralische Leib sind außerhalb des physischen Leibes. Aber da ist der Mensch eben durchaus ein geistig-seelisches Wesen, und da entwickelt er die Kräfte, die gerade wirksam werden zwischen dem Einschlafen und Aufwachen. Und während dieser Zeit steht er durch diese Kräfte in Beziehung zu alldem, was den Erdenplaneten aufbaut, was zu den zerstörenden Kräften die aufbauenden Kräfte hinzubringt. Wenn Sie auf der Erde niemals herumgehen würden, so würden die zerstörenden Kräfte, die eigentlich von Ihrem Willen ausgehen, nicht innerhalb des mineralischen, des pflanzlichen, des tierischen Reiches auf der Erde wirken. Wenn Sie auf der Erde niemals schlafen würden, so würde von Ihrer Intelligenz nicht dasjenige ausgehen, was die Erde immer wiederum aufbaut. Auch die eigentlich aufbauenden Kräfte unseres Erdenplaneten liegen in der Menschheit selbst. Ich sage nicht: Im einzelnen Menschen. – Ich habe ausdrücklich vorher gesagt, wie diese einzelnen Ursachen zusammenhängen. Aber in der ganzen Menschheit liegen die Kräfte auch für den Aufbau, und zwar in dem intelligenten Pol des menschheitlichen Wesens; aber nicht bei der Tagesintelligenz. Die Tagesintelligenz ist etwas, was sich wie ein Totes hineinstellt in das Erdenwerden. Die Intelligenz des Menschen, die für ihn unbewußt während des Schlafens wirkt, ist eigentlich dasselbe, was den Erdenplaneten fortwährend aufbaut. Ich will Ihnen damit nur begreiflich machen, daß Sie unrecht tun, wenn Sie die zerstörenden und aufbauenden Kräfte unseres Erdenballes außerhalb des Menschen suchen; sie müssen Sie gerade im Menschen suchen. Wenn Sie das richtig ins Auge fassen, so werden Sie auch das Folgende nicht unbegreiflich finden.

Sie wenden den Blick hinauf zu den Sternen. Sie sagen sich: Irgendwelche Wirkungen gehen von den Sternen aus, die hier auf der Erde für die Sinnesorgane der Menschen bemerklich sind. – Aber dasjenige, in was Sie da hineinschauen, indem Sie die Sterne betrachten, ist nicht etwa gleichwertig mit dem, was Sie auf der Erde im mineralischen, pflanzlichen, tierischen Reiche wahrnehmen, sondern das rührt von den intelligenten und wollenden Wesen her, deren Leben mit diesen Sternen zusammenhängt. Nur weil die Sterne entfernt sind, sieht das so aus wie Physikalisches. Es ist nicht Physikalisches! Es ist dasjenige, was sich in dem wollenden und intelligenten Wesen dort eigentlich abspielt. Ich habe Ihnen ja schon einmal gesagt: Die Astrophysiker beschreiben unsere Sonne; sehr schöne, nette Beschreibungen finden Sie darüber. Aber wenn nun jemand mit einer Art Jules Vernescher Erfindung die Reise nach der Sonne machen könnte, würde er sehr erstaunt darüber sein, daß er da, wo er die Sonne sucht, das ganz und gar nicht finden würde, was er voraussetzt nach den physikalischen Beschreibungen. Das nimmt sich nur hier im Erdendasein so aus. Das ist nur eine Kombination aus demjenigen, was die Sonne enthüllt. In Wahrheit ist dasjenige, was wir sehen, Willens- und Intelligenzwirkung, die als Licht erscheint in einiger Entfernung. Und ein, sagen wir, Mondbewohner, wenn es solche in diesem Sinne geben würde, der die Erde betrachtet, würde auf der Erde nicht entdecken die Grasflächen, die mineralischen Flächen, sondern er würde auf der Erde dasjenige entdecken – allerdings es auch als Lichtwirkungen und ähnliches wahrnehmen –, was vorgeht um den Schwerpunkt der menschlichen Leiber herum, und was vorgeht als Wirkung des schlafenden Zustandes, während die Menschen in der Lebenslage sind zwischen dem Einschlafen und Aufwachen. Das würde von außerhalb wirklich gesehen werden. Die Stühle, auf denen Sie hier sitzen, die würde man mit keinem noch so vollkommenen Instrument von außen sehen können. Aber dasjenige, was um Ihren Schwerpunkt herum vorgeht, und dasjenige, was vorgehen würde hier, wenn Sie plötzlich alle – es wird ja doch hoffentlich niemals bei allen der Fall sein, immer nur bei einigen – einschlafen würden, das würde von außen gesehen werden.

So daß für den äußeren Weltenraum dasjenige, was durch die Menschen hier auf der Erde geschieht, gerade das Sichtbare, das Wesentliche ist, nicht dasjenige, was um die Menschen herum ist. Sehen Sie, es ist ja unter die Menschen, ich möchte sagen, gekommen und wird vielfach nachgeredet, daß alles, was wir außen mit unseren Sinnen wahrnehmen, Maja ist, die große Täuschung, bloßes Phänomen, nicht Wirklichkeit. Solch eine abstrakte Wahrheit hat eigentlich wenig Wert. Wertvoll wird eine solche Wahrheit nur dann, wenn man ins Konkrete eingeht, so wie wir es jetzt eben gemacht haben. Es hat ja keinen Wert, wenn Sie sich sagen: Tierwelt, Pflanzenwelt, mineralische Welt sind Maja; es hat einen Wert erst dann, wenn Sie gewahr werden, daß dasjenige, was Sie erfahren, wenn Sie äußerlich wahrnehmen, im Grunde von Ihnen selbst abhängt, daß Sie das, allerdings nicht jeden Augenblick, aber für den ganzen Verlauf als Menschheit, selber bewirken, daß Sie drinnenstehen in dem Zusammenhang von Ursache und Wirkung.

Ich möchte sagen: Selbst dann, wenn man solch eine erschütternde Wahrheit – denn ich denke, sie könnte erschütternd sein – ausspricht als eine tiefere Naturwahrheit, gewinnt sie ja immer noch nicht jenen Aspekt, der eigentlich für das Menschenleben der besonders wichtige ist. – Wichtig wird eine solche Wahrheit erst dann, wenn wir eine gewisse Konsequenz aus ihr ziehen. Wir sind ja wahrhaftig nicht bloß physische Menschenwesen hier auf der Erde oder äußerlich-sinnlich wahrnehmbare Menschenwesen. Wir sind auf der Erde moralische Wesen beziehungsweise unmoralische. Wir sind also auf der Erde moralische Wesen. Dasjenige, was wir tun, wird bedingt von moralischen Antrieben.

Nun denken Sie einmal, wie die Weltanschauung der Gegenwart sich gerade in bezug auf diesen Punkt in den herbsten, in den schärfsten Zweifeln bewegt; wie die Naturwissenschaft Ihnen ein Wissen gibt des Irdischen, das sich ganz erschöpft in dem Zusammenhange von rein äußerlichen natürlichen Ursachen und natürlichen Wirkungen. Und in diesen Kreislauf der rein natürlichen Ursachen und rein natürlichen Wirkungen wäre auch der Mensch hineingestellt. So sagt es die äußerliche abstrakte Naturwissenschaft. Sie rechnet, ich möchte sagen, nur mit einem Punkte des irdischen Daseins.

Und man wird dann gewahr, daß ja im Menschen doch auch aufleuchten moralische Impulse; aber man weiß keinen Zusammenhang zwischen diesen moralischen Impulsen und zwischen dem, was äußerlich im Naturkreislauf vor sich geht. Das ist ja die Crux, das Kreuz der neueren Philosophie, daß die Philosophen auf der einen Seite hören von den Naturforschern: Alles steht im Zusammenhang natürlicher Ursachen und Wirkungen – und daß sie auf der anderen Seite zugeben müssen: Der Mensch empfindet in sich moralische Antriebe – *Kant* hat aus diesem Grunde zwei «Kritiken» geschrieben, die «Kritik der reinen Vernunft», die sich damit beschäftigt, wie der Mensch zu einem rein natürlichen Verlaufe der Dinge sich verhält, und die «Kritik der praktischen Vernunft», in der er seine moralischen Postulate aufstellt, die, wenn ich mich bildlich ausdrücken darf, eigentlich in der Luft schweben, von irgendwoher kommen und in gar keinem Zusammenhang zunächst sind mit den Naturursachen. Ja, sehen Sie, solange der Mensch glaubt, dasjenige, was äußerlich an den Naturerscheinungen vor sich geht, sei wiederum nur zurückführbar auf die Naturerscheinungen, solange es der Mensch mit dieser Maja zu tun hat, so lange bleibt das Eingreifen moralischer Impulse etwas, was neben dem Naturlauf dasteht. Fast alles, was heute gesprochen wird, leidet eigentlich an diesem Zwiespalt, steht ganz im Schatten dieses Zwiespaltes. Die Menschen können nicht zusammendenken den Erdenlauf als solchen und dasjenige, was sich moralisch in der Menschheit vollzieht. Aber sobald Sie so etwas wissen, wie das, was ich Ihnen heute mit einigen Strichen darzulegen versuchte, werden Sie sich sagen können: Als Mensch bin ich eine Einheit, und die moralischen Impulse leben in mir. Und die moralischen Impulse, die leben einheitlich mit dem, was ich als physischer Mensch bin. Aber als physischer Mensch bin ich ja im Grunde die Ursache – natürlich zusammen mit der Menschheit – von alledem, was auch physisch geschieht. Dann ist dasjenige, was die Menschen moralisch auf dem Erdenkreis vollbringen, die wirkliche Ursache für den Verlauf desjenigen, was im Erdenkreislauf vor sich geht.

Wir haben auf der Erde als Menschen eine Naturgeschichte, eine Naturwissenschaft, die den Erdenlauf so beschreibt, wie wir es in den Physik-, in den Geologie-, in den Botanikbüchern und so weiter finden. Was da über den Erdenlauf steht, das ist zunächst für den heutigen Menschen nach den Voraussetzungen, die im Sinne der gegenwärtigen Erziehung in ihm leben, etwas durchaus Befriedigendes. Stellen wir uns aber vor, es würde ein Marsbewohner auf die Erde herunterkommen und die Erde betrachten mit seinen Erkenntnisvoraussetzungen, würde dann, indem er eine Weile stumm herumgeht als ein Erdenbewohner – ich sage nicht, daß das geschehen könnte, sondern ich will dadurch nur veranschaulichen, was ich sagen will –, gelernt haben irgendeine Erdensprache der Menschen, würde deren Geologien durchlesen, würde sehen, was sich diese Erdenmenschen von den Erdenvorgängen für Vorstellungen machen, so würde der sagen: Ja, aber da steht doch nicht alles drinnen, da fehlt doch das Wichtigste! Ich habe zum Beispiel gesehen, daß so viele Studenten in Kneipen herumlungern und fortwährend trinken, ihren Leidenschaften frönen. Ja, da geschieht doch fortwährend etwas: Da wirkt der menschliche Wille zusammen mit dem Stoffwechsel. Das sind Vorgänge, die habt ihr ausgelassen in euren Physik- und in euren Geologiebüchern. Da steht nicht darin, daß der Erdenverlauf auch davon abhängt, ob die Studenten trinken oder nicht trinken!

Das würde derjenige, der nicht von Erdenvorstellungen, so wie sie jetzt als Vorurteile unter den Menschen leben, ganz eingenommen ist, vermissen in den Beschreibungen, die der Mensch von dem Erdenlauf selber macht. Für den Marsbewohner wäre es gar keine Frage, daß dasjenige, was als moralische Impulse durch die menschlichen Taten geht, durch das ganze menschliche Leben geht, daß das zum Naturlauf dazugehört. Für uns hat der Naturlauf nach den heutigen Vorurteilen etwas außerordentlich Zwingendes, für manchen sogar etwas angenehm Zwingendes, besonders für ganz materialistisch denkende Menschen. Sie denken sich, der Erdenlauf wäre genau so, auch wenn keine Menschen da wären. Ob ich also ein anständiger Mensch bin oder ein unanständiger Mensch, das ändere im Erdenlauf ja nichts Besonderes; ich beeinträchtige den Erdenlauf dadurch nicht. Aber es ist unrichtig; die Ursachen für den Erdenlauf liegen eben nicht außerhalb des Menschen. Für das Allerwichtigste liegt der Verlauf der Erdenereignisse nicht außerhalb des Menschen, sondern innerhalb der Menschheit. Und wenn auftreten soll bei den Menschen das Weltbewußtsein als Fortentwickelung des bloßen Erdenbewußtseins, muß sich in der Menschheit das Bewußtsein geltend machen, daß diese Menschheit sich die Erde, allerdings nicht in kleinen Zeiträumen, sondern über die großen Zeiträume hin, so macht, wie diese Menschheit selber ist. Es ist das beste Mittel, die Erdenmenschheit einzulullen, indem man ihr klarmachen will, sie hätte keinen Anteil an dem Erdenverlauf. Dadurch wird die menschliche Verantwortlichkeit eingeengt auf das bloße menschliche Individuum, auf die einzelne menschliche Persönlichkeit.

In Wahrheit aber hat die Menschheit die Verantwortung für dasjenige, was in kosmischen Zeiten die Erde durchmacht. Und richtig als Erdenmensch fühlt man sich nur, wenn man sich innerhalb der Menschheit so fühlt, daß die Erde selber der Leib ist in der ganzen Erdenmenschheit. Und dazu gehört, daß man, wenn man ein ähnliches Gefühl hat, wie der einzelne Mensch es haben kann, wenn er sagt: Ich habe zehn Jahre meinen Leidenschaften gefrönt und dadurch meinen Leib ruiniert –, daß man dann ebenso sagt: Wenn die Erdenmenschheit in unlauteren Impulsen moralischer Art lebt, so wird aus dem Erdenleib etwas anderes, als wenn sie in moralisch lauteren Impulsen lebt. – Die Eintagsfliege hat auch eine andere Weltanschauung als der Mensch, selbstverständlich, weil sie nur einen Tag lebt. Der Mensch überschaut nicht, wie dasjenige, was sich äußerlich im Naturverlauf darlebt, nicht abhängig ist von bloß natürlichen Ursachen. Viel wichtiger für dasjenige, was heute die Konfiguration Europas ist, viel wichtiger, als zu untersuchen, wie vor zweitausend Jahren die äußere mineralisch-pflanzliche Struktur der Erde war, ist es zu fragen: Wie haben vor zweitausend Jahren hier oder überhaupt innerhalb der Menschheitszivilisation die Menschen gelebt? – Und nicht von dem, wie jetzt unsere mineralische Welt ist, wird nach zweitausend Jahren das Schicksal der Erde als Planet abhängen, sondern von dem, was wir tun und lassen, wird das Schicksal des Planeten abhängen! Es erweitert sich mit dem Weltenbewußtsein die menschliche Verantwortlichkeit zur Weltverantwortlichkeit. Wir fühlen etwas in uns, wenn wir zum Sternenhimmel hinaufblicken mit einem solchen Bewußtsein, wie ich es Ihnen charakterisiert habe, daß wir verantwortlich sind den Weltenräumen gegenüber, die vom Geiste durchwellt und durchwogt werden, daß wir verantwortlich sind dieser Welt gegenüber, wie wir ihr die Erde zurichten. Wir wachsen im Konkreten, im Einzelnen mit der Welt, mit dem Kosmos zusammen, wenn wir hinter den Erscheinungen die Wahrheit suchen.

Das ist ein Teil, ein Kapitel von dem, was ich oftmals sage: Wir müssen lernen, die Dinge, die heute vielfach als abstrakte Dinge gelehrt werden, im Konkreten anzuschauen. Dadurch, daß wir von einigen orientalischen Traditionen solche Dinge herübernehmen wie: Die äußere Sinneswelt ist eine Maja –, ist nicht viel getan. Man muß sich vertiefen, um zur Wahrheit zu kommen. Solche Abstraktionen bringen uns nicht sehr weit, denn diese Abstraktionen sind selbst so, wie sie überliefert sind, nichts anderes als der Niederschlag einer uralten Weisheit, die aber nicht in Abstraktion gelebt hat, sondern die gelebt hat in solchen konkreten Tatsachen, wie sie heute wiederum durch intuitive geistige Forschung hervorgeholt werden müssen. Glauben Sie nicht, wenn Sie in orientalischen Schriftwerken lesen von Maja und der ihr gegenüberstehenden Wahrheit, daß Sie das, was Sie heute dort lesen, als etwas aufnehmen können, was wirklich von Ihnen verstanden werden kann. Das ist ja nur wie die Zusammenfassung von Dingen, die im Konkreten in der Urweisheit gewußt und dann zusammengefaßt worden sind. Wir müssen wieder zurückgehen zu den konkreten Tatsachen. Der Mensch glaubt heute vielfach, er verstünde etwas von den Weltenvorgängen, wenn er sich solche Dinge vorsagt wie: Die äußere Sinneswelt ist Maja. – Wirklich verstehen kann man ja erst dann etwas, wenn man zu den konkreten Tatsachen vordringt. In dem Augenblicke, wo man weiß:

Du hast nicht zu fragen, warum die mineralische Welt nach bloßen mineralischen Vorgängen eines anderen Zeitpunktes so und so ist, sondern du hast zu fragen nach den Vorgängen, die in dem Menschen selber sich abspielen –, in dem Augenblicke weiß man, was das eigentlich heißt, man sieht in der Außenwelt nur eine Maja. Dann fängt man an, im Menschen eine viel intensivere Wirklichkeit zu sehen, als man eigentlich gewöhnlich sieht. Dann beginnt das große Verantwortlichkeitsgefühl gegenüber dem Dasein.

Wenn Sie einmal versuchen werden, diese Dinge innerlich zu durchdringen – sie lassen sich ja nur innerlich anschauen, nicht mit den gewöhnlichen äußeren Hilfsmitteln der Intelligenz nach dem Muster der heutigen Wissenschaft beweisen –, dann kommen Sie eben allmählich auf den Weg, auch zu begreifen, wie die Menschheit wirklich aus freien Menschenwesen besteht. Die Natur ist eigentlich nichts, was unserer Freiheit widerspricht. Denn als Menschen *machen* wir die uns nächstumgebende Natur. Nur in den Teilerscheinungen widerspricht die Natur unserer Freiheit. Nicht weiter, vergleichsweise gesprochen, wirkt die Natur gegen unsere Freiheit, als wenn Sie eine Hand ausstrecken und ein anderer ergreift sie und hält sie zurück. Sie werden sich dadurch nicht Ihren freien Willen absprechen, daß ein anderer Ihnen eine Bewegung zurückhält. So sind wir als Gegenwartsmenschen auch in bezug auf mancherlei zurückgehalten dadurch, daß Menschen der Vorzeit etwas getan haben, was sich erst heute in den Wirkungen äußert. Aber Menschen haben es getan. Was für Menschen? Diejenigen nicht, gegen die wir uns so wenden können, daß wir ihnen einen Vorwurf machen, denn wir waren es ja selber in früheren Erdenleben, die den gegenwärtigen Zustand bewirkt haben.

Wir müssen uns nicht darauf beschränken, bloß von wiederholten Erdenleben zu sprechen, sondern den Zusammenhang so zu denken, daß wir sogar in der äußeren Natur die Wirkungen desjenigen wahrnehmen, was wir als Ursache gelegt haben in früheren Erdenleben. Allerdings, wenn wir in bezug auf den einzelnen Menschen sprechen, so sprechen wir so, daß wir nur von mitwirkenden Ursachen sprechen. Denn für alle diese Dinge kommt in Betracht, wie ich Ihnen auseinandergesetzt habe, das Zusammenwirken der Menschen mit

Menschen auf der Erde. Es braucht sich aber niemand deshalb individuell auszuschließen, sondern jeder trägt seinen Teil bei zu dem, was die ganze Menschheit bewirkt und was dann zum Ausdruck kommt in dem, was Leib ist für die ganze Erdenmenschheit in ihrem fortlaufenden Leben und was äußerlich beschrieben wird.

Ich wollte Ihnen damit eine Vorstellung von dem geben, wie der Geisteswissenschafter ansehen muß, was in den äußeren Büchern beschrieben wird. Das ist in der Tat nicht viel anders, als wenn ich Ihnen hier eine Reihe von Figuren aufzeichnen würde:

Tafel 13

Nehmen wir an, irgendein Wesen kröche aus dem Erdboden heraus, das nie in der Menschenwelt gelebt hat, sähe diese Figuren, würde auch eine Art Kenntnisse von Arithmetik haben meinetwillen und würde sagen: Erste Figur, zweite Figur, dritte Figur: Die dritte ist die Wirkung von der zweiten, die zweite ist die Wirkung von der ersten Figur. Die erste hat die Wirkung: Dreieck, die zweite hat die Wirkung: Kreis. – So also würde dieses Wesen, das aus der Erde herausgekrochen ist, Ursache und Wirkung zusammenfassen. Aber es ist nicht so, sondern ich habe eine Figur nach der anderen hingezeichnet. In Wahrheit ist eine von der anderen ganz unabhängig. Es sieht nur so aus für dieses Wesen, das aus einer gewissen Maxime heraus das Vorstehende mit dem Nachfolgenden zusammenfaßt, als ob das eine die Wirkung des anderen wäre. Aber so ungefähr beschreibt der Geologe den Erdenvorgang; dasjenige, was, sagen wir, in der Diluvialzeit entsteht, der Tertiärzeit, der Quartärzeit und so weiter zurück. Es ist aber nicht so, geradesowenig wie dieser Kreis die Wirkung des Dreiecks und dieses Dreieck die Wirkung des Quadrats ist, sondern das ist selbständig bewirkt und hingesetzt, geradeso wie dasjenige, was im Verlaufe des Erdendaseins die

Taten der Erdenmenschen bewirkt haben, allerdings hinzugerechnet alles dasjenige, was die Menschheit im Schlafe bewirkt durch die geheimnisvolle Wirkung der Intelligenz, die eben besondere Wirkungen entfaltet, wenn der Mensch, wie man sagt, außerhalb des Leibes ist.

Sie sehen, in einem sehr hohen Grade ist das, was äußerlich beschrieben wird durch die sogenannte Wissenschaft, eine bloße Maja, eine bloße Täuschung. Und das bloße Sprechen über die Maja genügt nicht. Es ist schon notwendig, daß man zu diesem kritischen Urteil, daß die Außenwelt eine Maja ist, sagen kann, worin die eigentlichen Ursachen liegen. Die eigentlichen Ursachen sind aber verdeckt. Sie sind ja für die äußere Erkenntnis des Menschen sehr wenig offenliegend. Denn inwiefern die Menschheit das Erdendasein aufbaut, das kann man durch ein äußeres Wissen nicht erkundschaften; das kann man nur erkundschaften, wenn man von der äußeren Wissenschaft zu der inneren Wissenschaft dringt. Wie Sie aus meinem Buche «Wie erlangt man Erkenntnisse der höheren Welten?» entnehmen können, kann gewußt werden, was der Mensch vollzieht vom Einschlafen bis zum Aufwachen. Das kann man erkunden durch diejenige Wissenschaft, die hinunterdringt bis zu dem Willen. Denn wie der Wille mit der Außenwelt im Zusammenhang steht, das enthüllt sich ja den Menschen nicht, weil der Willensvorgang den Menschen verborgen ist. Der Mensch weiß nicht, was es in jedem Augenblicke eigentlich bedeutet, wenn er seine Hand aufhebt, wenn er einen Willensvorgang bewirkt; er weiß nicht, daß sich dieser Willensvorgang fortsetzt und etwas bedeutet für den ganzen Erdenverlauf.

Das habe ich gemeint, als ich die Szene dargestellt habe von Capesius und Strader in der «Pforte der Einweihung», wo ich Strader und Capesius allerlei tun lasse, was sich dann fortsetzt in kosmische Ereignisse, wo es donnert und blitzt. Natürlich ist das bildlich dargestellt, aber das Bildliche bedeutet eine tiefere Wahrheit. Es ist da nicht etwas Ausphantasiertes, sondern es bedeutet eine wirkliche Wahrheit. Für einen schon ziemlich langen Zeitraum der Menschheitsentwickelung sind solche Wahrheiten im Grunde genommen nur noch ausgesprochen bei wirklichen Dichtern, die mit Bezug auf ihre

Phantasie eigentlich immer zusammenhängen müssen mit den übersinnlichen Vorgängen.

Das versteht der heutige Mensch nur noch wenig. Der heutige Mensch möchte die Dichtung, die Kunst überhaupt als etwas, was erfunden ist, hinstellen neben die äußere Wirklichkeit. Er fühlt sich sehr entlastet, wenn er nicht den Anspruch erhoben findet, daß man die Dichtung als etwas mehr nehmen solle denn als etwas Erphantasiertes. Wirkliche Dichtung, wirkliche Kunst ist ja allerdings nur ein Abglanz der übersinnlichen Wahrheit, aber eben ein Abglanz der übersinnlichen Wahrheit. Wenn auch der Dichter das nicht in seinem Bewußtsein hat, was übersinnlich vorgeht, wenn er zusammenhängt in seiner Seele mit dem Kosmos, wenn er sich nicht losgelöst hat durch eine bloß materialistische Bildung, dann spricht er dasjenige aus, was durchaus übersinnliche Wahrheiten sind, wenn er es auch durch Bilder des Sinnendaseins aussprechen muß.

Solche Dinge sind vielfach enthalten im zweiten Teil von Goethes «Faust». Da sind die äußeren Bildwahrheiten durchaus, wie ich Ihnen ja für einzelne Partien dargelegt habe, auf übersinnliche Vorgänge zu beziehen. Wir können sogar mit Bezug auf die Kunstentwickelung für die letzten Epochen der Menschheit das, was ich eben gesagt habe, erhärten. Nehmen Sie ein verhältnismäßig gar nicht weit zurückliegendes Bild einer älteren Kunstepoche, so werden Sie finden, daß da in der Regel die Landschaft sehr nebensächlich behandelt ist. Die Landschaftsbehandlung taucht eigentlich erst so recht auf in den letzten drei, vier, fünf Jahrhunderten, erst da wird sie respektiert. Wenn Sie weiter zurückgehen, so finden Sie die Landschaft wenig behandelt, mehr dasjenige, was bloße Menschenwelt ist, weil da noch ein Bewußtsein vorhanden war, daß für die objektiven Vorgänge die Menschenwelt viel wichtiger ist als die Landschaft. Denn die Landschaft ist nur eine Wirkung der Menschenwelt. Gerade in dem Aufkommen der Vorliebe für die Landschaft liegt auf dem Kunstgebiete dasjenige, was parallel geht dem Aufkommen der materialistischen Gesinnung. Und die materialistische Gesinnung besteht nur in dem Glauben, daß das vom Menschen Abgesonderte einen Daseinswert für sich habe. Es hat keinen Daseinswert für sich; es hat gar keinen

Daseinswert für sich! Ein Marsbewohner, der herunterkommen würde, würde jederzeit einen Sinn verbinden können mit Leonardos Bild «Das Abendmahl». Mit Landschaftsbildern würde er, wenn er die Landschaft als solche überhaupt sehen könnte – mit seinem Sinnesorgan würde er sie ja ganz anders sehen, auch gemalte Landschaften –, keinen rechten Sinn verbinden können, weil er die ganze Erdenkonfiguration anders sehen würde. Diese Dinge sage ich allerdings nur, um durch Hypothesen zu charakterisieren, was ich meine.

Also Sie sehen daraus, daß der Satz: Die Außenwelt ist eine Maja –, gerade durch den Hinblick auf das Konkrete erst voll begriffen werden kann. Dann aber müssen wir uns als Menschen einbeziehen in die Ganzheit des Erdendaseins. Dann müssen wir tatsächlich aufsteigen zu der Vorstellung, daß es Wirklichkeiten, äußere Wirklichkeiten, scheinbare Wirklichkeiten geben kann, die keine Wahrheit sind, die keine wahren Wirklichkeiten sind. Wenn Sie eine Rose im Zimmer haben, ist sie eine scheinbare Wirklichkeit, aber keine wahre Wirklichkeit, denn eine Rose, so wie sie vor Ihnen ist, kann nicht sein. Sie kann nur sein, wenn sie am Rosenstock mit den Wurzeln des Rosenstocks zusammen ist und diese wiederum mit der Erde zusammen sind. Ebensowenig kann dasjenige sein, was der Geologe als Erde beschreibt. Das, was der Geologe als Erde beschreibt, ist für den, der ein wahrer Wirklichkeitskenner sein will, genau ebenso eine unwahre Wirklichkeit, wie eine Rose eine unwahre Wirklichkeit ist.

Geisteswissenschaft strebt an, niemals stehenzubleiben bei der unwahren Wirklichkeit, sondern immer zu suchen, wenn eine unwahre Wirklichkeit vorliegt, zu suchen nach dem, was hinzugebracht werden muß, damit man die Ganzheit hat, damit man eine ganze wahre Wirklichkeit habe. Darinnen spricht sich der unwirkliche Sinn der gegenwärtigen Zivilisation aus, daß man einfach alles, was einem äußerlich erscheint, für eine Wirklichkeit hält. Aber eine Wirklichkeit hat man nur in einem in sich Zusammengehörigen vor sich. Die Erde für sich genommen, die Menschen von der Erde weggenommen, das ist nicht mehr eine wahre Wirklichkeit, das ist ebensowenig eine wahre Wirklichkeit, wie eine Rose eine wahre Wirklichkeit ist, wenn man sie vom Rosenstock abgeschnitten hat. Sehen Sie, diese Dinge, sie müssen verarbeitet werden; sie dürfen nicht bloß Theorie bleiben, sie müssen in unsere Gesinnung übergehen. Wir müssen uns fühlen als ein Glied der ganzen Erde. Und es ist von Bedeutung, daß wir uns immer wieder und wiederum die Vorstellung vorlegen: Der Finger, der an mir hier gewachsen ist, er ist nur so lange seine wahre Wirklichkeit, als er an meinem Organismus ist. Schneide ich ihn ab, dann ist er nicht mehr seine wahre Wirklichkeit. So ist der Mensch nicht mehr seine wahre Wirklichkeit, wenn er von der Erde weg ist. Aber die Erde ist auch nicht ihre wahre Wirklichkeit, wenn die Menschheit von ihr weg ist. Es ist nur eine unwirkliche Vorstellung, wenn sich der heutige Naturforscher nach seinen Voraussetzungen denkt, die Erdenentwickelung würde ebenso verlaufen, wenn die Menschheit nicht da wäre. Daß sie so nicht verlaufen würde, habe ich Ihnen vor kurzem auch noch von einem anderen Gesichtspunkte aus dargestellt, indem ich Ihnen gezeigt habe, daß die Leiber, die die Menschen ablegen im Tode, eine Ingredienz bilden der Erdenentwickelung, die so da sein muß wie der Sauerteig, und daß, wenn keine Menschenleiber mit der Erde verbunden würden, der ganze physische Vorgang des Erdenverlaufes auch ein anderer sein würde, als er ist, wenn Menschenleiber – es ist dann gleichgültig, ob sie verbrannt oder begraben werden – mit der Erde verbunden werden.

Heute wollte ich Ihnen einmal im Genaueren den Zusammenhang des Willens- und des Intelligenzpoles des Menschen mit der kosmischen Umwelt darlegen.

VIERZEHNTER VORTRAG

Dornach, 14. November 1919

Aus den letzten Vorträgen werden Sie ersehen haben, wie der Mensch zu einer Art illusorischer Vorstellung von der Außenwelt kommt, wie in der Tat dasjenige, was als Naturzusammenhang gewöhnlich aufgefaßt wird, innerlich abhängig ist von der Menschheit selbst, und wie wir nur dadurch eine wirkliche Weltanschauung gewinnen können, daß wir die Erde, überhaupt die Welt in ihrer Ganzheit betrachten, also so betrachten, daß wir den Menschen dazugehörig ansehen und die Wechselbeziehung, das Wechselverhältnis des Menschen zur Welt ins Auge fassen. Sonst kommen wir immer zu einem wesenlosen Abstraktum, zu einer bloßen abstrakten Auffassung der mineralischen, höchstens noch der pflanzlichen und der tierischen Welt, die aber beide gegenüber der gegenwärtigen Naturanschauung auch schon keine starke Rolle mehr spielen. Es wird, wenn man von dem Naturzusammenhang spricht, in der Regel der bloße mineralische Naturzusammenhang ins Auge gefaßt, an den man dann diese kurze Episode, die man die geschichtliche nennt, als eine ganz anders geartete Wahrheit anhängt. Von dieser Auffassung, die eigentlich nicht bis zum Menschen herantritt, muß die Menschheit von der Gegenwart an abkommen. Wir haben von den verschiedensten Gesichtspunkten her die Gründe angeführt, warum die Menschheit abkommen muß von diesen Anschauungen, die sich, wie Sie wissen, ja auch mit einer gewissen Notwendigkeit seit drei bis vier Jahrhunderten herausgebildet haben. Ich will heute nur soviel erwähnen, daß die Menschen immer mehr und mehr mit Bezug auf ihr äußeres Wissen, auf ihre äußere Erkenntnis abhängig werden von ihrem physischen Leib und seinen Notwendigkeiten, wenn sie nichts zu ihrer eigenen Entwickelung, zur Hervorbringung einer höheren Erkenntnis, die durch den Willen in Angriff genommen werden muß, tun wollen. Es wird sich in der Zukunft darum handeln: Entweder muß die Menschheit demjenigen verfallen, was man als Anschauung von der Welt gewinnen kann dadurch, daß man, ich möchte sagen, bleibt, wie man ist, wie man geboren worden ist, daß man keine anderen Begriffe und Ideen gewinnen will als diejenigen, die man eben hat dadurch, daß man sich in die Welt hereingestellt findet durch die Geburt und durch die gewöhnliche Erziehung, wie sie heute noch üblich ist; das ist die eine Möglichkeit. Die andere Möglichkeit ist diese, daß die Menschen abkommen davon zu glauben, man könne einfach dadurch, daß man als Mensch geboren ist, alles Wünschenswerte wissen, alles Wirkliche beurteilen, und daß sie aufbauen eine wirkliche Entwickelung des Menschen, wie sie durch die Geisteswissenschaft angedeutet ist. Das wäre dann der andere Weg. Diesen letzteren Weg wird die Menschheit gehen müssen, sonst würde die Erde nur dem Verfall entgegengehen. Man kann, was ich eben gesagt habe, auch gewissermaßen geographisch betrachten, und dann gewinnt es für die Gegenwart eine ganz besondere Bedeutung.

Wenn wir nur weit genug zurückgehen in die Erdenentwickelung, dann finden wir, wie der Mensch nicht im irdischen Dasein selber wurzelt. Sie wissen ja, daß der Mensch vor der irdischen Entwickelung eine lange vorherige Entwickelung durchgemacht hat. Sie finden diese Entwickelung in meiner «Geheimwissenschaft im Umriß» beschrieben. Sie wissen, daß der Mensch dann wiederum gewissermaßen zurückgenommen worden ist in ein rein geistiges Dasein und aus diesem rein geistigen Dasein heruntergestiegen ist zum Erdendasein. Nun ist es in der Tat so, daß mit diesem Heruntersteigen des Menschen ins Erdendasein von der Menschheit mitgenommen worden ist ein ausgebreitetes, man kann es nennen Erbwissen, eine Urweisheit, eine Erbweisheit; eine Weisheit, die so war, daß sie eigentlich für die ganze Menschheit eine einheitliche war. Im einzelnen finden Sie diese Dinge geschildert in meinem Vortragszyklus «Die Mission einzelner Volksseelen» in Kristiania. Dieses Erbwissen war also ein einheitliches. Ich verstehe, indem ich vom Wissen rede, jetzt nicht bloß dasjenige, was man gewöhnlich innerhalb der Wissenschaft so nennt, sondern alles dasjenige, was der Mensch überhaupt in seine Seelenwelt als eine Anschauung von seiner Weltumgebung und von seinem Leben aufnehmen kann.

Nun hat sich dieses Urwissen spezifiziert. Es hat sich so spezifiziert, daß es verschieden geworden ist je nach den verschiedenen Territorien der Erde. Wenn Sie das äußerlich betrachten, was man die Kultur der verschiedenen Erdenvölker nennt – besser noch können Sie das überschauen, wenn Sie die verschiedenen Kapitel unserer Geisteswissenschaft zu Hilfe nehmen, wo die Sache behandelt wird –, können Sie sich sagen: Was die Menschen der verschiedenen Völkerschaften gewußt haben, war von jeher verschieden. Sie können unterscheiden eine indische Kultur, eine chinesische Kultur, eine japanische Kultur, eine europäische Kultur, und in der europäischen Kultur wiederum spezifiziert für die einzelnen europäischen Territorien, dann eine amerikanische Kultur und so weiter.

Wenn Sie sich fragen: Wodurch ist die Erb- und Urweisheit zu dieser Spezifizierung gekommen, wodurch ist sie immer mehr und mehr differenziert worden? – so werden Sie sich zur Antwort geben können: Da waren schuld daran die inneren Verhältnisse, die inneren Anlagen der Völker. – Aber im wesentlichen zeigen sich immer Anpassungen dieser inneren Verhältnisse der Völker an die äußeren Verhältnisse der Erde. Und man bekommt wenigstens ein Bild über die Differenzierung, wenn man versucht, den Zusammenhang zu finden zwischen dem, was, sagen wir, indische Kultur ist und der klimatischen geographischen Beschaffenheit des indischen Landes. Ebenso bekommt man eine Vorstellung von dem Spezifischen der russischen Kultur, wenn man den Zusammenhang des russischen Menschen mit seiner Erde betrachtet. Nun kann man sagen: In bezug auf diese Verhältnisse befindet sich die gegenwärtige Menschheit, wie sie es in so vieler Beziehung ist, in einer Art Krisis. – Diese Abhängigkeit des Menschen von seinen Territorien ist im 19. Jahrhundert allmählich die denkbar größte geworden. Allerdings, die Menschen haben sich emanzipiert, mit ihrem Bewußtsein emanzipiert von ihren Territorien, das ist richtig; aber sie sind deshalb doch abhängiger geworden von diesen ihren Territorien. Man kann das sehen, wenn man vergleicht, wie, sagen wir, noch ein Grieche zu dem alten Griechenland stand, und wie etwa ein moderner Engländer oder noch der Deutsche zu seinen Ländern steht. Die Griechen hatten noch vieles in ihrer Kultur, in ihrer Bildung von der Urweisheit. Sie waren vielleicht physisch stärker abhängig von ihrem griechischen Territorium, als die heutigen Menschen von ihrem Territorium abhängig sind. Aber diese stärkere Abhängigkeit wurde aufgehoben, wurde gemildert durch das innere Erfülltsein mit der Urweisheit, mit dem Urwissen. Dieses Urwissen ist allmählich für die Menschheit verglommen. Wir können ganz deutlich nachweisen, wie um die Mitte des 15. Jahrhunderts das unmittelbare Verständnis für gewisse Urweistümer aufhört, und wie selbst die Traditionen dieser Urweistümer im 19. Jahrhundert allmählich versiegen. Künstlich werden ja, ich möchte sagen, wie Pflanzen in den Treibhäusern, die Urweisheiten noch aufbewahrt in allerlei Geheimgesellschaften, die manchmal sehr Schlimmes damit treiben. Aber diese Geheimgesellschaften bewahrten die Urweisheit im 19. Jahrhundert so auf – im 18. Jahrhundert war es noch etwas anderes –, daß man sagen kann, sie sind gleichsam wie Pflanzen in Treibhäusern. Was haben schließlich die Freimaurersymbole heute noch mit der Urweisheit, aus der sie stammen, anderes zu tun, als die in Treibhäusern gepflanzten Pflanzen mit den in der freien Natur wachsenden Pflanzen? Nicht einmal so viel wie diese mit jenen haben die Symbole der Freimaurer mit der Urweisheit noch zu tun.

Aber gerade dadurch, daß die Menschen das innere Durchdrungensein mit der Urweisheit verlieren, werden sie erst recht abhängig von ihren Territorien. Und ohne daß wiederum errungen würde ein frei zu entwickelnder Schatz von Geisteswahrheiten, würden die Menschen über die Erde hin ganz sich differenzieren nach ihren Territorien.

Wir können da in der Tat, ich möchte sagen, drei Typen unterscheiden, die wir von anderen Gesichtspunkten aus ja schon unterschieden haben. Wir können heute sagen: Wenn nicht geisteswissenschaftliche Impulse sich in der Welt ausbreiten, würden von Westen herüber nur geltend gemacht werden wirtschaftliche Wahrheiten, die ja aus ihrem Schoße manches andere auch hervorbringen können. Aber das wirtschaftliche Denken, die wirtschaftlichen Vorstellungen würden das Wesentliche sein. Es würde vom Osten herüber dasjenige kommen, was im wesentlichen geistige Wahrheiten wären. Asien wird immer mehr und mehr, wenn auch vielleicht auf sehr dekadente, so doch auf geistige Wahrheiten sich beschränken. Mitteleuropa würde mehr das intellektuelle Gebiet pflegen. Und das würde sich ja ganz besonders geltend machen, verbunden mit etwas Tradition von alten Zeiten her, verbunden mit dem, was herüberweht aus dem Westen von wirtschaftlichen Wahrheiten, und was herüberweht aus dem Osten von geistigen Wahrheiten. Die Menschen aber, die über diese drei Haupttypen der Erdengliederung hin leben würden, würden sich immer mehr und mehr nach dieser Richtung spezifizieren. Die Tendenz unserer Gegenwart zielt durchaus darauf hin, diese Spezifizierung der Menschheit tatsächlich zur Herrschaft zu bringen. Man kann sagen, und ich bitte, das recht, recht ernst zu nehmen: Würde nicht ein geisteswissenschaftlicher Einschlag die Welt durchsetzen, so würde der Osten allmählich ganz unfähig werden, eine eigene Wirtschaft zu treiben, wirtschaftliches Denken zu entwickeln. Der Osten würde nur in die Lage kommen zu produzieren, das heißt, unmittelbar den Boden zu bebauen, unmittelbar Naturprodukte zu verarbeiten mit den Werkzeugen, die geliefert werden von dem Westen. Aber alles dasjenige, was von der menschlichen Vernunft aus wirtschaftet, würde sich im Westen entwickeln. Und von diesem Gesichtspunkte aus angesehen, ist die eben abgelaufene Weltkriegskatastrophe nichts anderes als der Anfang zu der Tendenz – ich will in einem beliebten Ausdruck sprechen –, den Osten von dem Westen aus wirtschaftlich zu durchdringen; das heißt, den Osten zu einem Gebiet zu machen, in dem die Leute arbeiten, und den Westen zu einem Gebiet zu machen, in dem gewirtschaftet wird mit demjenigen, was der Osten aus der Natur heraus arbeitet. – Wo dabei die Grenze zwischen dem Osten und dem Westen ist, das braucht nicht festgesetzt zu werden, denn das ist etwas Variables.

Ginge die heute herrschende Tendenz weiter, würde sie nicht geistig durchsetzt, so würde ganz zweifellos – man braucht es nur hypothetisch auszusprechen – das entstehen müssen, daß der ganze Osten wirtschaftlich ein Ausbeutungsobjekt würde für den Westen. Und man würde diesen Gang der Entwickelung für dasjenige ansehen, was das Gegebene für die Erdenmenschheit ist. Man würde es als das ganz Gerechte und Selbstverständliche ansehen. Es gibt kein anderes Mittel, in diese Tendenz das hineinzubringen, was nicht die halbe Menschheit zu Heloten, die andere Menschheit zu Benützern dieser Heloten macht, als die Erde mit der wiederum zu erringenden gemeinsamen Geistigkeit zu durchdringen.

Wenn man diese Dinge ausspricht, so stößt sie der heutige Mensch noch gern von sich weg. Der heutige Mensch ist nur zu geneigt, diese Dinge mit einer Handbewegung von sich zu schieben, aus dem einfachen Grunde, weil es ihm äußerlich unbequem ist, sich der wahren Wirklichkeit heute gegenüberzustellen. Der Mensch sagt sich: Nun, wenn auch die wirtschaftliche Durchdringung des Ostens geschieht, so schnell wird es ja doch nicht gehen, daß ich es noch erlebe. – Diejenigen, die Kinder haben, die denken zwar dann schon etwas ernster für ihre Kinder, aber sie benebeln sich ja dann doch am liebsten ein bißchen damit, daß vielleicht wieder bessere Zeiten kommen und dergleichen. Aber darauf im Innersten einzugehen: daß es kein anderes Mittel gibt, die Zukunft der Menschheit menschenwürdig zu gestalten, als die Erde nicht nur wirtschaftlich, sondern auch geistig zu durchdringen – diesen Gedanken machen sich aus einer gewissen Bequemlichkeit heraus doch die allerwenigsten Menschen. Man kann sagen, daß von drei Seiten her die Menschheit die gegenwärtige Konfiguration ihres Kulturlebens erhalten hat. Und es ist außerordentlich interessant, gerade diese drei Seiten des irdischen Kulturlebens einmal ins Auge zu fassen, besonders für unsere Aufgabe, die wir uns in diesen Vorträgen jetzt stellen wollen.

Sehen Sie, wenn man das Erdengebiet von Osten gegen Westen hin überblickt, so muß man folgendes sagen: Alles dasjenige, was die Menschheit als einen gewissen Grundstock von ethischen Wahrheiten, von sittlichen Wahrheiten hat, das hat sie eben doch vom Orient. Die Form, in welcher der Orient einstmals mit einer allgemeinen Weltanschauung zugleich seine ethischen Prinzipien entwickelt hat, die Form der allgemeinen Kosmologie und so weiter, sie ist verlorengegangen. Aber geblieben ist, wie ein Rest des orientalischen Denkens und Empfindens, eine gewisse Ethik. Lesen Sie einmal von diesem Gesichtspunkte aus die Reden, die *Rabindranath*

Tagore gehalten hat, die gesammelt sind unter dem Titel «Nationalismus». Sie werden sehen, darin ist kaum noch etwas zu finden von den großen kosmischen Weisheitslehren, die einstmals im Osten in den Menschengemütern gelebt haben. Aber: es ist außerordentlich interessant. Wer mit Verständnis diese unter dem Titel «Nationalismus» gesammelten Reden des Tagore liest, der wird sich sagen: Das sittliche Pathos, das darin lebt – und das ist bei diesen Reden sogar die Hauptsache –, der ethische Wille, der darinnen lebt, diese herbe sittliche Kritik, die geübt wird an dem ganzen individuellen Mechanismus des Westens, die geübt wird an dem noch schlimmeren politischen Mechanismus des Westens, das alles, was lebt an Ethos in diesen Reden des Tagore, das alles könnte nicht gesagt werden, ohne daß dahintersteht, wenn es auch heute äußerlich im Bewußtsein nicht mehr lebt, die alte Urweisheit Asiens. Mit der Weisheit, die aus den Sternen geschöpft worden ist, wurden getränkt die sittlichen Wahrheiten, die aus dem Orient herüberklingen, wenn solche Leute reden wie dieser Rabindranath Tagore. Und wenn man nicht mit Vorurteilen, sondern ganz unbefangen alles prüft, was sich an Bildung in Mitteleuropa und im Westen entwickelt hat, so muß man sagen: Was da lebte, sei es bei den Philosophen oder Nichtphilosophen, sei es bei den einfachsten Menschen, sei es beim Durchgebildeten, dasjenige, was ethisch-sittlich die Menschen des mittleren und des westlichen Erdengebietes durchtränkt, das ist alles im Grunde genommen herausgeträufelt aus Asiatentum, aus dem Orient. Der Orient ist die eigentliche Heimat des Ethos, der Ethik.

Wenn wir nach dem Westen blicken, dessen Kultur sich ja, ich möchte sagen, vor den geschichtlichen Augen abgespielt hat, so sehen wir, wie da mehr das verstandesmäßige intellektuelle Verarbeiten der Welterscheinungen in Betracht kommt, dasjenige, was sich auf das Nützlichkeitsprinzip bezieht. Es ist ein großer Gegensatz, den sich eigentlich die Menschheit zum Bewußtsein bringen müßte, zwischen so etwas, was lebt als Pathos in den Reden des Tagore, und demjenigen, was lebt in alledem, was im Westen ausgebildet wird als der Nützlichkeits-, als der Utilitätsstandpunkt.

Wenn man radikal sprechen möchte, müßte man sagen: So etwas

wie bei, sagen wir Philosophen wie *John Stuart Mill* oder Nationalökonomen wie *Adam Smith* oder intellektualisch Philosophisches wie bei *Bergson,* so etwas bleibt für den Asiaten, selbst wenn er es zu verstehen sucht, etwas, was völlig außerhalb seines Wesens liegt. Er kann es als eine interessante Tatsache auffassen, daß so etwas auch von Menschen gesagt wird, aber er wird niemals versucht sein, derlei Dinge, die sich auf die äußere menschliche Nützlichkeit beziehen, aus seinem eigenen Wesen hervorzubringen. Der Asiate verachtet gründlich das europäische und amerikanische Wesen, weil es ihm überall den Nützlichkeitsstandpunkt entgegenbringt, der nur mit dem Intellekt, mit dem Verstande beherrscht werden kann. Und so ist es auch gekommen, daß die mit der Idee «Nützlichkeit» verbundenen Denk- und Vorstellungsarten vor allen Dingen das Produkt des Westens sind.

Wie ich vorhin darauf aufmerksam gemacht habe, daß sich über die Erde hin nach Völkern die Urweisheit spezifiziert hat, so können wir jetzt die großen Typen unterscheiden: Den ethischen Typus im Osten, im Orient, den intellektualistischen Utilitätstypus im Okzident, im Westen. Dazwischen sucht sich immer das durchzudrücken, durchzudrängen, was ich nennen möchte den dritten Typus, den ästhetischen Typus. Der ästhetische Typus ist eigentlich ebenso Mitteleuropa eigen, wie dem Orient eigen ist der ethische Typus, wie dem Okzident eigen ist der utilitarische, intellektualistische Typus.

Man braucht nur an eine Erscheinung zu erinnern, um auch aus äußeren Tatsachen den Beweis erbringen zu können, wie gerade aus Mitteleuropa heraus der ästhetische Typus des Menschenwesens sich geltend machen will. Während im Westen die Französische Revolution einerseits wütete, andererseits ihre Früchte trug, der Osten in spirituellen Träumen befangen war, sehen wir, wie zum Beispiel *Schiller* seine «Briefe über die ästhetische Erziehung des Menschen» schreibt. Sie knüpfen direkt an die Französische Revolution an; aber sie wollen das Problem, das die Französische Revolution politisch aufgeworfen hat, rein humanistisch, menschlich lösen. Sie wollen den Menschen rein innerlich zu einem freien Menschen machen. Und interessant ist es, daß die ganze Betrachtungsweise Schillers in den «Ästhetischen Briefen» darauf beruht, daß er auf der einen Seite den intellektualistischen, den reinen Nützlichkeitsstandpunkt abweist, auf der anderen Seite ebenso den bloßen ethischen Standpunkt. Sehen Sie, den ethischen Standpunkt hat auch einmal einer rationalisiert, intellektualisiert. Alles in der Welt wird durch verschiedene Metamorphosen geleitet, und dann erscheint es in einer ganz anderen Form. So ist der ethische Standpunkt des Orients ganz gewiß nicht intellektualistisch, aber man kann ihn auch wie den Intellekt auffassen, man kann ihn intellektualisieren, «königsbergisieren», dann ist er Kantisch. Das ist dagewesen, und von *Kant* rührt ja jener schöne Ausspruch her: «*Pflicht!* du erhabener großer Name, der du nichts Beliebtes, was Einschmeichelung bei sich führt, in dir fassest, sondern Unterwerfung verlangst...», nämlich Unterwerfung unter die Sittlichkeit. Schiller sagte dagegen: «Gerne dien' ich den Freunden, doch tu' ich es leider mit Neigung, / Und so wurmt es mir oft, daß ich nicht tugendhaft bin.» Schiller konnte als der richtige mitteleuropäische Mensch nicht in sich aufnehmen diese kantische, die königsbergische Intellektualisierung der Ethik. Für ihn war der Mensch kein Vollmensch, der erst sich der Pflicht unterwerfen mußte, um die Pflicht zu tun. Für ihn war *der* Mensch ein Vollmensch, der in sich die Neigung verspürte, das zu tun, was das Sittlich-Wertvolle ist. Daher wies Schiller den ethischen Rigorismus eines Kant zurück. Ebenso wies er aber zurück das rein intellektuelle Autoritätsprinzip, und er sah in den Hervorbringungen und in dem Genusse des Schönen, also in einem ästhetischen Verhalten des Menschen, die höchste freie Äußerung der Menschennatur. Er schrieb seine «Ästhetischen Briefe», man möchte sagen, wie eine Personenbeschreibung *Goethes*. Er hatte sich ja schwer durchgerungen zur Anerkennung Goethes. Schiller ging aus von einem Neid und von einem innerlichen Widerwillen gegen Goethe. Man könnte sagen: Für Schiller gab es eine Zeit seiner Jugend, in welcher ihm der Speichel im Munde immer bitter wurde, wenn von Goethe die Rede war. Dann lernten sie sich kennen. Dann lernten sie sich aber auch nicht nur achten, sondern gegenseitig ineinander aufgehen. Und dann schrieb Schiller wie eine geistige Biographie, wie eine geistige Charakteristik Goethes seine «Briefe über die ästhetische Erziehung des Menschen». Alles, was in diesen «Ästhetischen Briefen» steht, könnte niemals geschrieben worden sein, wenn Goethe dasjenige, was darinnen steht, nicht Schiller vorgelebt hätte.

Schiller hat ja im Beginne ihrer Freundschaft jenen Brief vom 23. August 1794, den ich oft zitiert habe, an Goethe geschrieben: «Lange schon habe ich, obgleich aus ziemlicher Ferne, dem Gang Ihres Geistes zugesehen.» Und nun beschreibt er Goethe als den Geist, der eigentlich ein wiedererstandener Grieche sei, so daß wir sehen, wie da angeknüpft wird an die erste Morgenröte des ästhetischen Geistes Mitteleuropas, an Griechenland.

Und bei Goethe sehen wir, wie er aus dem intellektuellsten Elemente sich herausarbeitet zu einer Anerkennung von Wahrheit, die ebenso durch die Kunst wie durch die Wissenschaft gefaßt wird. Wenn Sie verfolgen, wie Goethe mit *Herder* die Ethik des *Spinoza* studiert hat, wie dann Goethe nach Italien fährt und nach Hause schreibt, in den Kunstwerken, die er aus griechischem Geiste hervorgegangen sieht, sehe er «Notwendigkeit», sehe er «Gott», so kann man sagen: Der Intellektualismus des Spinoza wird bei Goethe auf seiner italienischen Reise im Anblicke der Kunstwerke ästhetisch. Und Goethe legt Zeugnis dafür ab, daß die Griechen nach denselben Gesetzen verfahren sind beim Schaffen ihrer Kunstwerke, nach denen die Natur selbst verfährt, und denen er auf der Spur zu sein glaubt. Das heißt, Goethe ist nicht der Ansicht, wenn man ein Kunstwerk schaffe, dann schaffe man etwas Phantastisches, und nur Wissenschaft sei streng wahr. Nein, Goethe war der Anschauung, daß dasjenige, was in der wahren Kunst drinnenliegt, erst recht der tiefere Wahrheitsgehalt des Naturdaseins ist, also eine ästhetische Weltanschauung. Und so kann man sagen: Okzident – intellektualisch, utilitarisch; die mittleren Erdgegenden – ästhetisch; der Osten – ethisch, moralisch. Und es ist durchaus richtig, zu sagen: Wo immer, sei es im Osten oder in der Mitte oder im Westen, ethische Wahrheiten aufgetreten sind, ursprünglich stammen sie aus dem Osten. Es ist ganz gleichgültig, ob in der Mitte oder im Osten utilitarische Wahrheiten auftreten, ursprünglich stammen sie aus dem Westen. Schönes stammt aus den mittleren Gegenden. Man kann überall den Gang dieser drei Lebenselemente des Menschen in dieser Weise verfolgen. Man kann ihn manchmal bis weit in die Einzelheiten hinein verfolgen. Sehen Sie, wenn man durch sein Karma dazu bestimmt ist, in Mitteleuropa Anthroposophie zu begründen, dann muß in dieser Anthroposophie etwas leben von jenem Goethe-Glauben, daß schließlich dasselbe Element, das in der Kunst lebt, auch das Element der Wahrheit ist, daß dasselbe Element, das in der Malerei, in der Plastik, sogar in der Architektur zum Ausdruck kommt, auch im Gedankenbau der Wahrheit leben muß. Ja, man muß, wie ich es versucht habe im ersten Kapitel meiner «Philosophie der Freiheit» – jetzt in der Neuauflage ist es das letzte –, dazu kommen, zu sagen, daß der Philosoph, der Mensch, der eine Weltanschauung begründet, ein Begriffs-«Künstler» sein müsse. Den Begriff des Begriffskünstlers, den lehnt man sonst ab. Dort habe ich ihn akzeptieren müssen. Es ist das alles aus einem Geiste heraus.

Alle Ideen, die man so äußert, bekommen bestimmte Charaktere, die die Farben tragen von dem, was ich eben gesagt habe. Dann werden aber Bücher geschrieben, wie zum Beispiel dasjenige von *Aimée Blech*, das kürzlich wie ein Pamphlet erschienen ist, mit allerlei böswilligen, bewußt böswilligen Verleumdungen, in denen zum Beispiel auch steht: In demjenigen, was da als Anthroposophie vorgebracht wird von dieser (Steiners) Seite, da ist ja allerdings manches Schöne drinnen; aber das widerstrebt der Klarheit des französischen Geistes! – Gewiß widerstrebt es der Intellektualität, dem nüchtern-rhetorischen Fassen der Begriffe. Solche Leute wollen lieber derbmateriell Greifbares nachgebildet haben, denn das läßt sich mit schärferen Begriffskonturen fassen. Also bis in die Einzelheiten kann man diese Dinge durchaus verfolgen. Ich könnte Ihnen manche sehr stark nach dem Detailmalen hingehende Dinge vorführen, die Ihnen das erläutern würden, was ich eben in großen Zügen ausgeführt habe. Ich will es aber bei dem, was ich eben angeführt habe, bewenden lassen, denn dies ist eigentlich gerade als ein Detailzug außerordentlich interessant.

Nun handelt es sich darum, daß man das durchdringend einsehe, daß zum Beispiel nicht im Okzident auch Sittlichkeit und Kunst und Intellektualismus einfach hervorgebracht werden. O nein, da wird die

Kunst von den mittleren Gegenden, die Ethik vom Orient genommen, und hinzugefügt das intellektualische Element, das Utilitätselement. Ebenso wird in der Mitte eine Art ästhetisches Element gepflegt, und alles, was namentlich im 19. Jahrhundert aufgenommen worden ist in dieses ästhetische Element, das ist vom Westen herübergenommen. Es wäre interessant, einmal den Gang der Biologie von diesem Gesichtspunkte aus zu schreiben. Lesen Sie heute Goethes Metamorphosenlehre, so können Sie darin eine großartige Evolutionstheorie finden. Aber der Westen wird sie immer ästhetisch verseucht finden. Denn vom Westen her ist eingedrungen in das 19. Jahrhundert, das über die ganze Erde hin vom Westen abhängig geworden ist, das darwinistische Element in die Evolutionslehre. Das hat hineingebracht den Utilitätsstandpunkt, die Zweckmäßigkeitslehre. Die Zweckmäßigkeitslehre finden Sie ganz ausgeschaltet bei Goethe, weil Goethe überall durchdrungen ist von Ästhetizismus. Es sollte nicht sein, daß in dieser Weise in der Zukunft die Menschen gerade so, wie sie wirtschaftlich – das habe ich vorhin charakterisiert – differenziert sind, nichts voneinander annehmen wollen; denn dadurch würde sich auf der Erde allmählich ausbreiten über Asien ein gewisses Ethos, wie man es mit solchen feurigklingenden Tönen vertreten findet bei Rabindranath Tagore. Es würde sich ausbreiten im Mitteleuropa in einer etwas anderen Form, was gewisse Nietzsche-Gigerl schon vertreten haben, aber eben in gigerlhafter Weise, ein gewisses «Jenseits von Gut und Böse», ein gewisses Ästhetisieren selbst über moralische Begriffe. Wir sehen da den Siegeszug dieses Ästhetisierens im 19. Jahrhundert, besonders gegen das Ende des 19. Jahrhunderts sehr, sehr sich geltend machen. Und es würde sich der bloße Nützlichkeitsstandpunkt über den Westen ergießen: Gescheitheit im Nützlichkeitsstandpunkt, Nachbildung des geistigen Elementes dem Nützlichkeitsstandpunkt und so weiter. Dem kann allein abhelfen die Durchdringung der Menschheit mit einem wirklichen Geistigen, mit einem wirklichen spirituellen Elemente. Dazu ist natürlich die Voraussetzung, daß dieses spirituelle Element voll ernst genommen werde, daß man den Willen entwickelt, die Dinge so anzusehen, wie sie sich heute dem darstellen, der wirklich unbefangen sein will. Diese Kriegskatastrophe hat ja manches sehr Merkwürdige an die Oberfläche gefördert. Sie hat auch Erscheinungen an die Oberfläche gefördert, die zum Teil höchst unbehaglich sind, die aber zum anderen Teil lehrreich sind. Ich will Ihnen eine solche Erscheinung einmal erwähnen.

Sehen Sie, innerhalb der deutschen Literatur der Gegenwart erscheinen – man kann schon gar nicht mehr mit dem Lesen nachkommen – fast in jeder Woche jetzt die – «Ausschleimungen» wollte ich sagen – Auslassungen der verschiedensten Menschen über ihre Beteiligung an dem Verlauf der kriegerischen und politischen Ereignisse, und wir konnten lesen, was solche Köpfe, ich sage ausdrücklich «Köpfe», gedacht haben wie *Jagow,* wie *Bethmann* – *Michaelis,* glaube ich, hat uns noch verschont –, *Tirpitz, Ludendorff,* und eine ganze Reihe könnte man noch nennen. Ja, es ist unbehaglich von der einen Seite, das Zeug zu lesen. Aber es ist auf der anderen Seite wiederum höchst interessant! Es ist höchst interessant vom folgenden Standpunkte aus. Sehen Sie, man kann ja solche Bücher wie das von Bethmann oder das von Tirpitz mit ganz entgegengesetzten Standpunkten erleben, aber – was heißt hier Standpunkte, nicht wahr! –, es kommt eben manchmal darauf an, ob der eine mit dem Auge, der andere mit dem Stiefelabsatz behandelt wurde während einer gewissen Zeit! Bethmann ist während einer gewissen Zeit von dem «allerhöchsten Herrn» mit dem Auge, Tirpitz mit dem Stiefelabsatz behandelt worden, danach haben sie verschiedene Standpunkte. Also auf den Standpunkt wollen wir uns nicht weiter einlassen. Darauf kommt es viel weniger an, als zu sehen, welcher Geist in solchen Schriften lebt.

Nun kann man ja zunächst einmal folgendes machen. Sehen Sie, ich habe das Experiment angestellt: Nachdem ich die ganze trübe Sauce dieser Schriften, diese Bethmann- und Tirpitz-Sauce habe über mich ergehen lassen, habe ich versucht, wiederum einmal eine Reihe der mir ja sehr lieben *Herman Grimm*schen Aufsätze zu lesen, und zwar diejenigen, die von Nichtdeutschen allerdings chauvinistisch deutsch gefunden werden würden, aber das ist ja wiederum ein Standpunkt, und darauf kommt es mir nicht an, sondern es kommt mir auf den Geist an, der darin lebt. Nun kann man zunächst beim ersten

Anblick die Frage aufwerfen: Ja, wie steht der Geist, die Vorstellungsart, die innere Seelenverfassung der Bethmann-Tirpitz-Sauce zu dem, was in Herman Grimms meinetwillen politischen Betrachtungen lebt? – Da muß man sagen: Für Herman Grimm hat Goethe gelebt, und nicht umsonst gelebt; er war für ihn da. Für Bethmann, für Tirpitz war er nicht da. Ich will nicht sagen, daß sie ihn nicht gelesen haben. Es wäre vielleicht gescheiter, wenn sie ihn nicht gelesen hätten; aber er war für sie nicht da. Zunächst klingt einem, so sagte ich mir, was in diesen Büchern steht, so, wie wenn es von mittelalterlichen Landsknechten, auch durchaus mit der Logik der mittelalterlichen Landsknechte, geschrieben wäre. Besonders interessant ist ja zum Beispiel Ludendorffs Logik. Er ist ja derjenige, der sich «das große Verdienst» erworben hat, den Ausschlag gegeben zu haben, daß *Lenin* im plombierten Wagen durch Deutschland nach Rußland befördert worden ist. Er ist der eigentliche «Importeur» des Bolschewismus in Rußland. Das glatthin abzuleugnen in seinem Buche, hat er nicht die Stirn, obwohl er zu vielem die Stirne hatte. Deshalb sagt er das Folgende. Er sagt: Lenin nach Rußland zu bringen, das war eine militärische Notwendigkeit; aber die politische Leitung hätte die schlimmen Folgen davon abwenden sollen; das hat sie eben unterlassen. – Sehen Sie, das ist die Logik dieser Herren! Aber ich will durchaus nicht behaupten, daß *Clemenceau* eine bessere Logik hatte. Also ich bitte, durchaus nicht zu glauben, daß ich für irgend etwas Partei nehme; auch *Lloyd George, Wilson* haben keine besseren Logiken; aber es ist bei diesen nicht so leicht zu konstatieren.

Ja, das sagt man sich zunächst. Dann aber geht die Sache weiter. Dann findet man, wenn man einen geschichtlichen Vergleich sucht, daß man ziemlich weit zurückgehen muß. Eine merkwürdige Ähnlichkeit besteht zwischen der Art des Denkens, der Art des Vorstellens namentlich bei Tirpitz und bei Ludendorff, und der Art des Denkens derjenigen Menschen, die im 1. und 2. vorchristlichen Jahrhundert die sogenannte Kultur Roms geleitet haben. Und man kann eigentlich, wenn man da eine intime Seelengemeinschaft konstatieren will, sagen: Es ist so, als ob die Denkweise des alten vorchristlichen Roms wieder auftauchen würde und als ob alles dasjenige, was seitdem, einschließlich des Christentums, sich zugetragen hat – wenn die Herren auch äußerlich von Christus und dergleichen sprechen –, nicht dagewesen wäre.

Sehen Sie, man denkt oftmals, wenn man vom Luziferischen sagt, daß es zurückgeblieben ist in der Menschheit, man meine nur Außerweltliches. In der Welt selbst tritt dieses Prinzip des Zurückgebliebenseins ganz stark hervor. Man kann sagen: die vorcäsarischen Größen des alten Rom sind wiederum erstanden in solchen Leuten. Und alles, was sich weiter zugetragen hat in Europa, ist für sie eigentlich nicht da.

Diese Erscheinung müßte heute von den Menschen unbefangen beobachtet werden. Sie müßte ins Auge gefaßt werden. Denn nur dadurch gewinnt man einen freien, der Sache mächtigen Standpunkt der Beurteilung für die Gegenwart. Die Gegenwart stellt große Anforderungen an die Beurteilungsfähigkeit der Menschen. Das alles muß gesagt werden, wenn davon die Rede ist, es sei notwendig, daß diese Gegenwart durchdrungen werde mit geistigen Impulsen. Es ist ja oberflächlich betrachtet leicht, sich zu sagen: Nun ja, es muß eben die Gegenwart mit geistigen Impulsen durchdrungen werden! – Aber die Sache ist doch nicht so einfach. Sie brauchen ja nur einmal zu prüfen, ob denn geistige Impulse überall, wo sie in die Menschheit einen gewissen Zugang gewonnen haben, wünschenswerte Früchte getragen haben. Sehen Sie, schließlich muß man sich doch auch das Folgende sagen. Nehmen wir einmal gewisse Broschüren, gewisse Pamphlete, die geschrieben worden sind. Es sind solche geschrieben worden von langjährigen Anhängern, es sind sogar solche geschrieben worden, in welchen das, was hier als Geisteswissenschaft figuriert, «richtig» in die Welt gesetzt wird, nur wird es umgekehrt, umgestülpt! Das sind doch auch Pflanzen, die auf dem Boden gewachsen sind, auf dem versucht wird, heute Geistesgut den Menschen mitzuteilen. Und wer da glauben würde, der Prozeß sei schon abgelaufen, der darin besteht, daß durch sogenannte Anhänger ins Gegenteil verkehrt wird dasjenige, was als Geistesgut übermittelt ist, der wäre ja naiv. Das ist durchaus nicht abgeschlossen! Es ist durchaus nicht so leicht, wie man denkt, mit der Tatsache zu rechnen, daß spirituelle

Wahrheiten in die Menschheit gebracht werden sollen. Denn so, wie zunächst die Menschheit heute ist, tendiert sie eben dahin, sich zu differenzieren vor allem nach den drei Typen, die ich charakterisiert habe: dem ethischen, dem ästhetischen, dem intellektualistischen, aber innerhalb dessen wiederum weiter.

Nun sind die spirituellen Wahrheiten nicht dazu angetan, von Menschen, die mit einer solchen Differenzierung an sie herantreten, rein aufgenommen zu werden. Es ist ganz unmöglich, daß die spirituellen Wahrheiten von Menschen rein aufgenommen werden, die mit dieser Differenzierung und mit noch anderen Differenzierungen aus der Gegenwart an sie herantreten. Denken Sie sich doch, daß auf allen Seiten heute die Menschen dahin drängen, sich in nationale Chauvinismen abzuschließen. Ja, wenn Sie mit nationalem Chauvinismus die allgemein menschlichen und spirituellen Wahrheiten aufnehmen wollen, so verkehren Sie sie schon dadurch in das Gegenteil. Es ist unmöglich, heute ohne weiteres das mitzuteilen, was mitzuteilen von einem gewissen Gesichtspunkte aus wünschenswert wäre. Denn die Menschen tendieren nach einer solchen Differenzierung, wie es geschildert worden ist. Daher ist es natürlich notwendig, daß vor allen Dingen von *den* Seiten her das Interesse der Menschen wachgerufen werde, die als solche schon ausgebildet vorhanden sind. Es ist notwendig, daß in einer gewissen Weisc angeknüpft werde an dasjenige, was da ist, aber daß darauf Rücksicht genommen werde, daß die Menschen die Tendenz haben, sich zu entfernen von der alten Erbweisheit und nichts an die Stelle zu setzen als die territorialen Differenzierungen über die Erde hin. Deshalb geht es eben nicht, spirituelle Weistümer unter der Menschheit zu verbreiten, ohne ein gewisses Ethos zu verbreiten. Es haben mancherlei Leute das Buch «Wie erlangt man Erkenntnisse der höheren Welten?» gelesen. Seit einiger Zeit werden ja diese Bücher sehr viel gelesen. Diese Leute haben gefunden, daß die ersten Ratschläge, die da gegeben werden, ethische seien, daß man ethisch damit ja ganz einverstanden sein könne. – Sie haben recht; die ersten Ratschläge, die gegeben werden, müssen ethische sein und sie müssen gerade einen Extrakt bilden des besten Ethos der Erdenkultur. Aber auf der anderen Seite ist es auch notwendig, daß ein gewisses künstlerisches Element gepflegt werde. Das hat innerhalb der anthroposophischen Bewegung ja ganz besondere Schwierigkeiten gemacht; denn innerhalb der anthroposophischen Bewegung war zunächst eine gewisse Abneigung gerade gegen das Künstlerische. Man hat nach einem abstrakten, ästhetischen, gleichgültigen Symbolismus gestrebt. Und es gibt heute noch Bewegungen, die sich «theosophisch» nennen, die alles Künstlerische ablehnen. Deshalb war es ein gutes Schicksal, ein gutes Karma unserer Bewegung, daß wir auch künstlerische Versuche hier in Dornach machen und diese künstlerischen Versuche herausarbeiten konnten aus dem abstrakt symbolischen Elemente. Vielleicht würde man, wäre es nach manchen gegangen, viele schwarze Kreuze mit sieben rosenähnlichen Klecksen ringsherum als tiefsinnige Symbole unseres Baues sehen! Gegen dieses symbolische Wesen mußte man sich natürlich wehren, mußte streben, aus dem künstlerischen Elemente heraus zu schaffen.

Es muß also an die beste Tradition – wenn ich auch Impulse Tradition nenne – des menschlichen Kulturwesens angeknüpft werden. Und vor allen Dingen muß beachtet werden, daß diese Dinge durchaus tiefe, ernste Wahrheiten sind, die so klingen wie diese: Wer zu einer wirklichen Erkenntnis kommen will, muß in sich den Wahrheitssinn pflegen. – Man berührt, wenn man radikal über diese Sache spricht, etwas, was schon für viele Menschen außerordentlich anstößig klingt. Denn das strenge Hinblicken überall auf die Wahrheit ist etwas, was vielen Menschen heute außerordentlich unbequem ist, was sie zum mindesten im Leben retuschieren. Aber es geht ein unwahres Wesen, wenn es auch nur unwahr aus Sentimentalität ist, nicht zusammen mit dem, was der strenge Wahrheitssinn ist, den eine wirkliche Hingabe an jene Wahrheiten fordert, die zum Beispiel durch Anthroposophie in die Welt wollen.

In dieser Beziehung haben insbesondere die Konfessionen viel gesündigt, denn die Konfessionen haben etwas gezüchtet, was mit einem vollen, reinen Wahrheitssinn durchaus nicht mehr vereinbar ist. Gewisse Arten von Frömmigkeiten wurden heraufgetragen in der Welt, die eher dem menschlichen Egoismus frönen, als dem menschlichen Wahrheitsgefühl entsprechen. Deshalb ist es so ganz besonders nötig, daß wirklich Aufmerksamkeit verwendet werde auf das Pflegen von innerer Wahrhaftigkeit, worauf ja an den verschiedensten Stellen der anthroposophischen Schriften hingewiesen wird. Das Leben selber fordert heute vom Menschen vieles Unwahre, und man kann sagen, es gibt heute deutlich zweierlei Tendenzen, welche in der Menschheit eine gewisse Abneigung, Wahrheiten nach den Tatsachen zu nehmen, hervorbringen. Es ist heute die Tendenz vorhanden, Dinge nach Vorlieben zu charakterisieren, nicht nach dem, was die Tatsachen selber sprechen. Man bezeichnet heute – ich habe das in anderem Zusammenhang in der letzten Zeit ja viel in der Welt erwähnen müssen – denjenigen als einen praktischen Menschen, der nach einer gewissen Richtung hin ein routinierter ist, der aus einer gewissen Brutalität heraus innerhalb seines Bereiches rücksichtslos wirkt und alles dasjenige von sich weist, was nicht zu dieser Auffassung routinehaften Strebens dient. Nach diesem Gesichtspunkte unterscheidet man «praktische» Menschen und «phantastische». Und mit einer gewissen welthistorischen Unwahrhaftigkeit haben sich die Konsequenzen dieser Dinge gerade im Lauf des 19. Jahrhunderts und bis in unsere Tage herein furchtbar gezeigt. Es war ja sogar schwer, bevor diese Weltkriegskatastrophe, die große Prüfung über die Menschheit gekommen ist, einiges von dem zu sagen, was die Dinge rückhaltlos unbefangen charakterisiert. Ich werde demnächst eine Sammlung von einzelnen wichtigeren meiner in den achtziger, neunziger Jahren erschienenen Aufsätze erscheinen lassen, um zu zeigen, wie damals versucht werden mußte, ich möchte sagen, wie durch Spalten hindurch manche Wahrheiten zu sagen. Unter diesen Aufsätzen wird auch der eine: «Bismarck, der Mann des politischen Erfolges», in welchem ich zu sagen versuche, wie die Erfolge, die von dieser Persönlichkeit ausgegangen sind, durchaus darauf beruhen, daß diese Persönlichkeit im Grunde nie weiter gesehen hat als ganz wenige Schritte vor ihre Nase hin. – Aber es hatte ja auch keinen Sinn, der Welt diese Dinge ins Gesicht zu werfen, wenn eigentlich kein Mensch da war, der diese Dinge aufnehmen konnte. Jetzt aber muß ausgegangen werden von einer gewissen Grundlage, davon, daß diese Weltkriegskatastrophe doch vieles lehren kann. Für die meisten Menschen natürlich ist nichts zu lernen von den Tatsachen. Sie haben einmal einen gewissen Fonds von Urteilen, und den ändern sie nicht. Sie können nicht begreifen, was zugrunde liegt, wenn man überhaupt von dem Lernen von Tatsachen spricht.

Ich erzähle es jedem Menschen, den ich hier im Bau herumführe: Würde ich ein zweites Mal einen solchen Bau zu skizzieren haben, so würde ich ihn anders machen. – Gewiß würde ich ihn niemals wiederum in derselben Weise machen. Damit ist ja nichts eingewendet gegen diesen Bau; aber ich selbst würde ihn niemals wiederum in derselben Weise machen, weil man natürlich von dem, was gemacht ist, was als Tatsache dasteht, zu lernen hat. – Heute morgen las ich zu meinem Entsetzen, daß der Feldmarschall *Hindenburg* gesagt hat, wenn er heute wiederum diesen Krieg zu führen hätte, so würde er ganz genau dasselbe machen, was er getan hat.

Ja, sehen Sie, diese Dinge werden gelesen, über diese Dinge liest man hinweg und man merkt nicht, wie man ein Verständnis der Zeit gewinnen muß durch die Lehren, die in so herber Weise aufgegeben werden durch diese Weltkriegskatastrophe. Es sollte heute jeder dasjenige, was an seine Ohren klingt aus der Welt heraus – ich meine damit natürlich auch das Gelesene –, mit dem entsprechenden Hintergrunde lesen, und er sollte sich sagen können: In wichtigen Dingen ist Revision des Urteilens notwendig, unerläßlich. Man hatte ein äußeres, scheinbares Recht bis zu dieser Weltkriegskatastrophe, Bismarck einen praktischen Menschen zu nennen. Herman Grimm sieht ihn als einen «Turm» von Praxis an. Die Weltkatastrophe hat gelehrt, daß er ein Phantast war, und man müßte sich zu diesem Urteil bequemen, denn die Schöpfung des Reiches war natürlich eine Phantasterei.

Sehen Sie, ich will Ihnen begreiflich machen, daß es das Leben ist und das Leben sein muß, die Illusionen auch im Moralisch-Historischen aufzufinden. Ich habe letzten Sonntag hier gezeigt, wie man im Naturzusammenhang die Illusionen konstatieren muß; wie im Naturzusammenhang die Dinge nebeneinanderstehen und die Naturforschung sie schildert, und wie man dann sagen muß, daß die Menschheit eigentlich beteiligt ist an dem, was geschieht im Naturzusammenhang, wie also dasjenige, was die Naturwissenschaft über den Naturzusammenhang sagt, ein Gewebe sein kann von Illusionen. Ich wollte Ihnen heute begreiflich machen, wie man aus den Tatsachen der Geschichte und des Lebens sich korrigieren lassen muß, weil die Dinge sich äußerlich zunächst oftmals für lange Zeiten hin nur als ein Schein zeigen. Heute wird man vielfach gezwungen, Menschen, die von vielen wie selbstverständlich als die praktischsten Menschen angeschaut wurden, als Phantasten anzuschauen. Aber man muß sich dazu bequemen, sein Urteil zu revidieren. Es gibt heute an jeder Stelle des Lebens nicht nur Gelegenheit genug, sondern auch die Notwendigkeit, dieses Urteil zu revidieren. Und man ist nur dann mit seiner Gesinnung bei dem, was anthroposophische Bewegung sein will, wenn man sich sagt: Ich muß mein Urteil revidieren, revidieren vielleicht über die allerwichtigsten Dinge! – Urteile über den Naturzusammenhang kann man in der Regel revidieren durch die Geisteswissenschaft selbst. Urteile über das Leben wird man nur revidieren, wenn man das, was man als Gesinnung braucht für die anthroposophische Bewegung, wirklich in sich selbst entwickelt.

FÜNFZEHNTER VORTRAG

Dornach, 15. November 1919

Gestern habe ich Sie darauf aufmerksam gemacht, wie eine Art von Urwissen, von Urweisheit im Besitze der menschlichen Seele war, und wie diese Urweisheit bis in unsere Zeiten herein gewissermaßen versickert ist, nach und nach aufgebraucht worden ist, so daß die Menschen über die zivilisierte Erde hin mit ihrem Wissen, mit ihrer Erkenntnis mehr und mehr sich angewiesen fühlen auf dasjenige, was ihnen wird aus dem physischen Dasein heraus. Unter Wissen und Erkenntnis verstehe ich hier nicht bloß das, was «Wissenschaft» ist, sondern das, was im Bewußtsein in den Seelen auch für das gewöhnliche Leben vorhanden ist.

Nun entsteht ja auf dem Boden der Geisteswissenschaft natürlich zunächst die Frage: Wie ist denn eigentlich dieses Urwissen der Menschheit zustande gekommen? – Da muß ich von neuen Gesichtspunkten aus auf Dinge hinweisen, die wir ja von anderer Seite her schon mannigfaltig besprochen haben.

Blicken wir zurück zu dem Zeitpunkt, da der Mensch anfing, eigentlicher Erdenbürger zu werden, da der Mensch herabstieg seinem geistig-seelischen Wesen nach auf die eigentliche Erde, sich umkleidete mit den Kräften der Erde und irdisches Wesen in irdischer Sphäre wurde. Wenn alles nur so gewesen wäre, daß der Mensch mit den Vorbedingungen, die in seinem eigenen Wesen lagen, auf die Erde herabgestiegen wäre, so würde die Menschheit sich ganz anders entwickeln müssen, als sie sich in Wirklichkeit durch die verschiedenen Kulturepochen hindurch entwickelt hat. Die Menschen hätten schon damals ausgehen müssen von einer gewissen Beziehung zur Umwelt. Sie hätten sich erwerben müssen aus, ich möchte nicht gerade sagen, hellseherischen, aber etwas hellseherischen Instinkten heraus, Erdenerkenntnis. Diese Erdenerkenntnis hätten sie sich sehr langsam erwerben können. Sie würden lange Zeit ungeschickte, kindliche Wesen geblieben sein. Sie würden sich allerdings bis in unsere Zeit herein heraufgearbeitet haben bis zu einer gewissen menschheitlichen Seelen-

und Leibesverfassung, aber sie würden keineswegs zu derjenigen geistigen Höhe gekommen sein, zu der sie gekommen sind. Daß sie sich anders als durch die verschiedenen Kindheitsstufen hindurch entwickeln konnten, das ist dem Umstande zu verdanken, daß in die Erdenentwickelung hinein sich verflochten haben diejenigen Wesenheiten, die wir immer genannt haben die luziferischen Wesenheiten. Jetzt, seit neuerer Zeit wissen wir ja auch, daß eine Luziferindividualität selbst sich in einem gewissen Zeitpunkt der vorchristlichen Zeitrechnung in Asien inkarniert hat, und daß von dieser luziferischen Wesenheit die heidnische Urweisheit, namentlich diejenige, die noch zu bemerken ist auf dem Boden der historischen Tatsachen, ausgegangen ist. Aber im Spiel, möchte ich sagen, der Menschheitsentwickelung waren immer die luziferischen Wesenheiten dabei.

Nun möchte ich Sie ganz ernstlich bitten – obwohl ich weiß, wie wenig solche Bitten eigentlich nützen –, wenn von luziferischer Wesenheit gesprochen wird, nicht an dieses Denken über luziferische Wesenheit mit voller Spießigkeit, mit voller Philistrosität heranzutreten. Denn es herrscht heute noch vielfach auch unter denjenigen, die sich zur anthroposophischen Bewegung bekennen, die Neigung, zu sagen – ich habe öfter von dieser Neigung gesprochen –: Ja, das ist ja luziferisch, um Gottes willen, nur nicht dem sich nahen, nur das ja von sich weisen! – Es handelt sich darum, daß alle diese Dinge von den verschiedensten Gesichtspunkten aus beurteilt werden müssen, und daß streng ins Auge zu fassen ist, daß eben die ganze heidnische Urweisheit von luziferischer Quelle ausgegangen ist. Aber es muß studiert werden, wie das eigentlich sich vollzogen hat. Und je weiter wir zurückgehen in der Menschheitsentwickelung, desto mehr finden wir gewisse Menschen, die durch ihre in ihren Reinkarnationen gelegenen Vorbedingungen dazu reif waren, sich bekanntzumachen mit denjenigen Weistümern, die im Besitze der luziferischen Wesenheiten sind. Wir sprechen ja zum Beispiel von den sieben heiligen Rishis der Inder. So wie der Inder selbst immer, wenn er aus seiner Weisheit heraus gesprochen hat, aufgefaßt hat die Weisheit der sieben heiligen Rishis, wußte er, insofern er ein Eingeweihter war in diese Dinge, daß die eigentlichen Lehrer der Rishis luziferische Wesenheiten waren.

Denn dasjenige, was die luziferischen Wesenheiten in die Erdenentwickelung mitgebracht haben, in die sie, wie gesagt, sich hineinverflochten haben, das ist vor allen Dingen alles dasjenige, was die die menschliche Kultur durchsetzende Gedankenwelt, die intellektualistische Gedankenwelt, die im besten Sinne des Wortes vernünftige Welt, die Weisheitswelt, immer war. Gerade wenn man an den Menschheitsursprung zurückgeht, dann findet man, daß die Quellen für die heidnischen Weistümer immer in luziferischen Wesenheiten zu suchen sind.

Man kann fragen: Ja, wie ist denn so etwas eigentlich möglich? – Da muß man sich klar darüber sein, daß ja der Mensch eben hätte kindlich bleiben müssen, wenn er nicht fortdauernd den aus den Mysterien heraus kommenden Unterricht von allerlei luziferischen Wesenheiten hätte bekommen können. Das Wesentliche ist, daß diejenigen, die zum Fortschritt, zur Heranbildung der Menschheit das nötige Wissen, die nötige Weisheit haben mußten, eben die Erb- und Urweisheit, sich nicht wie ein moderner Philister scheuten, diese Weisheit zu empfangen vom luziferischen Elemente, sondern daß sie auch alles das auf sich nahmen, was der Mensch auf sich nehmen muß, wenn er solchen Unterricht aus Geistessphären von luziferischen Wesenheiten erhält. Da mußte der Mensch vor allen Dingen auf sich nehmen – man könnte es Verpflichtung nennen, obwohl natürlich solche Worte nicht immer ganz genau das Wesen der Sache ausdrücken können – diese luziferische Weisheit, die ja Weltenweisheit ist, [im Dienste der Erdenentwickelung als gute Weisheit zu gebrauchen]. Der Unterschied zwischen der guten Weisheit und der luziferischen Weisheit besteht ja darin, daß die gute Weisheit in anderen Händen ist, und die luziferische Weisheit, die inhaltlich dieselbe ist, in luziferischen Händen; der Inhalt ist ganz derselbe. Das ist dasjenige, um was es sich handelt. Es handelt sich nicht darum, daß es eine Weisheit gibt, die man sich so hübsch in seine Seelenkammer einpökeln kann, damit man dann dadurch ein guter Mensch wird, sondern es handelt sich darum, daß die Weisheit zwar eine einheitliche ist in der Welt, daß der Unterschied nur der ist, daß sie zum Beispiel in den Händen der weisen Menschen, die sie gut verwalten, oder in den Händen der Angeloi,

Archangeloi und so weiter, oder aber in den Händen Luzifers sein kann. Von anderer Seite her war in den alten Zeiten für den Menschheitsfortschritt die Weisheit nicht zu erlangen. So mußten die Eingeweihten der alten Zeiten sie aus den luziferischen Händen entgegennehmen, und sie mußten eben die Verpflichtung eingehen, nicht den anderen Aspirationen der luziferischen Wesenheiten zu verfallen.

Es war die Absicht Luzifers, die Weisheit der Menschheit zu überliefern, um sie dadurch dazu zu bringen, den Weg der Erdenentwickelung nicht auf sich zu nehmen, sondern die Bahn der Entwickelung in einer überirdischen Sphäre, in einer der Erde entrückten Sphäre durchzumachen. Also wenn ich schematisch zeichnen soll, so möchte ich sagen: Wenn dies die Erdoberfläche ist (siehe Zeichnung, weiß), so hätte der Mensch auf der Erdoberfläche diesen Weg durchzumachen (rot), wenn er hier die Erde betritt.

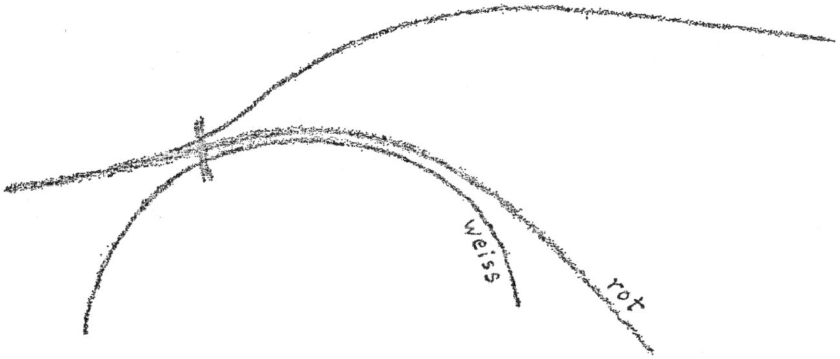

Tafel 14

Die luziferischen Wesenheiten impfen dem Menschen ihre Weisheit ein, aber sie wollen, daß er dadurch von der Erde abzweigt und nicht die Erdenentwickelung durchmacht. Die Erde will Luzifer ihrem Schicksal überlassen, von den Menschen unbevölkert sein lassen; er will die Menschheit für ein besonderes, dem Christus-Reiche fremdes Reich gewinnen.

Die Weisen der alten Zeiten, die die Urweisheit aus Luzifers Händen empfangen haben, die mußten also die Verpflichtung übernehmen, nicht dem Luzifer nachzugeben, sondern seine Weisheit zu empfangen, aber sie im Dienste der Erdenentwickelung zu gebrauchen. Das ist es, was im wesentlichen durch die Mysterien der vorchristlichen Zeiten ja auch geleistet worden ist. Und wenn man frägt, was eigentlich die Menschheit bekommen hat durch diese Mysterien der vorchristlichen Zeiten, durch den Einfluß der luziferischen Wesenheiten, die zuerst, also noch in der nachatlantischen Zeit, inspirierten gewisse Persönlichkeiten, die Rishis der Inder, und dann selbst ihren Sendboten auf die Erde schickten, wie ich Ihnen angedeutet habe, so ist es alles dasjenige, was die Menschen aufgebracht haben seit ihrer Entwickelung an Fähigkeit des Sprechens und an Fähigkeit des Denkens. Denn Sprechen und Denken sind ursprünglich durchaus luziferischer Natur, nur daß diese Künste gewissermaßen dem Luzifer entlistet worden sind von den Weisen der Urzeit. Wenn Sie Luzifer fliehen wollen, dann müssen Sie sich entschließen, in der Zukunft stumm zu sein und nicht zu denken!

Diese Dinge gehören eben zu jener Initiationswissenschaft, die nach und nach die Menschheit erfahren muß, trotzdem die jahrhundertealte Philistererziehung der zivilisierten Welt die Menschen zurückbeben läßt vor diesen Wahrheiten. Man hat ja so lange dieses karikierte Abbild von Luzifer und Ahriman, das der mittelalterliche Teufel zugleich ist, den Menschen vorgehalten. Man hat die Menschen so lange in einer philisterhaften Atmosphäre aufwachsen lassen, daß sie diese Weistümer, die aber mit der Entwickelung der Menschheit innig zusammenhängen, heute immer noch eigentlich nur mit Schaudern aufnehmen, denn es ist ja den Menschen so furchtbar angenehm, wenn sie sagen können: Vor dem Teufel hüte ich mich, dem Christus gebe ich mich gefangen in kindlicher Einfalt, dann werde ich selig, dann bin ich mit meiner Seele unter allen Umständen gerettet. – So leicht in seinen Untergründen ist das Menschenleben eben nicht. Es handelt sich durchaus darum, daß für die Zukunft der Menschheitsentwickelung diese Dinge, von denen wir jetzt reden, der Menschheit nicht vorenthalten werden dürfen. Denn es muß gewußt werden, daß gerade die Kunst des Sprechens und die Kunst des Denkens etwas ist, was in diese Erdenentwickelung nur hat hereinkommen können dadurch, daß der Mensch es auf dem Umwege durch die luziferische Vermittlung erhalten hat. Ich möchte sagen: Sie können heute noch Ihrem Denken das luziferische Element anmerken. Über die Sprachen, die ja seit langem differenziert der Erde angepaßt sind, ist Ahriman bereits hergefallen, der die Differenzierung bewirkt hat, der die einheitliche Sprache in die differenzierte Erdensprache heruntergebildet hat. Während Luzifer immer die Tendenz der Vereinheitlichung hat, ist das ahrimanische Prinzip von der Tendenz durchdrungen, zu differenzieren. Wie wäre denn das Denken, wenn es nicht luziferisch wäre?

Ja, sehen Sie, wenn das Denken nicht luziferisch wäre, dann würden die meisten Menschen der Erde, alle diejenigen, die nicht luziferisch denken, so denken, wie einer derjenigen Menschen, der am wenigsten luziferisch dachte; das ist *Goethe*. Goethe gehört zu denjenigen Menschen, die am wenigsten luziferisch dachten, die in einer gewissen Beziehung darauf ausgingen, den luziferischen Mächten kühn ins Angesicht zu schauen. Das aber macht notwendig, sich möglichst ans konkrete Einzelne zu halten. In dem Augenblick, wo man generalisiert, wo man vereinheitlicht, naht man sich schon dem luziferischen Denken. Wenn Sie jeden einzelnen Menschen, jedes einzelne Tier, jede einzelne Pflanze, jeden einzelnen Stein für sich betrachten würden, mit Ihrem Denken nur das einzelne Objekt ins Auge fassen würden, nicht Gattungen und Arten bilden würden, nicht generalisieren würden, nicht vereinheitlichen würden im Denken, dann würden Sie allerdings wenig von luziferischem Denken aufnehmen. Aber wer das schon als Kind machen würde, würde ja heute in allen Schulen gleich in der ersten Klasse durchfallen! Darum kann es sich also gar nicht handeln. Es geht heute darum, einzusehen, daß das allgemeine Denken, dasjenige Denken, das insbesondere im heidnischen Wesen heimisch war, nach und nach überhaupt versiegt. Die Menschen sind nicht mehr so veranlagt, daß dieses luziferische Element der Vereinheitlichung ihnen viel Nutzen stiften kann auf der Erde. Dafür sorgt eben der Umstand, daß die gottgeschaffene menschliche Natur allmählich nachgekommen ist in der Entwickelung, mit der Erde, mit dem Irdischen verwandt geworden ist. Dadurch, daß der Mensch mit dem Irdischen verwandt geworden ist, dadurch ist er heute weniger verwandt – schon durch sein Naturell selber – mit dem luziferischen Element, das ihn eigentlich von der Erde abbringen will.

Aber es wäre schlimm, wenn der Mensch nur von dem luziferischen Elemente abkommen würde und nichts anderes an die Stelle treten würde. Es wäre sehr, sehr schlimm. Denn dann würde der Mensch ganz mit der Erde, das heißt mit dem einzelnen Erdenterritorium, auf dem er geboren wird, zusammenwachsen. Er würde sich in seiner Kultur vollständig spezifizieren, vollständig differenzieren. Wir sehen ja heute diese Tendenz sich herausentwickeln. Besonders veranlagt war die Sache schon seit dem Beginne des 19. Jahrhunderts; aber wir sehen heute, wie aus der Weltkriegskatastrophe die Tendenz sich herausentwickelt, sich in immer kleinere und kleinere Gruppen zu spalten. Der Volkschauvinismus nimmt immer mehr und mehr überhand, bis er dazu führen wird, daß sich die Menschen in immer kleinere und kleinere Gruppen spalten, so daß schließlich die Gruppe zuletzt nur einen einzelnen Menschen umfassen könnte. Dann könnte es dahin kommen, daß die einzelnen Menschen auch in einen linken und rechten sich spalten würden, und in einen Krieg mit sich selbst kommen könnten, wo sich der rechte Mensch mit dem linken in den Haaren liegt. Viele Anlagen dazu zeigen sich ja auch heute schon in der Entwickelung der Menschheit. Dem muß eben das Gegengewicht geschaffen werden. Und dieses Gegengewicht kann nur geschaffen werden dadurch, daß ebenso wie eine Urweisheit die heidnische Kultur durchdrang und durchsetzte, auch eine neue Weisheit, doch nun aus freiem Menschenwillen heraus, errungen wird, eine neue Weisheit der Erdenkultur überliefert werden wird. Diese neue Weisheit muß wiederum eine Initiationsweisheit sein. Diese neue Weisheit muß wiederum über das hinausgehen, was nur im einzelnen gewonnen werden kann.

Und hier kommen wir zu jenem Kapitel, das auch dem heutigen Menschen nicht vorenthalten werden darf. Wenn der Mensch gegen die Zukunft hin nichts tun würde, um eine neue Weisheit selbst zu erringen, dann würden in unterbewußten Tiefen der Menschennatur die Dinge vorgehen, die ich Ihnen ja zum Teil schon geschildert habe, nämlich die Ahrimanisierung der ganzen Menschheitskultur. Die Menschheitskultur würde ahrimanisiert werden, und es würde dann jener Inkarnation des Ahriman, von der ich Ihnen gesprochen habe, ein leichtes sein, mit ihrem eigenen Wesen die Erdenkultur zu durchdringen. Deshalb muß eben vorgebaut werden in bezug auf alle die Strömungen, die die ahrimanische Kultur fördern.

Was würde nun aber eintreten, wenn zum Beispiel die Menschen so blieben, wie sie heute gute Neigung haben zu sein, wenn sie also die zu Ahriman hinführenden Strömungen nicht in der Weise auffassen, durchschauen und dadurch in das richtige Geleise führen würden, wie wir das neulich besprochen haben? Dann würde eben, sobald Ahriman in dem bestimmten Zeitpunkte sich in der westlichen Welt inkarniert, die Menschheitskultur ganz ahrimanisiert werden. Was würde Ahriman bringen? Ahriman würde den Menschen durch die grandiosesten Künste alles dasjenige bringen, was bis dahin nur mit großer Mühe und Anstrengung erworben werden kann an hellseherischem Wissen, wie es hier gemeint ist. Denken Sie sich, wie unendlich bequem das sein würde! Die Menschen würden gar nichts zu tun brauchen. Sie würden materialistisch hinleben können, sie würden essen und trinken können, so viel eben nach der Kriegskatastrophe da ist, und würden sich nicht zu kümmern brauchen um irgendein Geistesstreben. Die Ahrimanströmungen würden ihren «schönen, guten» Verlauf nehmen. Wenn im richtigen Zeitpunkt Ahriman in der westlichen Welt inkarniert wird, würde er eine große Geheimschule gründen, in dieser Geheimschule würden die grandiosesten Zauberkünste getrieben werden, und über die Menschheit würde ausgegossen werden alles dasjenige, was sonst nur mit Mühe zu erwerben ist.

Man darf sich wiederum nicht philiströs vorstellen, daß Ahriman, wenn er herunterkommt, eine Art von «Krampus» ist, der den Menschen allen möglichen Schabernack antut. O nein, alle die Bequemlinge, die heute sagen: Wir wollen nichts von Geisteswissenschaft wissen –, die würden seinem Zauber verfallen, denn er würde in grandiosester Weise die Menschen in großen Mengen durch Zauberkünste zu Hellsehern machen können. Nur würde er allerdings die

Menschen so zu Hellsehern machen, daß der einzelne Mensch furchtbar hellsichtig würde, aber ganz differenziert: Dasjenige, was der eine sehen würde, würde der andere nicht sehen, nicht ein dritter! Die Menschen würden alle durcheinanderkommen, und trotzdem sie ein Fundament von hellseherischer Weisheit empfangen würden, würden sie nur in Streit und Hader kommen können, denn die Gesichte der verschiedenen Menschen wären die verschiedensten. Schließlich aber würden die Menschen mit ihren Gesichten sehr zufrieden sein, denn sie würden ja ein jeder in die geistige Welt hineinsehen können. Die Folge davon würde aber wiederum sein, daß alles, was Erdenkultur ist, dem Ahriman verfiele! Die Menschheit würde dem Ahriman verfallen, einfach dadurch, daß sie sich nicht selbst angeeignet hat, was ihr dann Ahriman geben würde. Das wäre der allerschlechteste Rat, den man den Menschen geben könnte, wenn man ihnen sagte: Bleibt nur, wie ihr seid! Ahriman wird euch ja alle hellsehend machen, wenn ihr es wollt. Und ihr werdet es wollen, denn Ahriman wird eine große Macht haben! – Aber die Folge davon würde sein, daß auf der Erde das Ahrimanreich errichtet würde, daß die ganze Erde verahrimanisiert würde, daß da gewissermaßen zugrunde gehen würde, was bisher von der Menschenkultur erarbeitet worden ist. Erfüllen würde sich alles dasjenige, was im Grunde in unbewußter Tendenz die gegenwärtige Menschheit ja eigentlich heillos will.

Dasjenige, um was es sich handelt, ist nun dieses: Gerade diejenige Zukunftsweisheit, die hellsichtiger Art ist, diese Zukunftsweisheit, die muß wiederum dem Ahriman abgenommen werden. Man kann sagen: Es ist nur *ein* Buch, nicht zwei Weisheiten – *ein* Buch. – Es handelt sich nur darum, ob Ahriman das Buch hat oder Christus. Christus kann es nicht haben, ohne daß die Menschheit dafür kämpft. Und die Menschheit kann nur dadurch dafür kämpfen, daß sie sich sagt, sie müsse bis zu demjenigen Zeitpunkte, in dem Ahriman auf der Erde erscheint, durch eigene Anstrengung diesen Inhalt der geistigen Wissenschaft errungen haben.

Sehen Sie, das ist die kosmische Arbeit der Geisteswissenschaft. Die kosmische Arbeit der Geisteswissenschaft besteht ja darinnen, daß das Wissen der Zukunft nicht ahrimanisch werde beziehungsweise bleibe. Es ist eine gute Methode, dem Ahriman in die Hände zu arbeiten, wenn man von der Bekenntnisreligion alles, was Wissen ist, ausschließt, wenn man immer wieder und wiederum betont, nur der schlichte Glaube mache alles. Wenn man bei diesem schlichten Glauben stehenbleibt, dann verdammt man sich eben in die Seelendumpfheit und Seelenstumpfheit, und dann dringt nicht die Weisheit herein, die dem Ahriman gewissermaßen abgenommen werden soll. Also es handelt sich nicht darum, daß die Menschheit einfach die Zukunftsweisheit empfange, sondern darum, daß die Menschheit diese Zukunftsweisheit sich erarbeite, und daß diejenigen, die sie erarbeiten, die Verpflichtung übernehmen, die Erdenkultur zu retten; die Erdenkultur für Christus zu retten, so wie die alten Rishis und Eingeweihten die Verpflichtung übernommen hatten, nicht nachzugeben dem Ansinnen Luzifers, die Menschheit von der Erde hinwegzuführen.

Was ist denn nun eigentlich das zunächst für das menschliche Empfinden Wesentliche dieser Sache? Das Wesentliche dieser Sache ist, daß auch für die Zukunftsweisheit ein ähnlicher Kampf notwendig ist, wie er geleistet werden mußte von den uralten Eingeweihten, die den Menschen die Sprache und die Fähigkeit zu denken vermittelt haben, wie er geleistet werden mußte gegen Luzifer. Wie diese Initiierten der Urweisheit dem Luzifer dasjenige abringen mußten, was menschlicher Verstand geworden ist, so muß dasjenige, was Einsicht in das innere Wesen der Dinge in der Zukunft sein soll, abgerungen werden den ahrimanischen Mächten. Diese Dinge spielen stark zwischen den Zeilen des Lebens, und sie spielen schon auch in das Leben herein.

Ich las neulich eine Aufzeichnung, die ein Freund der anthroposophischen Bewegung kurz vor seinem Tode geschrieben hat. Er ist im Kriege verwundet worden und hat noch längere Zeit im Lazarett gelegen, wo er während der Operationen, die an ihm vorgenommen worden sind, manche Einblicke in die geistige Welt gewonnen hat. Die letzten Zeilen aber, die er hinterlassen hat, enthalten eine merkwürdige Stelle. Sie enthalten eine Schauung, in welcher er schildert, was er kurz vor dem Tode erlebt hat. Und zum letzten, was er erlebt hat, gehört, daß ihm alles dasjenige, was sich wie der Luftkreis ausbreitet um ihn herum wie er sich ausdrückt, «graniten» wird, ganz dicht, steinern wird; graniten wird, wie schwerer Granit sich auf die Seele legt. Solch einen Eindruck muß man verstehen. Und man kann ihn verstehen, wenn man weiß, daß zu kämpfen ist um dasjenige, was Zukunftsweisheit ist; denn die ahrimanischen Mächte lassen sich diese Zukunftsweisheit nicht so ohne weiteres entringen. Man darf nicht glauben, daß man in wollüstigen Visionen Weisheit erhoffen kann. Wirkliche Weisheit muß, wie ich neulich auch im öffentlichen Vortrage sagte, «in Leiden erworben werden». Und von jenen Leiden ist das, was ich Ihnen eben von einem Sterbenden mitgeteilt habe, eigentlich ein recht gutes Bild. Denn in dem Ringen um die Zukunftsweisheit ist eines der häufigsten Erlebnisse gerade dieses, daß die Welt um einen herum drückt, wie wenn die Luft plötzlich zu Granit erstarren würde. Man kann wissen, warum diese Dinge so sind. Man braucht ja nur zu bedenken, daß es das Bestreben der ahrimanischen Mächte ist, die Erde zum völligen Erstarren zu bringen. Sie würden ihr Spiel gewonnen haben, sobald es ihnen gelungen wäre, alles dasjenige, was Erde, Wasser, Luft ist, zum völligen Erstarren gebracht zu haben. Dann würde die Erde sich nicht wiederum zurückentwickeln können zu jener Wärme, aus der sie sich seit der Saturnzeit her entwickelt hat. Diese Wärme soll sie ja wiederum erreichen in der Vulkanzeit. Das zu verhindern, ist das Streben der ahrimanischen Mächte. Und eine wichtige Entscheidung läge schon darin, wenn in der Gegenwart die Menschenseelen etwa nicht erglühen könnten für das, was der geistige Inhalt der Geisteswissenschaft ist. Denn der erste Anstoß zum Erstarren der Erde würde dann gegeben werden von menschlichen Seelen, von der Lässigkeit und Faulheit und Bequemlichkeit der menschlichen Seelen. Wenn Sie bedenken, daß in diesem Erstarren das eigentliche Ziel der ahrimanischen Mächte liegt, dann wird es Ihnen nicht auffällig sein, daß jenes Zusammenpressen, jenes Granitenwerden des Lebens zu den Erlebnissen gehört, die im Kampfe um die Zukunftsweisheit durchgemacht werden müssen.

Bedenken Sie doch nur, daß die Menschen sich vorbereiten können in der Gegenwart, hineinzuschauen in die geistige Welt, indem sie zunächst durch ihren gesunden Menschenverstand auffassen dasjenige, was Geisteswissenschaft bringen will. Die Anstrengung, die dem Studium dargebracht wird, das durch den gesunden Menschenverstand sich leiten läßt, das kann etwas sein von dem Ringen, das dann hineinführt in das Empfangen von Schauungen aus der geistigen Welt. Da wird eben manches überwunden werden müssen. Für die heutigen Menschen wird ja die Sache auch zunächst nur deshalb so schwer, weil sie, wenn sie die Geisteswissenschaft verstehen wollen, gegen ihre eigenen granitenen Schädel kämpfen müssen. Wenn nicht diese granitene Härte des eigenen menschlichen Schädels vorhanden wäre, würde ja Geisteswissenschaft viel mehr angenommen werden in der Gegenwart. Viel gescheiter als alles philiströse Perhorreszieren der ahrimanischen Mächte wäre ein solches Bekämpfen des Ahriman, das allerdings nicht philiströs sein kann, und das in einem aufrichtigen, ehrlichen Studium geisteswissenschaftlicher Inhalte besteht. Dann würde nach und nach von den Menschen geistig dasjenige erschaut und empfunden werden, was sonst physisch über die Erde hereintreten muß: Die Erstarrung, das Granitenwerden.

So muß hingewiesen werden darauf, daß es wirklich tief wahr ist, daß die Zukunftsweisheit nur errungen werden kann unter Entbehrungen, Leiden und Schmerzen, daß sie aber zum Heile der Menschheitsentwickelung errungen werden muß im Ertragen der entsprechenden körperlichen und seelischen Leiden. Daher sollte jeder eigentlich das sich zum Grundsatze machen, daß das In-Leiden-Erringen der Weisheit ihn niemals abhalten sollte von dem Verfolgen dieser Weisheit. Was die Menschheit für das äußere Leben braucht, das ist, daß in Zukunft die Gefahr der Erdenerstarrung, des Frostigwerdens, das zuerst in der moralischen Welt eintreten würde, der Erde weggenommen werde. Das kann aber nur dadurch sein, daß die Menschen im Geiste nach und nach alles das sich vorstellen und auch innerlich empfinden und mit ihrem Willen dagegenrennen, was sonst äußerliche physische Wirklichkeit werden würde.

Daher kommt es auch, daß im Grunde genommen eigentlich nur die Feigheit in der Gegenwart schuld daran ist, daß die Menschen nicht an die Geisteswissenschaft heran wollen. Sie bringen es sich allerdings nicht zum Bewußtsein; aber es ist eben so, daß Furcht und Feigheit vor dem, was als Schwieriges ihrem Streben sich entgegenlagert, von ihnen zu ertragen ist. Wie oft hört man immer wieder und wiederum, daß Leute, die in einen anthroposophischen Zweig gehen, Erhebung suchen. Unter einer Erhebung verstehen die Leute oft eine innere seelische Wollust. Die kann nicht geboten werden, denn die würde gerade die Menschen in Dumpfheit einhüllen und sie von dem Lichte, das sie brauchen, entfernen. Das Wesentliche ist, daß gegen die nächste Zukunft, von dieser Gegenwart an, den Menschen nicht vorenthalten werden darf, welches die eigentlich treibenden Kräfte der Menschheitsevolution sind. Die Menschen müssen wissen, wie in der Tat das Menschenwesen in einer Art von Gleichgewichtszustand sich befindet zwischen den luziferischen und den ahrimanischen Mächten, und wie die Christus-Wesenheit wirklich eine Art Genosse der Menschen geworden ist: erst aus dem luziferischen Kampf heraus, dann in den ahrimanischen Kampf hinein.

Im Lichte dieser Tatsachen muß die Menschheitsevolution überhaupt gesehen werden. Wer heute die Weltgeheimnisse so darstellt, wie es geschehen muß in der Geisteswissenschaft, der wird gerade wegen wesentlicher Dinge zuweilen arg verspottet. Namentlich wenn man heute gezwungen ist, wie ich es zum Beispiel machen mußte in meinem Buche «Theosophie», immer wieder und wiederum nach der Siebenzahl der Dinge zu schildern, dann spotten die Leute über dieses Schildern nach der Siebenzahl. Ich will morgen über einen solchen Spott, der wiederum dargebracht worden ist, noch sprechen. Aber wenn man den Regenbogen in sieben Farben teilt oder die Oktave, die Tonskalen in die Prim, Sekund, Terz und so weiter teilt, und die Oktave dann die Wiederholung ist der Prim, dann spotten die Leute nicht mehr! Im Physischen nehmen die Leute diese Sachen hin, aber im Geistigen darf das nicht sein! Was da wiederum errungen werden muß, war einmal ein Bestandteil der heidnischen Urweisheit. Und ein letztes Flimmern dieser heidnischen Urweisheit in bezug auf so etwas wie die Siebenzahl sehen wir in der Pythagoreer-Schule, die eigentlich ein Mysterium war. Sie können überall in den Schulbüchern heute über *Pythagoras* lesen, werden aber nirgends Verständnis dafür finden, warum Pythagoras die Weltenordnung auf die Zahl gebaut hat.

Das war aus dem Grunde, weil die Urweisheit alles auf die Zahl gebaut hat. Aber der letzte Funke der Einsicht gerade in die Zahlenweisheit war noch vorhanden, als Pythagoras seine Schule begründete. Andere Glieder der Urweisheit sind länger geblieben; manches hat sich sogar erhalten bis in die Zeiten des 16., 17. Jahrhunderts herein. So hören wir zum Beispiel noch manches physikalisch Vernünftige bis in das 15., 16. Jahrhundert herein von dem oder jenem erzählen mit Bezug auf die höheren Welten. Dann versiegt allmählich, wenn ich so sagen darf, der Urverstand der Menschheit.

Denken wir uns einmal, es lauerte da in einer Ecke irgendwo ein richtiger Vertreter der Gegenwartsbildung und würde sagen: Nun, was lassen sich diese Anthroposophen denn für Zeug vorreden? Wir haben doch so herrliche Errungenschaften in der neuesten Zeit! Was soll denn das heißen, daß da gesagt wird, die Urweisheit sei versiegt? Wir haben ja alles mögliche Große, Gewaltige bekommen, gerade in den letzten Jahrhunderten und bis in unsere Tage herein, vielleicht schließen die Menschen mit 1914 ab, aber immerhin, bis 1914 haben wir so Herrliches bekommen. – Wenn Sie aber unbefangen hinsehen auf das, was wir in der neuesten Zeit bekommen haben, so werden Sie zu dem folgenden Resultat kommen. Gewiß, die Menschen haben allerlei naturwissenschaftliche, naturbeschreibende und geschichtliche Notizen gesammelt. Das Sammeln ist ja insbesondere Mode geworden. Sie haben auch mancherlei Experimente gemacht und diese beschrieben. Aber wenn Sie nun fragen: Ist denn eigentlich in alldem, was ja gerade die neueste Zeit gebracht hat, etwas Neues an Ideen, an Begriffen? – Einzelne verlorene Geister wie Goethe haben an Ideen, an Begriffen etwas Neues gebracht; aber Goethe ist ja nicht verstanden worden. Gehen Sie durch dasjenige, was zum Beispiel in der Naturwissenschaft oder gar in der neuesten geschichtlichen Wissenschaft spielt, da werden Sie finden: Was da an Ideen spielt, das ist nicht neu. Gewiß, *Darwin* hat Reisen gemacht, hat vieles beschrieben, was er auf Reisen gesehen hat, hat dann zusammengefaßt, was er gesehen hat und hat es in eine Idee gebracht. Aber wenn Sie die Evolutionsidee bis in die kleinsten Einzelheiten hinein als Idee auffassen, so finden Sie sie schon bei dem Griechen *Anaxagoras*. Und so finden Sie die wichtigsten Ideen, die heute die Naturwissenschaft hat, bei *Aristoteles,* also schon in der vorchristlichen Zeit. Und diese Ideen sind Schatz der Urweisheit, luziferischer Quell. Nur muß eben nach und nach dasjenige, was diese Urweisheit ist, versiegen, und Neues, in Form von Einsichten in die geistige Welt, muß errungen werden. Es bedarf dazu einer gewissen Willigkeit der Menschen, diejenigen Dinge hinzunehmen, die unmittelbar losarbeiten auf wirkliche neue Ideen. Und neue Ideen braucht die gegenwärtige Menschheit namentlich in bezug auf das Seelische. Was vom Seelischen heute wissenschaftlich an die Menschen herangebracht wird, das sind ja im Grunde genommen nur noch Worte. Wenn in den gewöhnlichen Schulsälen in gelehrter Art von Wille, von Gedanken, von Gefühlen gesprochen wird, so hat man es eigentlich nur noch mit Worten zu tun, die die Leute wie in einem Kaleidoskop herumwerfen. Aber es sind im Grunde genommen ausgepreßte Worte, der Klang der Worte. Die Menschen gehen gar nicht darauf aus, im Ernste dasjenige zu nehmen, was heute auf Neues hinarbeitet.

In dieser Beziehung macht man ja wirklich eigentümliche Erfahrungen. Ich wurde zum Beispiel in Dresden vor einiger Zeit eingeladen, in einer Schopenhauer-Gesellschaft zu sprechen. Eine Schopenhauer-Gesellschaft – ich dachte mir, da muß es etwas ganz Besonderes geben. Und so habe ich denn versucht, darzustellen, wie psychologisch, seelisch aufzufassen ist der Gegensatz zwischen Schlafen und Wachen, Aufwachen und Einschlafen. Ich habe darauf aufmerksam gemacht, was ich Ihnen auch neulich einmal erwähnt habe, daß ja der Nullpunkt zunächst nur im Aufwachen und Einschlafen da ist, daß der Schlaf nicht bloß ein Aufhören des Wachens ist, sondern sich verhält zu dem Wachen wie Schulden zu Vermögen.

Wenn Sie nach so etwas suchen würden in der gegenwärtigen Psychologie, so würden Sie auch nicht einmal den Ansatz dazu finden, diese weittragenden Dinge anzufassen. Es haben sich dann in einer sogenannten Diskussion einige Leute erhoben, die gelehrt waren, das heißt einige Philosophen. Einer davon hat unter anderem die schöne Urteilsfolge zustande gebracht, die ich etwa in der folgenden Weise charakterisieren könnte. Er sagte: Was wir da gehört haben, das alles ist ja nichts, was man wirklich mit einer ernsten Wissenschaft erringen möchte. Die ernste Wissenschaft muß sich mit ganz anderen Dingen befassen. Das hat nichts zu tun mit dem, was wir wissen wollen, denn wenn man die Sache bei Licht betrachtet, so waren das durchaus nicht neue Wahrheiten, sondern etwas, was uns längst bekannt ist. – Also: Dasjenige, was wir gar nicht wissen wollen und was gar nicht Inhalt unserer Wissenschaft ist, das sei etwas Altbekanntes!

Nun, es gibt in der Wirklichkeit Widersprüche, aber Widersprüche dieser Art gibt es nur in den Köpfen der gegenwärtigen Gelehrten. Wenn einer sagt: Die Dinge könne man nicht wissen, sie seien nicht Gegenstand des menschlichen Wissens – gut. Wenn einer aber zu gleicher Zeit sagt, die Dinge seien ihm längst bekannt, dann ist das ein offenbarer Widerspruch! Eine solche Zusammenstellung von zwei Urteilen ist oftmals einem gegenwärtigen Gelehrtenkopf ganz geläufig.

Aber an diesem Denken hängt auch dasjenige, um was es sich in der Gegenwart handelt. Denn der Weg ist weit, weit zwischen dem, daß schließlich der einzelne, der ja immer noch dank der göttlichen Mächte und dank – verzeihen Sie – Luzifer und Ahriman nicht ganz töricht ist, und dem Vertreten dieser Dinge vor der Welt. Der einzelne sieht manches ein von diesen Dingen und bildet sich manchmal bei sich ein gar nicht ungesundes Urteil; aber von diesem Punkte bis dahin, vor der Welt die Sache in entsprechender Weise zu behandeln, ist der Weg weit, recht, recht weit. Und für viele liegt die Sache doch so, daß sie auf der einen Seite ganz gern in die Geisteswissenschaft untertauchen, wenn sich da eine Gesellschaft mehr sektenartiger Art bildet, in der sie untertauchen können. Wenn sie aber dann wiederum vor der Welt stehen und in der Welt etwas von dem vorstellen sollen, wozu die Welt ihre Dokumente, ihre Zeugnisse gibt, dann raucht die Sache wiederum aus; dann sind sie brave Bürger des braven Philisterlandes. Das aber fördert ganz entschieden die Schritte Ahrimans.

HINWEISE

Textunterlagen: Die frei vor Mitgliedern der Anthroposophischen Gesellschaft gehaltenen Vorträge wurden von der Berufsstenographin Helene Finckh, die seit 1917 die meisten Vorträge Rudolf Steiners aufnahm, stenographisch mitgeschrieben und danach in Klartext übertragen. Dieser liegt dem vorliegenden Druck zugrunde. Die Original-Stenogramme sind erhalten und konnten für die Herausgabe herangezogen werden.

Der Titel des Bandes wurde vom Herausgeber gewählt.

Zu den Tafelzeichnungen: Die Original-Wandtafelzeichnungen und -anschriften Rudolf Steiners bei diesen Vorträgen sind erhalten geblieben, da die Tafeln damals mit schwarzem Papier bespannt waren. Sie werden als Ergänzung zu den Vorträgen in einem separaten Band verkleinert wiedergegeben. Die in den früheren Auflagen in den Text eingefügten zeichnerischen Übertragungen von Hedwig Frey (†) sind auch für diese Auflage beibehalten worden. Auf die entsprechenden Originaltafeln wird jeweils an den betreffenden Textstellen durch Randverweise aufmerksam gemacht.

Die in der Einzelausgabe «Menschliche Verantwortlichkeit – Weltverantwortlichkeit – Menschheitskultur» (Die geistigen Hintergründe der sozialen Frage IV, Dornach 1951) enthaltenen Vorträge Basel, 10. November (öffentlich), und Dornach, 16. November 1919, erscheinen in der Gesamtausgabe in den Bibl.-Nrn. 72 und 255.

Folgende Vorträge wurden in Zeitschriften veröffentlicht:

3.–5. Oktober 1919:	«Blätter für Anthroposophie», Jg. 1951, Hefte 3–5.
10.–12. Oktober 1919:	«Das Goetheanum», 16. Jg. 1937, Nrn. 39–52.
17. Oktober 1919:	«Das Goetheanum», 17. Jg. 1938, Nrn. 1–4.

Zum 1.–3. und 7.–15. Vortrag konnte der Herausgeber zahlreiche Hinweise von C. S. Picht zur 1. Auflage übernehmen.

Werke Rudolf Steiners innerhalb der Gesamtausgabe (GA) werden in den Hinweisen mit der Bibliographie-Nummer angegeben. Siehe auch die Übersicht am Schluß des Bandes.

Zu Seite:

13 Einleitend zum Vortrag vom 3. Oktober sprach Rudolf Steiner Gedenkworte für die verstorbene Anna Ziegler, abgedruckt in «Unsere Toten», GA 261.

19 *Berthold Auerbach,* 1812–1882, Verfasser der «Schwarzwälder Dorfgeschichten» (10 Bände, Stuttgart und Berlin 1911).

Gerhart Hauptmann, 1862–1946. Sein berühmtes Werk «Die Weber», Schauspiel aus den vierziger Jahren, erschien zuerst in schlesischer Mundart 1891, hochdeutsche Übertragung 1892.

26 *Nikolaus Kopernikus,* 1473–1543. «De revolutionibus orbium coelestium libri VI», Nürnberg 1543. Näheres über die Gesetze des Kopernikus, insbesondere das dritte, siehe Rudolf Steiner «Das Verhältnis der verschiedenen naturwissenschaftlichen Gebiete zur Astronomie», 2. Vortrag, GA 323.

Die diesbezügliche Stelle lautet folgendermaßen:
«Es liegt das Merkwürdige vor, daß nun Kopernikus aus seinen Erwägungen heraus drei Hauptsätze zugrunde legt seinem Weltensystem. Der eine Hauptsatz ist der, daß sich die Erde in 24 Stunden um die eigene Nord-Südachse dreht. Das zweite Prinzip, das Kopernikus seinem Himmelsbilde zugrunde legt, ist dieses, daß die Erde sich um die Sonne herum bewegt, daß also eine Revolution der Erde um die Sonne vorhanden ist, daß dabei natürlich sich die Erde auch in einer gewissen Weise dreht. Diese Drehung geschieht aber nicht um die Nord-Südachse der Erde, die immer nach dem Nordpol hinweist, sondern um die Ekliptikachse, die ja einen Winkel bildet mit der eigentlichen Erdachse. So daß also gewissermaßen die Erde eine Drehung erfährt während eines vierundzwanzigstündigen Tages um ihre Nord-Südachse, und dann noch, indem sie ungefähr 365 solcher Drehungen im Jahre ausführt, kommt dazu eine andere Drehung, eine Jahresdrehung, wenn wir absehen von der Umdrehung um die Sonne. Nicht wahr, wenn sie sich immer so umdreht und sich noch einmal um die Sonne dreht, ist das so, wie sich der Mond um die Erde dreht, der dieselbe Fläche uns immer zuwendet. Das tut die Erde auch, indem sie sich um die Sonne dreht, aber nicht um dieselbe Achse, um die sie sich dreht, indem sie die tägliche Achsendrehung ausführt. Sie dreht sich also gewissermaßen durch diesen Jahrestag, der zu den Tagen hinzukommt, die nur 24 Stunden lang sind, um eine andere Achse.

Das dritte Prinzip, das Kopernikus geltend macht, ist dieses, daß nun nicht nur eine solche Drehung zustande kommt der Erde um die Nord-Südachse und eine zweite um die Ekliptikachse, sondern daß noch eine dritte Drehung stattfindet, welche sich darstellt als eine rückläufige Bewegung der Nord-Südachse um die Ekliptikachse selber. Dadurch wird in einem gewissen Sinne die Drehung um die Ekliptikachse wiederum aufgehoben. Dadurch weist die Erdachse stets auf den Nordpol (den Polarstern) hin. Während sie sonst, indem sie um die Sonne herumgeht, eigentlich einen Kreis beziehungsweise eine Ellipse beschreiben müßte um den Ekliptikpol, weist sie durch ihre eigene Drehung, die im entgegengesetzten Sinne erfolgt – jedesmal, wenn die Erde ein Stück weiterrückt, dreht sich die Erdachse zurück –, dadurch weist sie immerfort auf den Nordpol hin. Kopernikus hat dieses dritte Prinzip angenommen, daß das Hinweisen auf den Nordpol dadurch geschieht, daß die Erdachse selber durch eine Drehung in sich, eine Art Inklination, fortwährend die andere Drehung aufhebt. So daß diese eigentlich im Laufe des Jahres nichts bedeutet, indem sie fortwährend aufgehoben wird.

In der neueren Astronomie, die auf Kopernikus aufgebaut hat, ist eingetreten, daß man die zwei ersten Hauptsätze gelten läßt und den dritten ignoriert und sich über dieses Ignorieren des dritten Satzes in einer Art, ich möchte sagen, mit leichter Hand hinwegsetzt, indem man sagt: Die Sterne sind so weit weg, daß eben auch die Erdachse, wenn sie immerfort parallel bleibt, nach demselben Punkte immer zeigt. So daß man also sagt: Die Nord-Süd-Erdachse bleibt bei dieser Drehung um die Sonne immer zu sich parallel. – Das hat Kopernikus nicht angenommen, sondern er hat eine fortwährende Drehung der Erdachse angenommen. Man steht also nicht auf dem Standpunkte des kopernikanischen Systems, sondern man hat, weil es einem bequem war, die zwei ersten Hauptsätze des Kopernikus genommen, den dritten weggelassen und sich in das Geflunker verloren, daß man das nicht anzunehmen brauche, daß die Erdachse sich bewegen müßte, um nach demselben Punkte zu zeigen, sondern der Punkt sei so weit weg, daß, wenn die Achse sich auch vorwärtsschiebt, sie doch auf denselben Punkt zeigt. Jeder wird einsehen, daß das einfach ein Geflunker ist. So daß wir also heute ein kopernikanisches System haben, das eigentlich ein ganz wichtiges Element wegläßt.»

26 *«Besselsche Reduktionen»:* Friedrich Wilhelm Bessel, 1784–1846. «Tabulae reductionum observationum», Königsberg 1830. Seine Reduktionsmethoden zur Bestimmung von Sternörtern haben bis in die neueste Zeit die Grundlage für alle derartigen Berechnungen gebildet.

28 *«Die Hilfe»:* Wochenschrift für Politik, Literatur und Kunst. Herausgegeben von Friedrich Naumann, Berlin 1919, 13. Jg. Nr. 34 (21. 8.), S. 457 f.: Erich Schairer, «Ein falscher Prophet».

Chiliasmus: Hoffnung auf das sog. Tausendjährige Reich in Verbindung mit dem Jüngsten Gericht und der Auferstehung der Toten.

31 *«Die Erziehung des Kindes vom Gesichtspunkte der Geisteswissenschaft»* von Rudolf Steiner. Erstmals erschienen 1907, zahlreiche weitere Ausgaben, zuletzt Dornach 1985.

54 *Mammon:* Siehe Matth. 6,24; Lukas 16,9,11. Mammon (aramäisch: Schatz), der personifizierte Reichtum als reale geistige Wesenheit.

57 *Konzil von Konstantinopel:* Das achte ökumenische Konzil von Konstantinopel 869 dekretierte unter Papst Hadrian II. gegen Photius, daß der Mensch *eine* vernünftige und erkennende Seele habe, unam animam rationabilem et intellectualem, so daß von einem besonderen Geistprinzip im Menschen nicht mehr gesprochen werden durfte. Das Geistige wurde fortan nur mehr als Eigenschaft der Seele angesehen.

76 *Erich Ludendorff,* 1865–1937. Obwohl nominell dem Generalfeldmarschall Hindenburg untergeordnet, übte Ludendorff in den letzten Kriegsjahren sowohl auf dem militärischen wie dem zivilen Gebiet eine fast unbeschränkte Macht aus.

83 *Hier mußte immer wieder darauf hingewiesen werden:* Zum Beispiel in «Die okkulten Grundlagen der Bhagavad Gita», GA 146.

84 *Lenin* (Wladimir Iljitsch Uljanow), 1870–1924.

Leo Trotzkij, 1879–1940.

Rabindranath Tagore, 1861–1941. Rudolf Steiner zitierte verschiedentlich aus Tagores Schrift «Nationalismus». Siehe S. 251.

Wir haben durch Jahre gehört, wie verkündet worden ist: Das sogenannte «Selbstbestimmungsrecht der Völker» fand seinen Ausdruck in Wilsons «Vierzehn Punkten» und in der durch den Versailler Vertrag 1919 geschaffenen politischen Organisation Europas.

85 *Giordano Bruno,* 1548–1600.

86 *Eduard von Hartmann,* 1842–1906.

86 *«Erkenntnistheoretische Phänomenologie und ethischer Individualismus»:* Ein Exemplar mit den Bemerkungen Hartmanns zur «Philosophie der Freiheit» befindet sich im Archiv der Rudolf Steiner-Nachlaßverwaltung in Dornach.

87 *Helena Petrowna Blavatsky,* 1831–1891.

Max Müller, 1823–1900, Orientalist und Sprachforscher.

Wenn die Leute ein Schwein sehen würden: Ein Nachweis der Ausführungen von Max Müller konnte bisher nicht erbracht werden.

94 *Lujo Brentano,* 1844–1931. «Der Unternehmer», Sondernummer von «Das gelbe Blatt», 1. Jg. Nr. 16, Stuttgart 1919, S. 230 ff.

Philosophieprofessor in Bern: Der Name dieser Persönlichkeit konnte vom Herausgeber nicht festgestellt werden.

98 *Kongreß radikaler Sozialisten:* Februar 1919 in Bern.

Artikel im Basler «Vorwärts»: 22. Jg. 1919, Nrn. 232–238 vom 4.–11. Oktober 1919: Christian Schibli, «Die Sozialisierung».

108 *Dianoetikon:* Psyche dianoetike ist bei Aristoteles die dem Menschen eigene Vernunftseele, im Gegensatz zur Psyche aisthetike (Trieb- und Empfindungsseele) der Tiere, und der Psyche treptike (Ernährungsseele) der Pflanzen.

113 *Thomas Cromwell,* 1485–1540. Kanzler Heinrichs VIII. von England. Wurde enthauptet.

Jakob I., 1566–1625. Seit 1603 König von England. Vgl. Rudolf Steiner, «Geschichtliche Symptomatologie», GA 185.

116 *Vortrag in Bonn:* «Menschheitsentwickelung und Geisteswissenschaft» (1. Februar 1911), abgedruckt im Nachrichtenblatt «Was in der Anthroposophischen Gesellschaft vorgeht», 22. Jg. 1945 Nr. 5.

120 *«Vom lebendigen Gotte»:* (1919) von Bô Yin Râ, Pseudonym für Joseph Anton Schneiderfranken (1876–1943).

121 *dieser Bau:* Das erste Goetheanum, das in der Silvesternacht 1922/23 ein Raub der Flammen wurde.

125 *Immanuel Kant:* «Kritik der reinen Vernunft», Riga 1781, «Kritik der praktischen Vernunft«, Riga 1788.

126 *vor kurzem erwähnt:* Siehe den 5. Vortrag dieses Bandes (11. Oktober).

128 *Louis Claude, Marquis de Saint-Martin,* 1743–1803. Französischer Okkultist, genannt «le philosophe inconnu».

Friedrich Nietzsche: «Die Philosophie im tragischen Zeitalter der Griechen» (Veröffentlichung aus dem Nachlaß).

Die sieben griechischen Weisen: Bios, Cheilon, Kleobulos, Periandios, Pittakos, Solon, Thales. Nach Paul Deussen, «Die Philosophie der Griechen», 2. Aufl. 1919, S. 3.

130 *wie Galilei Mühe hatte, einen Freund zu überzeugen:* Wahrscheinlich zitiert nach Laurenz Müllner, «Die Bedeutung Galileis für die Philosophie» (Inaugurationsrede Wien 1894). Müllner zitiert aus einer Schrift von Galilei: «Als nun der Anatom zeigte, wie der Hauptstamm der Nerven, vom Gehirn ausgehend, den Nacken entlang zieht, sich durch das Rückgrat erstreckt und durch den ganzen Körper verzweigt, und wie nur ein ganz feiner Faden von Zwirnsdicke zum Herzen gelangt, wendete er sich an einen Edelmann, der ihm als Peripatetiker bekannt war und dessentwillen er mit außerordentlicher Sorgfalt alles bloßgelegt und gezeigt hatte, mit der Frage, ob er nun zufrieden sei und sich überzeugt habe, daß die Nerven im Gehirn ihren Ursprung nehmen und nicht im Herzen. Worauf unser Philosoph, nachdem er eine Weile in Gedanken dagestanden, erwiderte: Ihr habt mir das alles so klar, so augenfällig gezeigt, daß man – stünde nicht der Text des Aristoteles entgegen, der deutlich besagt, der Nervenursprung liege im Herzen – sich zu dem Zugeständnis gezwungen sähe, Euch recht zu geben.»

134 *Bibelwort:* Paulus, 1. Kor. 3,19: «Denn dieser Welt Weisheit ist Torheit bei Gott.»

136 *Abhandlung von Goethe:* «Der Versuch als Vermittler von Objekt und Subjekt» (1792).

138 *Monistenbünde:* Der Deutsche Monistenbund wurde am 11. Januar 1906 unter dem Ehrenvorsitz von Ernst Haeckel gegründet.

141 *angreifender Artikel:* Ernst Boldt, «Rudolf Steiners diplomatischer Appell an den Instinkt der Mittelmäßigkeit. Ein Beitrag zum ‹Fall Steiner›» in «Prana» 9. Jg. Buch 4, Sommer 1919, Theosophisches Verlagshaus, Leipzig.

151 *«Acht Meditationen»:* Rudolf Steiner, «Ein Weg zur Selbsterkenntnis des Menschen. In acht Meditationen», GA 16.

160 *Doktordissertation:* Rudolf Steiner, «Die Grundfrage der Erkenntnistheorie mit besonderer Rücksicht auf Fichte's Wissenschaftslehre. Prolegomena zur Verständigung des philosophierenden Bewußtseins mit sich selbst». Inaugural-Dissertation zur Erlangung der Doktorwürde von der Philosophischen Fakultät der Universität Rostock vorgelegt (1891). Erweitert in Buchform erschienen als «Wahrheit und Wissenschaft. Vorspiel einer ‹Philosophie der Freiheit›» (1892), GA 3.

162 *wie schon öfter ausgeführt:* u. a. im Zyklus «Der Mensch im Lichte von Okkultismus, Theosophie und Philosophie» 4. u. 5. Vortrag, GA 137.

165 *wir haben . . . schon gesprochen:* Im vorangehenden Vortrag.

169 *«Die Philosophie der Freiheit»:* Die Neuauflage, «wesentlich ergänzt und erweitert», erschien 1918.

173 *die Herrschaft des ökonomischen Menschen:* Vgl. den 6. Vortrag dieses Bandes (12. Oktober).

175 *Johann Tetzel,* um 1465–1519, Dominikaner. Beauftragter für das Betreiben des Ablaßhandels in Deutschland, Unterkommissar für den päpstlichen Ablaßpächter.

Sieneser Bankhaus: Der Sieneser Bankier Agostino Chigi (um 1465–1520) war Hofbankier von Papst Leo X.

175 *für das eigentlich Geistliche:* In den Vorauflagen stand *«Geistige»*. Änderung gemäß Stenogramm.

176 *Nürnberger Zyklus:* «Die Apokalypse des Johannes», GA 104.

Rothschild: Diese Erzählung ist im gedruckten Zyklus nicht enthalten.

184 *ich habe schon davon gesprochen:* Im 4. Vortrag dieses Bandes (10. Oktober).

187 *die ich neulich angeführt habe:* Im 9. Vortrag dieses Bandes (19. Oktober).

188 *Wir haben neulich gesehen:* Im 8. Vortrag dieses Bandes (18. Oktober).

189 *kleiner Junge von 1875:* Im Jahre 1875, auf dem Kongreß in Gotha, erfolgte die Gründung der «Sozialistischen Arbeiterpartei».

197 *wie ich es hier schon auseinandergesetzt habe:* Im 7. Vortrag dieses Bandes (17. Oktober).

204 *Christus . . . Halluzination:* Vgl. die ausführliche Darstellung im Vortrag vom 27. Oktober 1919 in Zürich «Der innere Aspekt des sozialen Rätsels», GA 193, 9. Vortrag.

205 Der eingeklammerte Satz wurde vom Bearbeiter eingefügt.

212 *Romain Rolland,* 1866–1944. «Pour nos frères de Russie», 23 octobre 1919 («L'Humanité», 26 octobre 1919), abgedruckt in Romain Rolland, «Quinze ans de Combat», Paris 1935.

213 *Weltrundschreibebrief:* Romain Rolland hatte schon im Frühjahr und Sommer 1919 eine «Déclaration d'Indépendance de l'Esprit» verbreitet, der ein Kommentar folgte: «Pour l'Union des Travailleurs des Mains et de l'Esprit», beides abgedruckt in «Quinze ans de Combat» (s. o.). Auf S. 57 f. dieses Buches ist auch die «Dreigliederung des sozialen Organismus» anhand von Rudolf Steiner, «Die Kernpunkte der sozialen Frage», in einem Artikel vom März 1922 behandelt.

222 *Heinrich Borchert Lübsen,* 1801–1864. Autor von Mathematikbüchern, die von Rudolf Steiner wegen der anschaulichen Darstellungsweise empfohlen wurden.

Kardinal Newman, 1801–1890. Die Äußerung von Newman in der hier zitierten Form findet sich bei C. G. Harrison, «Das Transzendentale Weltenall» (Übersetzung Leiningen-Billigheim), Berlin o. J. (1897), S. 14.

223 *Waldorfschule:* Die Gründung der Waldorfschule erfolgte im Frühjahr 1919.

225 *Vortrag in Basel:* «Der Geist als Führer durch die sinnliche und die übersinnliche Welt», öffentlicher Vortrag 10. November 1919 (in «Die geistigen Hintergründe der sozialen Frage» IV: Menschliche Verantwortlichkeit, Weltverantwortlichkeit, Menschheitskultur, Dornach 1951, S. 70 ff.; der Vortrag wird in GA 72 erscheinen).

226 *ich habe das schon . . . erwähnt:* Im 3. Vortrag dieses Bandes (5. Oktober).

230 *eintausendfünfhundert Millionen Punkte:* Damit sollte approximativ die gesamte Erdbevölkerung bezeichnet werden.

234 *Jules Verne:* «De la terre à la lune, trajet direct en quatre-vingt dix-sept heures», Paris 1865 (deutsch: Wien 1874 u. a.).

242 *«Pforte der Einweihung»:* Rudolf Steiners erstes Mysteriendrama. Es handelt sich um das 4. Bild. «Vier Mysteriendramen» (1910–13), GA 14.

243 *Darlegungen zu Goethes «Faust»:* Rudolf Steiner, «Geisteswissenschaftliche Erläuterungen zu Goethes ‹Faust›», Band I+II, GA 272 und 273.

245 *vor kurzem dargestellt:* Im 3. Vortrag dieses Bandes (5. Oktober).

247 *Vortragszyklus über «Die Mission einzelner Volksseelen»:* «Die Mission einzelner Volksseelen im Zusammenhang mit der germanisch-nordischen Mythologie», GA 121.

251/52 *Rabindranath Tagore:* «Nationalismus», Leipzig o. J. (1918).

253 *John Stuart Mill,* 1806–1873.

Adam Smith, 1723–1790.

Henri Bergson, 1859–1945.

Schiller, Briefe: «Briefe über die ästhetische Erziehung des Menschen» (1795).

254 *Jener schöne Ausspruch:* «Kritik der praktischen Vernunft», Riga 1788, I. Tl., I. Bd., III. Hptst.: «Von den Triebfedern der reinen praktischen Vernunft.»

«Gerne dien ich den Freunden»: Schiller, «Gewissensskrupel» (Distichon).

255 *Goethe . . . als wiedererstandener Grieche:* «Nun, . . . da Ihr griechischer Geist in diese nordische Schöpfung geworfen wurde.»

«Notwendigkeit» . . . «Gott»: Goethe, Italienische Reise, Rom, 6. September 1787: «Diese hohen Kunstwerke sind zugleich als die höchsten Naturwerke von Menschen nach wahren und natürlichen Gesetzen hervorgebracht worden. Alles Willkürliche, Eingebildete fällt zusammen: da ist die Notwendigkeit, da ist Gott.»

Und Goethe legt Zeugnis dafür ab: Italienische Reise, Rom, 28. Januar 1787: «Ich habe eine Vermutung, daß sie nach eben den Gesetzen verfuhren, nach welchen die Natur verfährt und denen ich auf der Spur bin.»

256 *«Philosophie der Freiheit»* (1894), GA 4. Die Neuauflage erschien 1918.

Aimée Blech (Präsidentin der Theosophischen Gesellschaft in Paris): «Annie Besant. Un abrégé de sa vie», Paris 1918, S. 59–64. Die in Frage kommende Stelle lautet (Übersetzung durch den Herausgeber): «Dr. Steiner war eine bedeutende Persönlichkeit, sowohl auf intellektuellem wie auf psychischem Gebiet. Er hatte sich rasch gewisse okkulte Fähigkeiten erworben. Seine intellektuelle Entwickelung, seine bemerkenswerte philosophische Beschlagenheit, seine Redegabe und seine magnetischen Kräfte, die er gut anzuwenden wußte, verschafften ihm bald die fanatische Verehrung seiner deutschen Mitglieder. Seine große Aktivität und seine Reisen durch ganz Deutschland bewirkten eine ständige und rasche Vermehrung der Zahl der Mitglieder. Er hatte die Theosophie germanisiert, wenn man das sagen kann, und hatte sie verwandelt, indem er eigene Ideen hinzufügte, Resultate seiner persönlichen Forschungen. Es war eine eher nebulose Theosophie für den französischen Geist, der Präzision und Klarheit benötigt, aber geeignet für die Deutschen, die, wie Dr. Steiner selbst sagte, stolz sind auf ihre philosophische Vergangenheit und eine aus Indien und England herstammende Theosophie nicht gern akzeptiert hätten.» – Die «böswilligen Verleumdungen» treten u. a. besonders in der folgenden Stelle in Erscheinung, die sich auf den Ausschluß der Anthroposophischen aus der Theosophischen Gesellschaft bezieht: «Es ist sicher, daß die Trennung von Steiner ein Segen war. Der Okkultist war außerdem noch ein gefährlicher Pangermanist. Nehmen wir an, er wäre Präsident der Theosophischen Gesellschaft geworden: Er hätte noch ganz andere Wirkensmöglichkeiten gefunden und Einfluß ausüben können in fast allen Ländern der Erde. Er hätte die Autorität gehabt, seine pangermanistische Politik ganz frei zu verfolgen und hätte es aller Wahrscheinlichkeit nach auch getan.»

258 *Gottlieb von Jagow:* «Ursachen und Ausbruch des Weltkrieges», Berlin 1919.

Theobald von Bethmann Hollweg (Deutscher Reichskanzler von 1909–1917): «Betrachtungen zum Weltkriege», Tl. 1: «Vor dem Kriege», Tl. 2: «Während des Krieges», Berlin 1919–1921.

Georg Michaelis (Deutscher Reichskanzler von Juli–Oktober 1917): «Für Staat und Volk. Eine Lebensgeschichte», erschien erst 1922.

Alfred von Tirpitz: «Erinnerungen», Leipzig 1919.

Erich Ludendorff: «Meine Kriegserinnerungen 1914–18», Berlin 1919.

Aufsätze von Herman Grimm: Essays 1.–4. Folge, Gütersloh 1884–1890; «Fragmente», 2 Bde., Berlin und Stuttgart 1902.

259 *Lenin . . . Rußland:* «Durch die Entsendung Lenins nach Rußland hatte unsere Regierung auch eine besondere Verantwortung auf sich genommen. Militärisch war die Reise gerechtfertigt, Rußland mußte fallen. Unsere Regierung aber hatte darauf zu achten, daß nicht auch wir fielen . . .» (Ludendorff a.a.O. S. 407 f.).

Georges Clemenceau, 1841–1929, französischer Ministerpräsident. Führende Rolle bei den Versailler Friedensverhandlungen.

David Lloyd George, 1863–1945. Minister seit 1905. Regierungschef 1916–1922.

Woodrow Wilson, 1856–1924: Vgl. Hinweis zu S. 84.

263 *Sammlung von Aufsätzen:* Die Publikation kam damals nicht zustande, obwohl die von Dr. Steiner bestätigte Auswahl bereits umbrochen vorlag. – Erst ab 1939 erschienen «Veröffentlichungen aus dem literarischen Frühwerk», Bd. 1 ff., Dornach. Heute GA 29, 30, 31, 32.

«Bismarck, der Mann des politischen Erfolges»: Siehe «Das Magazin für Literatur», Berlin 1898, 67. Jg. Nr. 32 (13. Aug.) Sp. 745–750 («Gesammelte Aufsätze zur Kulturgeschichte 1887–1901», GA 31):
«Bismarck verdankt seine Erfolge dem Umstand, daß er seiner Zeit niemals auch nur um wenige Jahre voraus war.» . . . «Goethe hat die problematischen Naturen in dieser Weise charakterisiert: es sind ‹Naturen, die keiner Lage gewachsen sind und

denen keine genug tut›. Verwandelt man diesen Satz in sein Gegenteil, so hat man eine Charakteristik Bismarcks: Er war ein Mensch, der jeder Lage gewachsen war, und dem jede genug tat.» (S. 264)

264 *Hindenburg:* Paul von Beneckendorff und von H., 1847–1934. Chef des deutschen Heeres 1916–1918. Siehe Hindenburgs Äußerung in «Hamburger Nachrichten», 13. Nov., abgedruckt u. a. in «Schwäbischer Merkur», Stuttgart 1919, Nr. 526, Morgenblatt, 14. Nov., Beilage: «Das ist bei allem, was ich noch miterleben mußte, ein kleiner Trost für mich: Wenn ich den ganzen Feldzug in meinem Gedächtnis vorüberziehen lasse, so kann keiner sagen, daß eine einzige Entscheidung unter den *gleichen* Voraussetzungen, unter den *gleichen* Kenntnissen der eigenen Lage und der Lage des Feindes, wenn ich sie noch einmal zu treffen hätte, *anders* ausfallen würde, wie sie seinerzeit tatsächlich ausgefallen ist.»

Herman Grimm: In «Fragmente II», Berlin und Stuttgart 1902, S. 43.

letzten Sonntag: Siehe den 13. Vortrag dieses Bandes (9. November).

265 *Schluß des Vortrags:* Nach dem Vortrag kündigte Rudolf Steiner noch Eurythmieaufführungen und weitere Vorträge an und behandelte «Beschwerden» von Mitgliedern über die wegen der Eurythmieaufführungen unregelmäßige Anfangszeit der Vorträge.

267 *Luziferische Wesenheiten:* Siehe den 11. Vortrag dieses Bandes (1. November).

268 Nachschrift unvollständig. Eingeklammertes [ ] vom Herausgeber eingefügt.

270 *wie ich Ihnen angedeutet habe:* Im 11. Vortrag dieses Bandes (1. November).

273 *von der ich Ihnen gesprochen habe:* Im 11. und 12. Vortrag dieses Bandes (1. und 2. November).

273 *«Krampus»:* Österreichische Bezeichnung für den Begleiter des Sankt Nikolaus.

275 *Ich las neulich eine Aufzeichnung:* Es handelt sich um ein Gedicht aus den letzten Lebenstagen von Karl Thylmann (1888–1916). Die entsprechenden Zeilen lauten:

> . . .
> Watte mein ganzes Fleisch,
> Die Luft Granit.
> So ist der Tod! Die Luft wird Sterngranit
> Die Luft ist sternig flimmernder Granit.

Karl Thylmann, Gesamtwerk Bd. 1 S. 91, «Narkose», Stuttgart 1968.

276 *Öffentlicher Vortrag:* «Der Geist als Führer durch die Sinnes- und die übersinnliche Welt», Basel, 10. November 1919, siehe Hinweis zu S. 225.

280 *Vortrag in Dresden:* «Die philosophische Rechtfertigung der Anthroposophie», öffentlicher Vortrag am 20. September 1919 (es existiert keine Nachschrift).

was ich . . . neulich erwähnt habe: Im 4. Vortrag dieses Bandes (23. Oktober).

NAMENREGISTER

(H = Hinweis, * = ohne Namensnennung)

ÜBER DIE VORTRAGSNACHSCHRIFTEN

Aus Rudolf Steiners Autobiographie
«Mein Lebensgang» (35. Kap., 1925)

Es liegen nun aus meinem anthroposophischen Wirken zwei Ergebnisse vor; erstens meine vor aller Welt veröffentlichten Bücher, zweitens eine große Reihe von Kursen, die zunächst als Privatdruck gedacht und verkäuflich nur an Mitglieder der Theosophischen (später Anthroposophischen) Gesellschaft sein sollten. Es waren dies Nachschriften, die bei den Vorträgen mehr oder weniger gut gemacht worden sind und die – wegen mangelnder Zeit – nicht von mir korrigiert werden konnten. Mir wäre es am liebsten gewesen, wenn mündlich gesprochenes Wort mündlich gesprochenes Wort geblieben wäre. Aber die Mitglieder wollten den Privatdruck der Kurse. Und so kam er zustande. Hätte ich Zeit gehabt, die Dinge zu korrigieren, so hätte vom Anfange an die Einschränkung «Nur für Mitglieder» nicht zu bestehen gebraucht. Jetzt ist sie seit mehr als einem Jahre ja fallen gelassen.

Hier in meinem «Lebensgang» ist notwendig, vor allem zu sagen, wie sich die beiden: meine veröffentlichten Bücher und diese Privatdrucke in das einfügen, was ich als Anthroposophie ausarbeitete.

Wer mein eigenes inneres Ringen und Arbeiten für das Hinstellen der Anthroposophie vor das Bewußtsein der gegenwärtigen Zeit verfolgen will, der muß das an Hand der allgemein veröffentlichten Schriften tun. In ihnen setzte ich mich auch mit alle dem auseinander, was an Erkenntnisstreben in der Zeit vorhanden ist. Da ist gegeben, was sich mir in «geistigem Schauen» immer mehr gestaltete, was zum Gebäude der Anthroposophie – allerdings in vieler Hinsicht in unvollkommener Art – wurde.

Neben diese Forderung, die «Anthroposophie» aufzubauen und dabei nur dem zu dienen, was sich ergab, wenn man Mitteilungen aus der Geist-Welt der allgemeinen Bildungswelt von heute zu übergeben hat, trat nun aber die andere, auch dem voll entgegenzukommen, was aus der Mitgliedschaft heraus als Seelenbedürfnis, als Geistessehnsucht sich offenbarte.

Da war vor allem eine starke Neigung vorhanden, die Evangelien und den Schrift-Inhalt der Bibel überhaupt in dem Lichte dargestellt zu hören, das sich als das anthroposophische ergeben hatte. Man wollte in Kursen über diese der Menschheit gegebenen Offenbarungen hören.

Indem interne Vortragskurse im Sinne dieser Forderung gehalten wurden, kam dazu noch ein anderes. Bei diesen Vorträgen waren nur Mitglieder. Sie waren mit den Anfangs-Mitteilungen aus Anthroposophie bekannt. Man konnte zu ihnen eben so sprechen, wie zu Vorgeschrittenen auf dem Gebiete der Anthroposophie. Die Haltung dieser internen Vorträge war eine solche, wie sie eben in Schriften nicht sein konnte, die ganz für die Öffentlichkeit bestimmt waren.

Ich durfte in internen Kreisen in einer Art über Dinge sprechen, die ich für die öffentliche Darstellung, wenn sie für sie von Anfang an bestimmt gewesen wären, hätte anders gestalten *müssen.*

So liegt in der Zweiheit, den öffentlichen und den privaten Schriften, in der Tat etwas vor, das aus zwei verschiedenen Untergründen stammt. Die ganz öffentlichen Schriften sind das Ergebnis dessen, was in mir rang und arbeitete; in den Privatdrucken ringt und arbeitet die Gesellschaft mit. Ich höre auf die Schwingungen im Seelenleben der Mitgliedschaft, und in meinem lebendigen Drinnenleben in dem, was ich da höre, entsteht die Haltung der Vorträge.

Es ist nirgends auch nur in geringstem Maße etwas gesagt, was nicht reinstes Ergebnis der sich aufbauenden Anthroposophie wäre. Von irgend einer Konzession an Vorurteile oder Vorempfindungen der Mitgliedschaft kann nicht die Rede sein. Wer diese Privatdrucke liest, kann sie im vollsten Sinne eben als das nehmen, was Anthroposophie zu sagen hat. Deshalb konnte ja auch ohne Bedenken, als die Anklagen nach dieser Richtung zu drängend wurden, von der Einrichtung abgegangen werden, diese Drucke nur im Kreise der Mitgliedschaft zu verbreiten. Es wird eben nur hingenommen werden müssen, daß in den von mir nicht nachgesehenen Vorlagen sich Fehlerhaftes findet.

Ein Urteil über den Inhalt eines solchen Privatdruckes wird ja allerdings nur demjenigen zugestanden werden können, der kennt, was als Urteils-Voraussetzung angenommen wird. Und das ist für die allermeisten dieser Drucke *mindestens* die anthroposophische Erkenntnis des Menschen, des Kosmos, insofern sein Wesen in der Anthroposophie dargestellt wird, und dessen, was als «anthroposophische Geschichte» in den Mitteilungen aus der Geist-Welt sich findet.

RUDOLF STEINER GESAMTAUSGABE

Gliederung nach: Rudolf Steiner - Das literarische
und künstlerische Werk. Eine bibliographische Übersicht
(Bibliographie-Nrn. *kursiv* in Klammern)

A. SCHRIFTEN

I. Werke

Goethes Naturwissenschaftliche Schriften, eingeleitet und kommentiert von R. Steiner, 5 Bände, 1884 - 97, Neuausgabe 1975 *(1a-e)*; separate Ausgabe der Einleitungen, 1925 *(1)*
Grundlinien einer Erkenntnistheorie der Goetheschen Weltanschauung, 1886 *(2)*
Wahrheit und Wissenschaft. Vorspiel einer «Philosophie der Freiheit», 1892 *(3)*
Die Philosophie der Freiheit. Grundzüge einer modernen Weltanschauung, 1894 *(4)*
Friedrich Nietzsche, ein Kämpfer gegen seine Zeit, 1895 *(5)*
Goethes Weltanschauung, 1897 *(6)*
Die Mystik im Aufgange des neuzeitlichen Geisteslebens und ihr Verhältnis zur modernen Weltanschauung, 1901 *(7)*
Das Christentum als mystische Tatsache und die Mysterien des Altertums, 1902 *(8)*
Theosophie. Einführung in übersinnliche Welterkenntnis und Menschenbestimmung, 1904 *(9)*
Wie erlangt man Erkenntnisse der höheren Welten? 1904/05 *(10)*
Aus der Akasha-Chronik, 1904 - 08 *(11)*
Die Stufen der höheren Erkenntnis, 1905 - 08 *(12)*
Die Geheimwissenschaft im Umriß, 1910 *(13)*
Vier Mysteriendramen: Die Pforte der Einweihung - Die Prüfung der Seele - Der Hüter der Schwelle - Der Seelen Erwachen, 1910 - 13 *(14)*
Die geistige Führung des Menschen und der Menschheit, 1911 *(15)*
Anthroposophischer Seelenkalender, 1912 *(in 40)*
Ein Weg zur Selbsterkenntnis des Menschen, 1912 *(16)*
Die Schwelle der geistigen Welt, 1913 *(17)*
Die Rätsel der Philosophie in ihrer Geschichte als Umriß dargestellt, 1914 *(18)*
Vom Menschenrätsel, 1916 *(20)*
Von Seelenrätseln, 1917 *(21)*
Goethes Geistesart in ihrer Offenbarung durch seinen Faust und durch das Märchen von der Schlange und der Lilie, 1918 *(22)*
Die Kernpunkte der sozialen Frage in den Lebensnotwendigkeiten der Gegenwart und Zukunft, 1919 *(23)*
Aufsätze über die Dreigliederung des sozialen Organismus und zur Zeitlage 1915 - 1921 *(24)*
Kosmologie, Religion und Philosophie, 1922 *(25)*
Anthroposophische Leitsätze, 1924/25 *(26)*
Grundlegendes für eine Erweiterung der Heilkunst nach geisteswissenschaftlichen Erkenntnissen, 1925. Von Dr. R. Steiner und Dr. I. Wegman *(27)*
Mein Lebensgang, 1923 - 25 *(28)*

II. Gesammelte Aufsätze

Aufsätze zur Dramaturgie 1889–1901 *(29)* – Methodische Grundlagen der Anthroposophie 1884–1901 *(30)* – Aufsätze zur Kultur- und Zeitgeschichte 1887–1901 *(31)* – Aufsätze zur Literatur 1886–1902 *(32)* – Biographien und biographische Skizzen 1894–1905 *(33)* – Aufsätze aus «Lucifer-Gnosis» 1903–1908 *(34)* – Philosophie und Anthroposophie 1904–1918 *(35)* – Aufsätze aus «Das Goetheanum» 1921–1925 *(36)*

III. Veröffentlichungen aus dem Nachlaß

Briefe – Wahrspruchworte – Bühnenbearbeitungen – Entwürfe zu den Vier Mysteriendramen 1910–1913 – Anthroposophie. Ein Fragment aus dem Jahre 1910 – Gesammelte Skizzen und Fragmente – Aus Notizbüchern und -blättern – *(38–47)*

B. DAS VORTRAGSWERK

I. Öffentliche Vorträge

Die Berliner öffentlichen Vortragsreihen, 1903/04 bis 1917/18 *(51-67)* – Öffentliche Vorträge, Vortragsreihen und Hochschulkurse an anderen Orten Europas 1906–1924 *(68-84)*

II. Vorträge vor Mitgliedern der Anthroposophischen Gesellschaft

Vorträge und Vortragszyklen allgemein-anthroposophischen Inhalts – Christologie und Evangelien-Betrachtungen – Geisteswissenschaftliche Menschenkunde – Kosmische und menschliche Geschichte – Die geistigen Hintergründe der sozialen Frage – Der Mensch in seinem Zusammenhang mit dem Kosmos – Karma-Betrachtungen – *(91-244)*

Vorträge und Schriften zur Geschichte der anthroposophischen Bewegung und der Anthroposophischen Gesellschaft *(251-263)*

III. Vorträge und Kurse zu einzelnen Lebensgebieten

Vorträge über Kunst: Allgemein-Künstlerisches – Eurythmie – Sprachgestaltung und Dramatische Kunst – Musik – Bildende Künste – Kunstgeschichte – *(271–292)* – Vorträge über Erziehung *(293–311)* – Vorträge über Medizin *(312–319)* – Vorträge über Naturwissenschaft *(320–327)* – Vorträge über das soziale Leben und die Dreigliederung des sozialen Organismus *(328–341)* – Vorträge für die Arbeiter am Goetheanumbau *(347–354)*

C. DAS KÜNSTLERISCHE WERK

Originalgetreue Wiedergaben von malerischen und graphischen Entwürfen und Skizzen Rudolf Steiners in Kunstmappen oder als Einzelblätter: Entwürfe für die Malerei des Ersten Goetheanum – Schulungsskizzen für Maler – Programmbilder für Eurythmie-Aufführungen – Eurythmieformen – Entwürfe zu den Eurythmiefiguren, u. a.

Die Bände der Rudolf Steiner Gesamtausgabe
sind innerhalb einzelner Gruppen einheitlich ausgestattet.
Jeder Band ist einzeln erhältlich.